2023年度山东省社科规划项目研究成果(23C
临沂大学2022年度教学改革项目研究成果(JG2

U0681114

小学英语教学技能训练

——循证教学的视角

王玉秋　著

九州出版社
JIUZHOUPRESS

图书在版编目（CIP）数据

小学英语教学技能训练：循证教学的视角 / 王玉秋
著 . -- 北京：九州出版社 , 2024. 6.
ISBN 978-7-5225-3088-8

Ⅰ . G623.312

中国国家版本馆 CIP 数据核字第 2024ZP8477 号

小学英语教学技能训练——循证教学的视角

作　　者	王玉秋　著
责任编辑	姬登杰
出版发行	九州出版社
地　　址	北京市西城区阜外大街甲 35 号 (100037)
发行电话	(010)68992190/3/5/6
网　　址	www.jiuzhoupress.com
印　　刷	河北赛文印刷有限公司
开　　本	710 毫米 ×1000 毫米　　16 开
印　　张	23
字　　数	331 千字
版　　次	2024 年 6 月第 1 版
印　　次	2024 年 6 月第 1 次印刷
书　　号	ISBN 978-7-5225-3088-8
定　　价	78.00 元

序　言

王玉秋教授的新著《小学英语教学技能训练——循证教学的视角》即将付梓，应作者之邀，我有幸先睹为快，特在此向读者推荐此书。

纵观人类文明史，外语能力是国家语言能力的重要组成部分。在全球化、信息化的今天，中国人学习外语（主要是英语）和外国人学习汉语这一人类跨语言跨文化的实践活动对于中华民族伟大复兴、弘扬全人类共同价值观，意义重大。我们应该把小学英语教学置于国家战略需要和培养孩子们跨文化意识和终身学习能力的伟大使命中，开设好小学英语这一基础课程，并加大对这一特殊课程的理论和实践研究。特别是人工智能已经成为新的学习方式和生存方式，现代公民更需要从小树立"人类命运共同体"意识，培养跨文化交际能力和理解力，迅速适应不断变化的环境，及时吸收人类先进的科学技术和一切优秀的文明成果，这已经成为当今教育改革的主旋律。

众所周知，小学阶段是学习英语的黄金时期，也是他们行为习惯、思维方式以及情感、态度形成的关键时期，孩子们的好奇心和模仿能力是他们语言学习的与生俱来的优势。小学生学习英语不仅是为了掌握英语知识和技能，更重要的是通过系统学习小学英语课程促进认知、情感和文化意识的发展，提升核心素养。《小学英语教学技能训练》属于英语师范类学生的专业必修课程，也是小学教育专业英语方向学生的专业必修课程，在整个师范类课程体系中发挥着理论向实践转换的桥梁作用，是师范特色课程之一。

要想成为合格的小学英语教师，准教师必须做好专业和心理、伦理方面的准备。首先，准教师必须具备较强的英语能力，包括语言知识、技能和文化理解能力。其次，掌握二语习得的原理和有效教学理论。再次，教师应不断学习和应用最新的教育研究成果，具备教学创新能力，能够根据教学内容、学生特点和环境条件灵活调整教学策略以满足学生的多样化需求，善于创造有利的学习环境和教学情境，进行建构性教学和循证教学。最后，教师要通过参加教育研讨会、培训课程、阅读教育期刊论文，及时掌握新的教学方法和策略，不断开发和利用各种优质学习资源，有机融入教学过程，推动教学质量的整体提升。

王玉秋教授撰写的《小学英语教学技能训练——循证教学的视角》一书为准教师的专业发展提供了很好的教学法启蒙和引领，它能提高准教师对教学的理性认知，激发教学激情和灵感，帮助他们在教学中不断创新和成长，向着卓越教师的目标迈进。

本书简明扼要地介绍了二语习得理论、语言教学理论以及循证教学设计原理与模型，并结合小学英语新课程标准与教材内容对教学过程的诸环节——导入、讲解、提问、评价进行了具体分析，提出了许多有价值的方法和教学建议；基于证据对小学英语发音、词汇、语法知识教学以及听、说、读、写技能教学进行了循证研究，总结出一些小学英语学习规律和教学模式，提供了丰富的教学案例，理论与实践相互印证。除此之外，本书编写还具有以下特色。

一、时代性

书中内容及时反映了新课程标准的原则和要求以及新教材的改革动向；有机融入新技术手段进行教学设计和教学方法创新，介绍了新媒体背景下的小学英语学习分析框架以及 AI 辅助下的小学英语写作特点。它告诉读者，师范生从教学观念到教学内容、方法等方面都需要超前准备，毕业后才能够创造性地开展小学英语教学工作。例如，教师可以在课堂上创造一个沉浸式的英语环境，小学生可以自然地在各种情境中使用英语，发展语言交际能力。利用新媒体技术和学习分析技术增强教学效果，更好地实现个性化教学。教师可以将学习策略、思维品质、社会情绪学习、文化意识、公民意识等有机融入语言教学。教师可以使用儿歌、游戏、谜语和角色扮演、情境教学等方法使英语学习变得更有吸引力，还可利用游戏化教学和情境教学，使学习过程变得有趣和具有挑战性，增强学生的参与感和成就感。

二、全球视野

书中借鉴了美国小学英语自然科学和社会科学分级阅读教材的内容，分析了这套教材的语篇写作风格，并且进行了循证教学设计；介绍了英国森林小学和幼儿园英语课程标准并与我国的小学英语课程标准进行了比较；分析了"二语习得"理论的代表人物、主要观点和研究方法，为师范生研究性学习和循证实践提供了参考；本书系统梳理了国内外有关"有效教学设计模型""认知学徒制"以及"循证教学"的理论与方法；介绍了"汉堡写作模型"与范例；分析了有关"卓越教师特质"的相关实证研究文献和评价标准；等等，为小学英语教学改革提供了外域理论和实践参照。

三、循证实践

循证教学是本书的重要特色，教师基于教学理论、科学证据和数据分析进行教学设计和实施教学策略，以确保教学方法的科学性和有效性，更好地实现教学目标，促进全体学生的全面发展。本书将小学英语语音、词汇、语法以及听说、读写、儿歌、游戏教学建立在有效的科学证据和实践证据基础上，并结合小学生英语学习的个体差异提供了学习分析模型，以提高教学的精准度和实效性，促进深度学习和增值性学习的真实发生。通过对学生学习数据的分析，教师可以更好地识别出哪些教学方法最有效，学生的认知风格和情绪特点如何，并根据数据及时调整教学策略。教师根据学生的不同学习风格和能力水平，设计差异化的教学方案，确保每个学生都能在自己的水平上取得进步。例如，通过评估学生的现有水平和认知特点，提供不同难度的学习材料和任务；教师提供及时的反馈和积极的鼓励以提高学生的学习效能感，帮助学生认识到自己的进步和需要改进的地方，从而增强他们的自信心和学习动力；通过情境教学，使学生在互动中暴露自己知识、思维和情绪、态度、价值观等方面的不足或优势，进而相互学习，改变心智模式，促进内在成长。

另外，本书还注重研究方法的渗透，让准教师学会如何结合教学进行学习分析和实验研究，为他们成为研究型教师和反思实践者提供了理论基础、研究框架与思路。

总之，本书是作者在长期理论研究和实践探索的基础上完成的，具有实用性、易读性和可操作性。我相信本书会受到准教师和广大小学英语教师的欢迎，也一定会对深化我国小学英语教学改革起到积极的促进作用。

杨连瑞

2024 年 6 月于青岛

引 言

2022 年版《义务教育英语课程标准》强化了学科核心素养，优化了课程内容结构，研制了学业质量标准，增强了指导性，加强了学段衔接。2024 年部编版小学英语新教材即将出版，新教材增加了词汇量，整体难度增大，高学段的内容下移，结构也有所调整，每个单元有一个大主题以及一个主问题，保留了原来的 Part A,Part B,Part C 模块，以及 Let's talk,Let's learn,Let's spell(letters and sounds)，Read and write 等版块，并且 Part A 和 Part B 各有一个子问题，与小学生的生活经验相关。原有的 Part C Story time 改成了 Project 和 Extended reading。Project 倡导"从做中学"，注重实践操作和能力提升，重视小组合作精神的培养。Extended reading 的内容丰富多彩，有诗歌、故事、科普文，让学生熟悉不同文体风格的语篇特色。新教材重词汇量、口语、阅读和写作，弱化语法教学，一般将其渗透到其他内容的教学过程，让学生通过应用和感知去掌握语法规则。

师范教育课程、教材与教法需要考虑相应学段的改革动态，及时调整人才培养方案、课程结构以及教材内容。本书旨在为卓越小学英语教师培养以及新课程标准的落实和新教材的顺利推广做好观念和方法的准备。一是帮助师范生与时俱进，利用新观念、新技术高效能学习英语；二是引导师范生掌握先进的教学方法，以便他们在毕业后能够帮助小学生以高效且愉快的方式学习英语，促进发展。

本书强调循证教学，通过科学且富有兴趣的教学设计和教学过程，解决中国小学生在英语学习中常见的发音、听力、阅读和写作困难。我们深知，中国小学生在学习英语时常遇到发音不准、听力困难、阅读障碍和写作不畅等问题。因此，本书将循证教学理论与实践相结合，通过科学的教学设计和多样化的教学方法，教师可以帮助小学生有效掌握知识结构，激发小学生的学习兴趣，帮助他们掌握英语发音、词汇、语法以及听说读写的规律。

在语音教学方面，教师通过自然拼读法和生动的发音示范，帮助学生掌握发音规律和正确的发音技巧，感受英语语音之美。例如，butterfly（蝴蝶）不仅在拼写上生动有趣，其发音 /bʌtər flaɪ/ 也具有韵律美；sizzle（发出咝咝声），通过模仿声音的方式，将词义与发音巧妙结合，学生在学习发音的同时，也能感受到词义的生动形象；bubble（泡泡），不仅拼写有趣，其发音 /bʌbəl/ 也具有重复的声音效果，让学生在说出这个词时能感受到语言的韵律；whisper（低语），发音 /wɪspər/ 轻柔，让学生在学习发音的同时，也能体会到词义和发音的和谐美。

在词汇教学方面，通过构词法和生动的例句，让学生感受词汇的构词美和短语的语用美。例如，happiness（幸福），由 happy（快乐）加上后缀 ness 构成，表示一种状态。学生可以通过这种构词方式，理解和记住更多词汇；sunflower（向日葵），由 sun（太阳）和 flower（花）两个简单词构成，通过这种方式，学生可以学会拆分和理解复合词的构词规律；Break the ice（打破僵局），用来形容打破初次见面的拘谨或尴尬，营造轻松的气氛；英语中的固定搭配（Collocations）指的是词语之间常见的组合，能提高语言表达的准确性和自然性。如，Make a decision（做决定）、Take a risk（冒险）；As busy as a bee（像蜜蜂一样忙碌）；Time is money（时间就是金钱）；Actions speak louder than words（行胜于言）；More haste, less speed（欲速则不达）等。学生平时要善于积累这些语料，以便更好地理解和运用英语。

在语法教学方面，教师要引导学生在理解语法规则的同时，感受英语语言的结构之美。例如，"Time flies." 简短的句子却传达了时间流逝的深刻含义。"Easy come, easy go." 这个句子结构对称，词语重复，简洁且有力。祈使句 "Close the door." 简洁明了，表达明确的指令。陈述句 "She is kind." 简短的句子，清晰传达人物性格。并列句 "She likes reading, and he likes writing." 两个并列句式，句子结构对称，表达清晰。对偶句 "Many are called, but few are chosen." 通过对称的句式增强表达效果，语言简洁而有力。

此外，本书还关注语言学习的文化和情感维度。通过儿歌、童话和生活化语篇等内容，教师可以帮助学生体验英语学习的美感。例如，经典儿歌 Twinkle,Twinkle,Little Star 中的韵律美和意境美——Twinkle,twinkle,little star,How I wonder what you are!Up above the world so high,Like a diamond in the sky. ...

童话故事在内容和语言表达上都充满了美感。如，经典童话 Little Red Riding Hood（小红帽）中，简洁生动的语言描绘了小红帽的冒险经历，充满了情感和细节的描写，如 Once upon a time,there was a little girl who lived in a village near the forest.Whenever she went out,she wore a red riding cloak,so everyone called her Little Red Riding Hood. 这种叙述不仅简单易懂，还富有节奏感和画面感，能够激发学生的阅读兴趣和想象力；The Three Little Pigs（三只小猪）的开头：Once upon a time,there were three little pigs who decided to build their own houses. 简单易懂的语言，让学生能够轻松进入故事情节，并通过生动的描述，激发他们的阅读兴趣。

日常生活描述中的文体修辞之美能让学生在学习语言的过程中感受到英语语言的独特魅力。如，Look！The sun is shining and the birds are singing. 这句话通过简单的描述，让学生感受到大自然的生机、和谐以及英语表达的优雅；在简单的叙述中加入一些修辞手法，例如 All the children were excited about the picnic.They couldn't wait to run and play in the sunshine. 通过这种方式，让学生感受到语言的生动性和故事叙述的感染力。

这些例子不仅能帮助小学生更好地理解和学习英语，还能让他们在学习过程中感受到语言的美感，激发他们对英语学习的兴趣和热情。希望本书能够成为师范生们有效学习英语及提高教学效能的得力指南。通过科学的、充满乐趣的教学，激发学生的学习兴趣，领悟语言中的文化和情感元素，体验英语学习的美感，让英语教学成为一件令人愉快和充满成就感的事情。

要想成为卓越小学英语教师，准教师必须做好专业和心理、伦理方面的准备。首先，准教师必须具备较强的英语综合能力，包括语言知识、技能和文化理解能力。其次，掌握二语习得和有效教学理论。最后，要具备教学创新能力。能够根据教学内容、学生特点和环境条件，灵活调整教学策略，以满足学生的多样化需求；善于创造有利的学习环境和教学情境，进行建构性教学和循证教学；善于开发和利用各种优质学习资源，将其有机融入教学过程。教师还应不断学习和应用最新的教育研究成果，提升循证实践能力。参加教育研讨会、培训课程、阅读教育期刊论文，及时掌握新的教学方法和策略。教师还可以与同事分享和交流教学心得，互相学习和借鉴成功的教学经验。建立师生学习共同体，通过持续学习和与学习社区成员互动，不断改变自己的心智模式，促进社会情绪学习。教师不仅是知识技能的教授者，更是学生学习的激励者、启迪者，是学生健康成长的引路人。本书所介绍的二语习得理论、语言教学理论与研究方法以及丰富的教学案例能够为广大英语教师和师范生提供英语教学法方面的启蒙和引领，激发教学灵感，帮助他们在教学中不断创新和成长，向着卓越教师的目标迈进。

本书的框架结构以及主体内容由王玉秋教授完成，最后增加了 4 个循证教学案例，结合有关循证教学的理论研究以及新课程标准进行单元整体循证教学设计。目的是吸引更多年轻教师和优秀学生参与"小学英语教学法"课程团队，培养优质、多元学科教师梯队，形成良性课程生态。其中，案例 1 由王玉秋教授与烟台市经济技术开发区第 7 小学的亓呈君老师共同完成；案例 2 和案例 3 分别由临沂大学教育学院的杜若菲、郑玲玲两位教师完成；案例 4 由临沂市明坡小学的马鲁佳老师完成。

本书不仅适合英语师范本科生和专科生学习使用，也适合学科教学论方向的硕士生和博士生研读，适合各地小学英语教研员以及教师继续教育学员阅读，有条件的家长也可以阅读此类教学法著作，以提高对小学生课程、教材与教学的理性认识水平，促进课程的民主化进程，形成多方教育合力，推动"双减"政策的落实。

CONTENTS 目 录

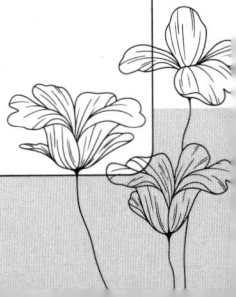

第一章

绪论

CHAPTER 1

内容提要

　　"小学英语教学技能训练"课程是加强师范生学科知识与教学能力之间联系的重要纽带，有着学科课程无法替代的作用。本课程针对目前小学英语教学技能训练课程与教学中存在的问题，诸如课程与教材生态失衡、技能训练的精准性、实效性不高、学科学习群体互动不足等，不断探索和创新课程教学模式，提出 PCEPEP 循证教学模式，将学生自主学习与小组探究相结合，教师提供学习资源，基于学习过程进行循证教学，学生进行反思提炼，形成研究报告、论文、教学设计等成果。此模式有利于提高教学与辅导的精准性，有利于优质课程资源的开发利用，进而有效达成课程目标。

第一节 "小学英语教学技能训练"课程概述

"小学英语教学技能训练"是小学教育专业英语方向学生的专业必修课程，包括理论与实践两大版块。其中，理论部分主要讲授二语习得与小学英语教学的基本理论；实践版块主要包括小学英语教学各个环节的基本技能，诸如导入技能、讲解技能、提问技能、英语活动设计与组织技能、教学评价技能、新媒体应用技能、有效应用儿歌、戏剧、游戏等辅助英语教学等技能。

一、"小学英语教学技能训练"的学科地位

"小学英语教学技能训练"课程属于英语教学法课程系列。学科教学法是师范类高校各学科的专业课程，也是体现师范特色的重要学科之一，旨在加强学科知识与教学实践之间的联系，通过有效的教学方法和流程，遵循一定的教学原则，将学科知识有效地传授给学生，提升师范生小学英语课堂教学能力，同时利用学科知识涵养心灵，培养良好的思维品质，提升核心素养。

英语专业（师范类）的培养目标：培养具有扎实的英语语言基础知识和英语基本技能、了解基本的中西文化知识、掌握英语教育的基本知识和基本技能，并能熟练运用这些知识和技能从事中小学英语教学、研究和管理等方面的工作、适应中国基础教育英语课程改革和发展的需要的英语教育专门人才。

小学教育专业英语方向的学生除学习教育学、教育史、教育政策法律、课程与教学论等专业基础课程外，还需要选修英语类课程，如英语语言学、英美文化、儿童英语视听说等，系统学习英语语音、语汇、语法以及听说读写技能、跨文化交际等专业知识。为了提升师范生的学科教学能力，小学教育专业还开设了小学

英语、小学数学、小学语文等学科的课程标准与教材研究、教学技能训练等学科方向类课程。后续课程包括小学微格教学训练以及教育实习等。"小学英语教学技能训练"课程在小学英语师范生培养课程体系中的地位如图1-1所示。

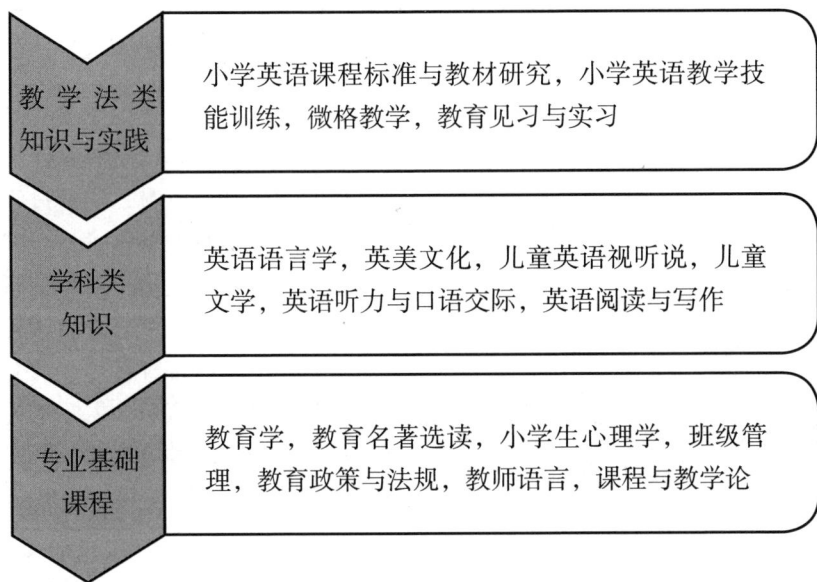

教学法类知识与实践	小学英语课程标准与教材研究，小学英语教学技能训练，微格教学，教育见习与实习
学科类知识	英语语言学，英美文化，儿童英语视听说，儿童文学，英语听力与口语交际，英语阅读与写作
专业基础课程	教育学，教育名著选读，小学生心理学，班级管理，教育政策与法规，教师语言，课程与教学论

图1-1 小学英语师范教育专业课程体系

二、小学英语课程目标

《义务教育英语课程标准》（2022年版）围绕核心素养，体现课程性质，反映课程理念，确立课程目标。

"核心素养是课程育人价值的集中体现，是学生通过课程学习逐步形成的适应个人终身发展和社会发展需要的正确价值观、必备品格和关键能力。英语课程要培养的学生核心素养包括语言能力、文化意识、思维品质和学习能力等方面。"[1]

义务教育英语课程分为三个学段，各学段目标设有相应的级别，即一级建议为3~4年级学段应达到的目标，二级建议为5~6年级学段应达到的目标，三级建议为7~9年级学段应达到的目标。各学段目标之间具有连续性、顺序性和进阶性。

---

[1] 中华人民共和国教育部.义务教育英语课程标准：2022年版[M].北京：北京师范大学出版社，2022:4—5.

基于核心素养四个方面的英语 1~2 学段目标如表 1-1 至 1-4 所示。[1]

表 1-1　语言能力学段目标

	3~4 年级 / 一级	5~6 年级 / 二级
感知与积累	能感知单词、短语及简单句的重音和升降调等；能有意识地通过模仿学习发音；能大声跟读音视频材料；能感知语言信息，积累表达个人喜好和个人基本信息的简单句式；能理解基本的日常问候、感谢和请求用语，听懂日常指令等；能借助图片读懂语言简单的小故事，理解基本信息；能正确书写字母、单词和句子	能领悟基本语调表达的意义；能理解常见词语的意思，理解基本句式和常用时态表达的意义；能通过听，理解询问个人信息的基本表达方式；能听懂日常学习和生活中简单的指令、对话、独白和小故事等；能理解日常生活中用所学语言直接传递的交际意图；能读懂语言简单、主题相关的简短语篇，获取具体信息，理解主要内容
习得与建构	在听或看发音清晰、语速较慢、用词简单的音视频材料时，能识别有关个人、家庭以及熟悉事物的图片或实物、单词、短语；能根据简单指令作出反应；体会英语发音与汉语发音的不同；能借助语音、语调、手势、表情等判断说话者的情绪和态度；能在语境中理解简单句的表意功能	在听或看发音清晰、语速适中、句式简单的音视频材料时，能获取有关人物、时间、地点、事件等基本信息；能识别常见语篇类型及其结构；能理解交流个人喜好、情感的表达方式；能根据图片，口头描述其中的人或事物；能关注生活中或媒体上的语言使用
表达与交流	能围绕相关主题，运用所学语言，进行简单的交流，介绍自己和身边熟悉的人或事物，表达情感和喜好等，语言达意；在书面表达中，能根据图片或语境，仿写简单的句子	能围绕相关主题，运用所学语言，与他人进行简单的交流，表演小故事或短剧，语音、语调基本正确；在书面表达中，能围绕图片内容或模仿范文，写出几句意思连贯的话

[1] 中华人民共和国教育部 . 义务教育英语课程标准：2022 年版 [M]. 北京：北京师范大学出版社，2022:6 — 11.

表 1-2　文化意识学段目标

	3~4 年级 / 一级	5~6 年级 / 二级
比较与判断	有主动了解中外文化的愿望；能在教师指导下，通过图片、配图故事、歌曲、韵文等获取简单的中外文化信息；观察、辨识中外典型文化标志物、饮食及重大节日；能用简单的单词、短语和句子描述与中外文化有关的图片和熟悉的具体事物；初步具有观察、识别、比较中外文化的意识	对学习、探索中外文化有兴趣；能在教师引导下，通过故事、介绍、对话、动画等获取中外文化的简单信息；感知与体验文化多样性，能在理解的基础上进行初步的比较；能用简短的句子描述所学的与中外文化有关的具体事物；初步具有观察、识别、比较中外文化异同的能力
调适与沟通	有与人交流沟通的愿望；能大方地与人接触，主动问候；能在教师指导下，学习和感知人际交往中英语独特的表达方式；能理解基本的问候、感谢用语，并作出简单回应	对开展跨文化沟通与交流有兴趣；能与他人友好相处；能在教师引导下，了解不同文化背景下人们待人接物的礼仪；能注意到跨文化沟通与交流中彼此的文化差异；能在人际交往中，尝试理解对方的感受，知道应当规避的谈话内容，适当调整表达方式，体现出礼貌、得体与友善
感悟与内化	有观察、感知真善美的愿望；明白自己的身份，热爱自己的国家和文化；能在教师指导下，感知英语歌曲、韵文的音韵节奏；能识别图片、短文中体现中外文化和正确价值观的具体现象与事物；具有国家认同感，对中华优秀传统文化感到自豪	对了解中外文化有兴趣；能在教师引导下，尝试欣赏英语歌曲、韵文的音韵节奏；能理解与中外优秀文化有关的图片、短文，发现和感悟其中蕴含的人生哲理；有将语言学习与做人、做事相结合的意识和行动；体现爱国主义情怀和文化自信

表1-3 思维品质学段目标

	3~4年级/一级	5~6年级/二级
观察与辨析	能通过对图片、具体现象和事物的观察获取信息，了解不同事物的特点，辅助对语篇意义的理解；能注意到不同的人看待问题是有差异的；能从不同角度观察周围的人与事	能对获取的语篇信息进行简单的分类和对比，加深对语篇意义的理解；能比较语篇中的人物、行为、事物或观点间的相似性和差异性，并作出正确的价值判断；能从不同角度辩证地看待物，学会思考
归纳与推断	能根据图片或关键词，归纳语篇的重要信息；能就语篇信息或观点初步形成自己的想法和意见；能根据标题、图片、语篇信息或个人经验等进行预测	能识别、提炼、概括语篇的关键信息、主要内容、主题意义和观点；能就语篇的主题意义和观点作出正确的理解和判断；能根据语篇推断作者的态度和观点
批判与创新	能根据个人经历对语篇内容、人物或事件等表达自己的喜恶；初步具有问题意识，知晓一问可有多解	能就作者的观点或意图发表看法，说明理由，交流感受；能对语篇内容进行简单的续编或改编等；具有问题意识，能初步进行独立思考

表1-4 学习能力学段目标

	3~4年级/一级	5~6年级/二级
乐学与善学	对英语学习感兴趣、有积极性；喜欢和别人用英语交流；乐于学习和模仿；注意倾听，敢于表达，不怕出错；乐于参与课堂活动，遇到困难能大胆求助	对英语学习有较浓厚的兴趣和自信心；能积极参与课堂活动，注意倾听，大胆尝试用英语进行交流；乐于参与英语实践活动，遇到问题积极请教，不畏困难

续　表

	3~4 年级 / 一级	5~6 年级 / 二级
选择与调整	能在教师帮助和指导下，制订简单的英语学习计划；能意识到自己英语学习中的进步与不足，并作出适当调整；能尝试借助多种渠道学习英语	能在教师指导下，制订并完成简单的英语学习计划，及时预习和复习所学内容；能了解自己英语学习中的进步与不足；初步找到适合自己的英语学习方法；尝试根据学习进展调整学习计划和策略；能借助多种渠道或资源学习英语
合作与探究	能在学习活动中尝试与他人合作，共同完成学习任务；能在学习过程中积极思考，发现并尝试解决语言学习中的问题	能在学习活动中与他人合作，共同完成学习任务；能在学习过程中认真思考，主动探究，尝试通过多种方式发现并解决语言学习中的问题

　　为了更好地理解我国的小学英语课程标准，这里介绍一下英国布里利森林小学和幼儿园（Brierley Forest primary school and nursery）的课程标准。[1]

　　课程描述：英国价值观贯穿了国家小学课程。无论学生是什么样的家庭背景，宗教、种族、年龄或性别，课程都会激励他们努力学习，启发他们的智慧，发展他们的知识、技能，培养对人类创造力和成就的欣赏，让他们成长为能够使社区受益的成功人士。

　　课程目标包括知识、技能、思维、能力和经验的拓展。发展学生的口语能力，扩展词汇量，将他们的知识、技能和理解应用到跨学科的写作中。运用学习框架展示阅读、写作和其他课程之间的联系。通过精选阅读文本，帮助学生了解不同文化、地理和历史，让孩子们在阅读中茁壮成长，使他们能够流畅准确地阅读任

[1] Brierley Forest Primary and Nursery School.Curriculum Intent Statement 2021−2022 [EB/OL]. https://www.brierleyforestprimary.co.uk/.

何文本，让阅读变得愉快和充满惊奇，从而激发和发展他们的写作动机。

▲使孩子们获得有序的知识、词汇和技能，通过在不同情境中的长期实践来巩固，发展理解力，让他们寻求意义并实现个人成长，超越自身经验的局限性。

▲建立在扎实的先前学习基础上。

▲反映学生在经验背景以及知识和技能上的潜在差距。

▲专注于内容和概念的进展，以加速进步——巩固和重温先前的学习，以确保天天进步。

▲激励孩子成为快乐和成功的个体：作家、数学家、创新者、科学家、历史学家、地理学家、艺术家、音乐家、运动员、积极的公民。

▲确保孩子们具备成为社区和更广泛世界中不可或缺、积极贡献者的能力。

▲促进民主、法治、个人自由、相互尊重和包容的价值观，关注当前的平等法。

▲让所有学习者有雄心勃勃的目标和易于进入的机会。

▲使孩子们发展有效的口头表达技能。

▲为孩子们提供广泛的参与机会，激发探索的兴趣和才能。

▲给孩子们生活所需的必要技能，使他们在今后的生活和工作中能够成功地加以运用。

学校的愿景和价值观是课程设计的核心：鼓励每个人发挥潜力、发现新才能并培养对学习的热爱。课程是实现学校愿景和价值观以及学校社区生活的手段。

课程以单独的学科教授，使学生能够有效地与先前的学习建立联系。通过分科教学，学生将学会如何成为历史学家、艺术家、作家、设计师等，培养对学科的热爱，激发他们选择适当的职业生涯。

渐进式的课程使得学生掌握足够的知识和技能，从而培养自信心和好奇心，有决心取得成功，学会关心，创造性地思考和解决问题，最终适应未来带来的挑战。通过一系列高质量、引人入胜且难忘的学习机会来拓宽经验，发挥潜力。

通过课程学习，学生学会思考社区独特和多样化的需求，同时能够关注社会正义和公平、身份认同和多样性、权力和治理、人权、全球化和相互依存、和平与冲突以及可持续发展等全球价值观，使课程成为维护社会正义的工具。

学生能够在一个不受限制的社区中怀抱着对新经验和知识的渴望以及对学习和取得成就的热情。支撑和推动课程的是通过高质量阅读和写作经验以及全面的个人、社会、健康与经济教育原则和实践所进行的语言习得。

强大的知识可以使学生超越自己经验的局限性，获取新知，这在贫困背景下促进社会正义方面尤为重要。无论背景或社会地位如何，孩子们接受到致力于学业卓越的全面发展的教育是他们的教育权利。基于知识的课程试图为学生提供一种学校经历，使他们有机会在生活中取得成功。

课程的设计旨在促进以下关键素养：

1. 使学生能够具备积极的价值观，承担责任并发展个人独立性，获得文化广度，以尊重的方式向他人表达观点和意见。

2. 使学生能够具备高质量的知识、技能和理解力，培养对世界的"敬畏与惊奇"之感，并确立对学习的热爱，获取新知识并接纳新经验，基于高期望和机会构建获得广泛而平衡、相关且有用的课程内容，获得丰富的知识和技能，用于促进理解及个人成长，获得未来可用的生活技能。

3. 使学生能够拥有健康的情感和智力，能够在各种情境下清晰、适当地表达自己，能够自我调节，管理自己的健康状态。

4. 使学生能够保持安全和健康，重视营养和锻炼的重要性，既能在当地的环境中保持安全，又知道如何在网络上保持安全，知道如何避免伤害，并知道在担心时该向谁求助。

5. 使学生能够成为批判性思考者，做出明智的决策，并培养能够让他们终身受益的技能，围绕关键概念发展知识、技能和理解力。

6. 具备积极的行为和态度，接受自己和他人，对社会作出积极贡献，清晰明确自己的愿望和多种发展的可能性，增强韧性，理解教育的重要性，并能够长期准时到学校，在生活的各个方面做到有所准备和值得尊重。

7. 积极面对挑战和变化，知道如何应对挑战，知道向谁寻求支持，掌握一系列应对策略，运用自然的解决问题的技能。

以上课程目标与我国小学英语课程目标有许多相通之处，但也有一些差异。各国都强调自己的核心价值观，但强调的重点和优先序列不同。我国小学英语课程目标强调综合语言能力、思维品质、文化意识和语言学习能力等核心素养。英国的小学英语课程目标强调知识的序列以及课程本身所蕴含的经济和社会正义等价值、公民意识、安全意识，通过课程育人，促进学生内在的成长和外在的为社会作出贡献思想意识的养成。

三、"小学英语教学技能训练"课程目标

根据小学教育专业毕业生要求、英语专业师范生培养目标以及小学英语课程目标，我们将"小学英语教学技能训练"的课程目标定位如下。

知识目标：掌握二语习得理论、英语教学理论、有效教学设计原理与模型；掌握小学英语知识与技能教学的基本流程及方法；掌握小学英语儿歌、游戏、戏剧教学的功能及教学融入策略；理解综合实践范式下小学英语教师培养"教—学—研—做—评"一体化生态模式及 PCEPEP 循证教学的基本原理。

能力目标：能运用所学理论有效地进行教学设计和模拟上课，熟练进行教学导入、讲解、提问、评价等各环节的设计，并能够对小学英语优质课教学视频及真实教学情境中的教学过程和教学质量进行专业评价；能用英语讲述小学阶段学习的中国经典诗词和故事；能运用所学理论和研究方法，对小学英语教学实践中存在的问题进行反思研究并提出改进对策。

情意目标：培养师范生对小学教师的职业尊严感和对所教学科的专业信仰，培养对自己学科教学能力的自信心、责任感以及创新进取精神，提高社会情感能力。具体目标如图 1-2 所示。

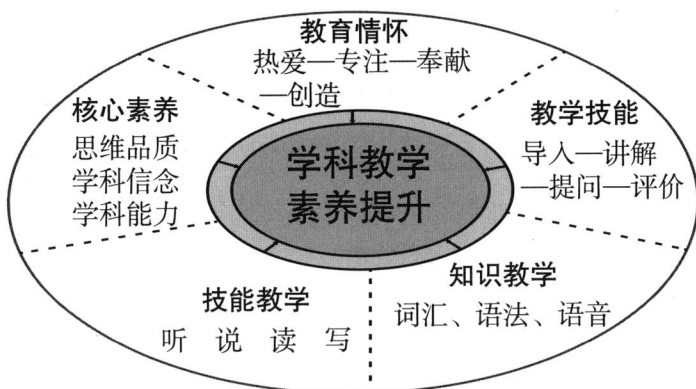

图 1-2 "小学英语教学技能训练"课程目标

需要强调的是，（1）师范生的学科信念和情感、态度目标，通过小学英语技能训练切实改变已有的心智模式，不断提升教学境界，树立牢固的学科信念，为成为卓越小学英语教师奠定情感基础。（2）师范生要有强大的学习力和心理弹性，能够有效地利用课内外学习资源自主学习，促进成长。

师范生要通过小学英语教材的深度解读和实践操练，培养良好的心理弹性和适应能力。例如，Confidence. Having feelings of competence with high achievement. Coping well with stressful situations. Cultivate the positive emotions（joy,calm,optimistic,confidence,active coping,contentment）verse negative emotion（anger,anxiety,nervous,sadness,depression,passive coping）. Purposefulness. Having a clear sense of purpose,clear values.Persistence in the face of difficulties. Looking for social support.Building good relationships with others（helping others,harmony/peace,gain social support,tolerant/flexible/generous verse self-centered,conflict/abuse,lack of support,intolerant/demanding/greedy.）Adaptability. Flexibility. Adapting to changing situations and quick recovery from its impact.

四、课程内容

全书共分八个单元，第一单元绪论，主要介绍了"小学英语教学技能训练"课程目标、课程内容、课程特色以及小学英语循证教学的定义、研究基础以及具体方法等内容。第二单元二语习得理论与语言学习理论，介绍二语习得理论的主要代表人物和主要观点，二语习得研究的主要方法，语言教学理论及实践应用，为后续的研究奠定理论和方法基础。第三单元小学英语循证教学设计，介绍有效教学设计的几个经典模型以及有效教学设计的基本原则和策略，为小学英语循证教学提供设计的基本维度和路径。第四单元小学英语实用教学技能，介绍小学英语导入、讲解、提问和评价技能，为教学过程的各个环节提供实用性技能以及应注意的问题。第五单元小学英语语音、词汇、语法教学，研究小学英语语音、词汇、语法教学的理论和科学发现，并在此基础上探索小学英语循证教学的实施路径与主要方法。第六单元小学英语听力和口语教学，介绍小学英语听力和口语教学的理论、模型和科学发现，并在此基础上探索小学英语听说循证教学的实施路径与主要方法。第七单元小学英语阅读和写作教学，研究小学英语阅读和写作教学的基本模式和相关的研究发现，并在此基础上探索小学英语读写循证教学的实施路径与主要方法。第八单元小学英语儿歌、戏剧、游戏教学，介绍小学英语儿歌、戏剧、游戏教学的功能、内容、方法等。最后附录部分提供四个小学英语循证教学设计案例，是对前面理论的具体应用，也是对师范生进行案例教学的重要素材。

本书对师范生掌握小学英语教学技能，特别是循证教学的基本理论、模式、方法具有重要的理论和实践价值。书中基于大量科学研究和实践发现对小学英语知识和技能教学进行了循证分析，为师范生提供了小学英语研究的关键问题和循证方法，对提高师范生学科核心素养具有重要的方法论指导价值。

本书列举了大量实践案例，具有可操作性和时代性特征，对师范生及中小学英语教师的专业发展具有重要的实践指导价值，特别是基于小学英语循证研究和学习分析的精准教学，对提高中国小学英语的课堂教学效率具有重要的实践价值。

本书还适合家长和课程政策研究者阅读，提高家庭教育和政策制定的理性化水平。

五、课程特色

（一）整合性与生态性

英语学科知识与教学法知识有机融合；知识、技能学习与学科核心素养培养有机融合，重视学生的社会情绪学习及教师信念、教育情怀的培养；重视多元文化理解，关注中西文化、城乡文化、性别文化，尊重不同职业，崇尚劳动与创造；显性与隐性知识相融合；线下与线上资源相融合，将学生优秀作业和产品设计变成有效学习资源，形成动态化多维知识生态网络；课堂教学与实习实训及学科竞赛、大学生"双创"项目相结合，形成了"教—学—研—做—评"一体化、大中小学—社区—家庭协同育人的生态课程模式。

（二）循证性与实践性

基于理论证据、科学证据和学习分析证据进行循证教学。将先进的语言学、教学法、心理学理论有机整合到小学英语知识与技能教学中，增强教学的科学性和效能感。将"认知学徒制"有效应用于教学技能训练过程中，通过案例分析、视频点评和模拟操练，反思师范生内隐的观念误区，改变心智模式，树立全新的教学观、学生观和学习资源观。重视循证教学实践，利用好学科竞赛、大学生"双创"项目以及见习、实习等契机进行精准辅导，重视反思实践研究，重视榜样示范作用，培养卓越小学教师群体。关注跨学科循证实践，加强小学英语与语文和科学等学科的融合，用英语讲好中国故事，用小学科学课所学知识进行英语循证教学。切入学生心理的"最近发展区"，提高教学的精准性、普惠性和效能感。

小学英语循证教学

一、小学英语循证教学研究的背景

（一）"双减"政策要求大力提升教育教学质量

2021 年，中共中央办公厅、国务院办公厅印发了第 22 号文件《关于进一步减轻义务教育阶段学生作业负担和校外培训负担的意见》（以下简称《意见》）。《意见》要求强化学校教育主阵地作用，提高课堂教学质量，减轻学生过重作业负担和参加课后补习班的负担。大力提升教育教学质量，确保学生在校内学足学好。坚持学生为本，遵循教育规律，着眼学生身心健康成长。[1]

基于证据的教学能够更好地呈现教材内容的内在逻辑和基本结构，重视知识发现的过程，便于学生的理解、掌握和迁移、应用。另外，学生构成具有多样性，他们的知识经验不同，能力大小和类型不同，表现早晚不同，性格和气质类型也存在差异，面对千差万别的学生，教师需要认真研究学生，基于学生分析进行精准教学。

例如，有的学生听力不好，从而影响了英语发音和口语交际能力的发展，也会影响词汇学习以及综合语言能力的发展。学生学习困难又会影响其自信心和自尊心的发展，导致一系列连锁反应。循证教学要求教师能够通过学生的表现透视原因，并且及时予以补救。如果学生存在听觉障碍导致听力成绩差，教师应该配合家长让学生及时就医，或者进行康复训练；如果学生的注意力不集中导致英语听力成绩差，教师就应该有的放矢地对学生进行专注力的训练，同时应该反思和

---

[1] 中共中央办公厅、国务院办公厅.关于进一步减轻义务教育阶段学生作业负担和校外培训负担的意见（2021 年第 22 号）[P].[EB/OL]https://www.gov.cn/gongbao/content/2021/content_5629601.htm.

改进教学方法，提高学生的学习兴趣；如果是因为缺乏相应的听力技巧，那么教师就应该结合具体听力材料教给学生一些实用的听力技巧，诸如听大意、听细节、听情绪情感和态度等技巧，最后还要注意英语发音中的连读、重读、爆破等规律。教师基于系统证据进行教学，能够更好地发挥各类学生的潜能，使得不同起点的学生在原有基础上都能够不断进步，进而实现"减负提质"的目标。

（二）"新课标"的要求

《义务教育英语课程标准》（2022年版）无论从分级目标的制定，还是从教学的指导思想、实施要求等方面都体现了"循证教学"的特点。例如，提倡"教—学—评"一体化设计，细化育人目标，凸显学生主体地位，关注学生个性化、多样化。"新课标"提出，坚持问题导向，注重对实际问题的有效回应。遵循学生身心发展规律，提升课程科学性和系统性。进一步精选对学生终身发展有价值的课程内容，减负提质。细化育人目标，明确实施要求，增强课程指导性和可操作性。坚持创新导向，关注学生个性化、多样化的学习和发展需求，增强课程适宜性。设立跨学科主题学习活动，加强学科间相互关联，带动课程综合化实施，强化实践性要求。研制了学业质量标准。各课程标准根据核心素养发展水平，结合课程内容，整体刻画不同学段学生学业成就的具体表现特征，形成学业质量标准，引导和帮助教师把握教学深度与广度，为教材编写、教学实施和考试评价等提供依据。依据学生从小学到初中在认知、情感、社会性等方面的发展序列，合理安排不同学段内容，体现学习目标的连续性和进阶性。注重"教—学—评"一体化设计，坚持以评促学、以评促教，将评价贯穿英语课程教与学的全过程。[1]

（三）循证教学改革要解决的重点问题

1. 课程生态失衡问题

课程、教材与教学是密不可分的。教师首先要认真研究课程标准和教材，充分挖掘教材中各种教育元素，将知识技能的教学与能力培养、思维品质发展、文

---

[1] 中华人民共和国教育部.义务教育英语课程标准：2022年版[M].北京：北京师范大学出版社，2022:24.

化意识的提升相互融合。另外，教师还应该具有课程资源开发的能力，有效整合课内与课外学习资源、线上与线下学习资源，形成良好的课程生态。但现实中，教师往往重视显性知识的传授而忽视了隐性知识的挖掘和利用，显性课程与隐性课程难以相互支撑，学科资源建设薄弱，学科文化氛围没有形成。核心素养与英语知识、技能教学的融入存在表面化现象。情境教学、实践活动内容单薄，缺少整体设计；案例教学的科学性也有待提高，学生的活动参与度低，情感体验不深入。再者，教育类课程与英语专业类课程存在比例失调问题。目前小学教育专业学生的英语类专业知识相对欠缺，学生选课的开放力度不够，利用在线优质学习资源进行英语学习的密度和效能感有待提高。英语师范生在英语类知识方面基础牢固，有众多的专业课程相互支撑，例如，语言学、词汇法、英语语音、英语视听说、英美文化、英美文学等，但教育类课程相对欠缺，一般只开设英语课程与教学一门教法类课程，其他诸如课程与教学论、微格教学、小学综合实践课程等教学类课程相对薄弱，需要加大课程开放度，加强在线优质课程资源的有效利用。

2. 学科教学技能训练针对性不强、群体动力不足问题

英语教学技能训练需要基于证据对已有的观念和行为模式进行反思，改变心智模式和错误观念，同时还需要进行有指导、有参照的实践，或者进行模拟训练等。但目前师范生英语知识和技能水平参差不齐，班级授课难以关注到个体差异。教师利用新媒体技术将学习分析用于师范生技能训练指导过程持续性不足，导致教学技能训练的精准性和实效性不高。

尽管教师会利用课内和课外时间让学生进行模拟讲课和评课，但这种教师主导的训练方式容易导致模式化，同学相互评价的积极性不高并且经常出现从众行为，由学生自发组织的英语讲课、研讨，甚至歌曲和戏剧表演比较匮乏，学生自发组织的用英语进行交流的机会不足，英语学习社区时断时续，缺少长效管理机制。学生参加学科竞赛的范围有待进一步扩大，学科榜样的带头和辐射功能没有更好地发挥出来。

3. 师范生的循证实践能力不足问题

师范生进行教学技能训练不能仅仅看外在的表现，更重要的是看其教学设计、教学实习、教学评价等是否体现了专业性？教学过程是否有利于学生核心素养的提升？最重要的是，他们是否具有循证研究能力。循证研究能力是教师专业化的重要指标之一，也是因材施教，全面提高教学质量的重要保障。

例如，有关小学生词汇学习有效策略的实证研究，在故事语境中记忆单词与在词汇列表语境中记忆单词哪个效率更高？前者强调故事情节和上下文语境对小学生学习兴趣和词汇学习的价值，后者强调让小学生感知和把握词汇的构词法，掌握词汇本身的规律，包括首字母、字母组合的含义以及拼写和读音规则等。我们通常强调前者而忽视了小学生对语言本身规律的感知和推论。哪种方式对小学生词汇的记忆以及语言的应用效果更好，需要同学们进行实证研究。可以对同一被试采用两种不同的方法记忆单词，对比记忆效果；也可以采用两个班级进行对照实验，控制其他变量，突出词汇学习的不同语境，经过短时间（如两篇课文，每篇 6~8 个生词）的对照实验，或者经过一个学期甚至更长时间的教学实验，最后得出实验结果并深入分析原因。如果采用不同方法，所有同学的成绩都存在显著性差异，那么可以得出结论：X 方法优于 Y 方法；如果差异不显著，还可以进一步分析原因，找到中介变量，例如，以学生自身的认知风格，或者教师的教学风格为调节变量。通过类似的循证实践，师范生对教学的专业性和掌控力会大大提高，因材施教也不再仅仅是口头禅。

再者，师范生的循证学习能力还表现为是否能够根据小学英语语音、词汇、语法以及听说读写技能的评价标准对小学生的学习情况进行精准反馈评价；是否能根据小学英语教师课堂教学的评价标准对小学教师的课堂教学进行专业性评价并提出改进建议？能否结合自身的优势和学生的特点进行创新性设计？是否能够体现单元整体设计及将评价融入教学过程中等理念？活动是否适切、充分？作业是否照顾到学生的个体差异并且能够检验教学目标的达成情况？这些都需要师范生基于证据进行研究和实践，但现实中，师范生在英语学科教学技能训练课程中多数只能是处于被动和模仿阶段，能够基于证据进行研究和循证教学实践的学生非常少。这主要与学生的学习习惯以及教师的教学侧重点有关。

二、什么是循证教学

循证教学（Evidence-Based Teaching）是一种基于科学证据和教学情境的教学方法，旨在通过研究和情境支持的最佳实践来提高学生的学习效果。循证教学已被广泛研究，并且已经证明对教学效果有积极的影响。研究表明，采用循证教学方法的课程通常表现出更高的学生参与度、更好的学习成果和更高的满意度。循证教学有利于激发学生的积极思维和深度学习，形成知识和技能序列和自主创生机制。此外，循证教学还有助于减少学生的学习焦虑，提高他们的学习动机。

循证教学是一种有效的教学方法，通过清晰的教学设计、积极的教学实施以及有效的评估与反馈，专注于对信息流和数据流的元认知监控，可以帮助教师有效地实现教学目标，同时满足学生的学习需求和心流体验。未来的研究应该继续探索循证教学的最佳实践，并进一步验证其对教学效果的影响。

循证教学的教学设计应该明确学习目标和期望的学习结果；使用多样化的教学方法，以满足不同学生的学习需求；适当运用新技术手段和工具，以增强教学效果。

在教学实施阶段，循证教学应能够激发学生持续的专注和参与度；提供及时的反馈和指导；鼓励学生自主学习和批判性思维。评估和反馈是循证教学中至关重要的组成部分，通过评估反馈确认学生是否达到预期的学习目标；为学生提供改进和发展的机会；帮助教师调整教学方法和策略。

循证教学的核心原则包括：教学决策应该基于最新的科学研究和成功的教学案例；教学应该持续评估和调整，以确保最佳的学习状态和学习效果；教师应该根据学生的需求和背景来制订个性化的教学计划；教师要善于利用情境进行教学决策，创造群体参与和互惠式学习氛围，体验深度学习和创造性学习所带来的心流状态，提高对知识技能演化规律和关键节点的掌控力、创生力。

三、国内外文献综述

（一）有关循证教育的理论和实践探索

循证教学最初是一种基于循证医学原则的教育方法，强调在医学和其他领域中使用最新、最可靠的科学证据来指导教学和临床实践。这一方法的目标是通过整合最新的研究成果，帮助学生和从业者制定基于证据的决策，提高医学和健康领域的实践质量。虽然循证实践最初起源于对医学界的挑战，但这一概念后来被护理和其他医疗保健专业所接受。尽管将证据转化为实践的过程仍在不断完善，但这样做的责任已经变得明确。

20 世纪 70 年代，新自由主义教育兴起，教育实证研究受到推崇。1966 年，《科尔曼报告》揭示了美国学校教育的无效，指出影响学生学业成绩的关键因素不是学校和教师，而是家庭背景。

1996 年，剑桥大学的戴维·哈格里夫斯（David Hargreaves）从医学教育的视角提出了循证教学概念，认为教师也应像医生一样，基于证据进行教学决策和实施教学行为。戴维斯（P. Davies,1999）"批评了教育活动中存在的种种非科学的研究和实践现象，强调无论是教育科学研究还是教学实践都应该建立在证据基础上，诸如精心设计和执行的对照试验、准实验、调查、高质量的观察性研究、人种学研究、话语分析研究等"。[1]

2001 年，美国《不让一个孩子掉队法》颁布后，以证据为基础的教育研究得以贯彻实施。例如，通过循证教育研究，开发了针对教师专业发展的项目，包括提供有效的教学方法培训、课程设计指导和实践经验分享，以提升教师的教学水平和教学效果；政府机构和教育部门利用循证教育研究的成果，评估现行教育政策的效果，并针对性地进行改进和调整，以促进教育质量的提升和学生学习成果的显现；循证教育研究在学校中开展了针对学生学习困难的干预项目，包括个性化的学习支持、心理健康服务和家庭支持计划，以提供全面的帮助和支持，促

---

[1] 王玉秋,郑娟.循证教学在小学英语教学中的有效应用 [J].教学与管理,2023(09):96-99.

进学生学业成绩的提高。研究人员使用循证教育方法开展了针对阅读障碍学生的干预方案研究，包括多种教学策略和个性化的学习计划。

美国一些州和学校在《不让一个孩子掉队法》颁布后开展了一系列以证据为基础的教育研究和实验。例如，缅因州教育部门推出了一项名为"学生成功计划"的倡议，旨在通过循证教育研究来改善学生的学业成绩和毕业率。该计划包括实施个性化的学习计划、提供专业发展支持和资源，建立有效的学校评估和改进机制。马里兰州教育部门开展了一项名为"干预与支持计划"的项目，旨在帮助学校识别和干预学生的学习困难和行为问题。该项目基于最新的循证教育研究成果，为学校提供了评估工具、干预方案和专家指导，以支持学生的学习和发展。加州的一些学校和教育机构开展了针对英语学习者的教育研究和实验。这些项目旨在探索不同的教学方法和支持策略，以提高英语学习者的语言能力和学术成绩。研究人员使用循证教育研究的方法，评估不同干预措施对学生学习的影响，并为教师提供指导和培训。

约翰·哈蒂（John Hattie, 2009）综合了大量的学术研究，涵盖了超过800项关于学业成就的元分析，旨在揭示影响学生学业成就的各种因素，并提出了一系列重要的发现和观点。他建议"我们将注意力集中在能够真正产生巨大影响的最重要因素上：教师身上。必须确保这一最重要的影响因素发挥出强大而极其积极的效果，从而对学习者产生深远的影响。我们必须将注意力转向提升教学质量，并对学生设立更高的期望，让他们能够应对适当的挑战。这些教学改进发生在课堂，而不是通过重新安排学生、指定教师教授不同的课题等"[1]。他通过对各种教育干预措施的研究进行分析，揭示了对学业成就产生积极影响的因素，如教学策略、学习方法、课堂氛围等。[2]

2012年，英格兰教育部推出了一项基于证据的"语音阅读检查"，旨在帮

[1] Hattie J .Teachers Make a Difference: What is the Research Evidence?[J].*Zealand Council of Educational Research*，2003（06）:87-93.

[2] 约翰·哈蒂 . 可见的学习：对 800 多项关于学业成就的元分析的综合报告 [M]. 彭正梅，等，译 . 北京 : 教育科学出版社，2015:33-36.

助小学生提高阅读水平。这项检查旨在通过评估学生对语音的识别能力来检测他们的阅读能力。2016 年，根据教育部部长的报告，未达到阅读预期水平的小学生比例从 2010 年的 33% 下降到 2016 年的 20%。这表明在实施基于证据的阅读检查后，学生的阅读能力有所提升。2014 年，英国教育研究协会（BERA）和皇家艺术学会（RSA）对英格兰、北爱尔兰、苏格兰和威尔士的教师教育中研究所发挥的作用进行了调查。最终报告明确指出，研究和教师探究对于发展自我完善的学校至关重要。报告主张在教师研究人员和更广泛的学术研究界之间建立更密切的工作伙伴关系。

以上举措和研究都是为了推动英国教育领域朝着更加循证、有效的方向发展，以提高教育质量和学生的学习成就。这些努力强调了对教育实践和政策制定过程中的科学证据的重视，以确保教育系统更加有效地满足学生的需求。

国内学者谭轶纱、范卿泽（2022）指出，"循证教学具有求真、民主、共享、高效等积极价值"[1]。王玉秋、郑娟（2023）指出，"循证教学强调将教学建立在理论、科学发现、学习元分析、情境、案例、事实等证据基础上，以更加有效地提高教学目标的达成度"[2]。崔友兴指出，"需要加强对循证教学证据的搜集、分析、整理和归类，借助现代教育技术构建循证教学数据库；紧贴实际，扎根式推进循证教学实践；营造循证教学文化氛围，构建循证教学支持系统"[3]。任维平、李淑琴"借鉴循证医学的做法，创建英语语言循证教学系统评价体系"[4]。魏惠基于证据的教学，研究了初中英语教学改进的新路径，"将'循证实践'贯穿教学改进的全过程，以教师的专业需求和学生的发展需要为核心，以问题为导向，通过对教学实践的关键环节设计和实际操作模式建构等方面的系统研究与开发，探索改进教师的课程理解、教学设计水平、群体合作方式和教学组织方式的新路

[1] 谭轶纱,范卿泽.论循证教学的发展向度和功能限度[J].当代教育科学,2022(02):41-49.
[2] 王玉秋,郑娟.循证教学在小学英语教学中的有效应用[J].教学与管理,2023(09):96-99.
[3] 崔友兴.循证教学的过程逻辑与运行机制[J].课程·教材·教法,2021,41(01):64-71.
[4] 李淑琴.英语语言循证教学系统评价体系的建立[J].网络财富,2009(06):52.

径，从而推进学校英语教学水平提升，推动区域教育高质量发展"[1]。

综合国内外的研究，循证教学的证据主要包括以下几个方面。

1. 系统综合：这涉及系统地审查和综合现有的研究结果，以确定教育中的最佳实践和有效干预措施。

2. 实验研究：进行受控实验或准实验研究，以测试教育干预措施或教学方法的有效性。

3. 数据驱动的决策：利用从各种来源收集的数据，例如学生评估，来指导教学策略、课程开发和政策决策。

4. 持续改进：通过监测教育干预措施的结果，评估其影响，并根据证据进行调整，采用持续改进的思维方式。

5. 专业判断：尽管以证据为基础的教育强调经验证据的重要性，但它也认识到在解释研究结果并将其应用于不同教育背景时专业判断和专业知识的价值。

循证教学还需要强调以下几个要点。

1. 最新研究证据：教育过程强调使用最新的研究和实践证据，而不仅仅是传统的教科书知识。

2. 批判性思维与情境博弈：鼓励学生以批判性的眼光审视各种证据，评估其质量和适用性；教师善于创设情境开展循证教学，在情境互动中发现学习证据。

3. 团队合作：循证教学通常倡导跨学科的团队合作，以促进知识的共享和集体学习。

在中小学教育中，循证教学的理念旨在通过引导学生运用科学证据和批判性思维来促进他们的学业发展和实际问题解决能力。中小学实施循证教学要强调以下几点：注重科学素养，强调培养学生的科学素养，使他们能够理解科学知识的产生过程、科学方法的运用，以及科学实证研究的重要性；实践性学习：鼓励学生参与实际实验、观察和调查，通过亲身经历和实践掌握科学概念，提高他们的实际操作能力；批判性思维：培养学生对信息的批判性思考，教导他们辨别信息

---

[1] 魏惠. 基于证据的教学：初中英语教学改进的新路径 [J]. 江苏教育，2022（27）:24-29.

的可信度、权威性，并能够提出合理的质疑和解决问题的方法；项目式学习和情境教学：采用项目式学习和情境教学，让学生在解决实际问题的过程中运用多学科知识，暴露知识、能力和思维方式等缺陷；信息素养：帮助学生发展信息素养，使他们能够有效搜索、评估和利用信息，以支持他们有效地进行探究学习；跨学科教学：引入跨学科的元素，使学生能够综合运用不同学科的知识解决实际问题，培养跨学科思维；反思与总结：鼓励学生在学习过程中进行反思，总结所学知识，形成对学科和学习方法的理解，提高他们学习的自主性和主动性。

（二）有关英语教学的循证研究

1. 有关英语教学法的研究

我国的英语教学法经历了从引进英美等国家的教学理论和方法，到自主探索和创新发展几个阶段。西方外语教学法重视对语言知识、技能以及群体互动、师生关系、母语的影响、基于语言错误的循证教学等内容的系统研究和实验。我们在借鉴的过程中需要结合国情和学情创造性地加以应用。国内外语教学法的研究"重视教学法的引介、理论的支持、研究方法的运用、研究质量的提高及对待教学法的态度方面存在问题"[1]。

黄月圆、顾曰国借鉴西方外语教学法提出"以学生为中心，多维一体的大学英语教学法"，将课堂教学与自主学习相结合，强调以学生为中心，建立学生动态数据库，发展新型师生关系等[2]。张士一、林语堂等提出的"情境教学理论"和"意念功能教学理论"是中国较早的英语教学法探索。随着我国从上而下的课程与教学改革政策变迁，英语教学法的研究也在继承的基础上更加注重本土化的实践探索。例如，十六字外语教学法、外语立体化教学法、英语三位一体教学法和英语四位一体教学法等都具有鲜明的中国特色和实践指导价值。这些教学法的探索基本上都经过了学习借鉴与反思批判、理性重构与实验探索、理论与模式提

---

[1] 常俊跃. 外语教学法的发展及其对我们从事外语教学的启示 [J]. 国外外语教学，2006（04）：15.

[2] 黄月圆，顾曰国. 以学生为中心，多维一体的大学英语教学法 [J]. 外语教学与研究，1996（02）：9-13+80.

炼、实践检验几个阶段。

伴随着我国几次大规模课程与教学改革运动，英语教学法的研究也在继承与借鉴的基础上更加注重本土化和实践创新。例如，十六字外语教学法、外语立体化教学法、英语三位一体教学法和英语四位一体教学法等，基本上都经过了上述几个阶段。戴炜栋"从语言和语言教学的本质、课程设置、教学大纲、教材编写、英语教学方法和师资培训等方面阐述了英语教学'一条龙'体系的构建"[1]。郝惠珍、张亚蜀探索了"任务型英语教学法"，"注重人人参与，使学生真正成为学习活动的主宰者和决策者。强调互动性和合作性，鼓励学生通过做事来学习语言"[2]。

高校"精品课程""一流课程"建设以及"教学改革项目"的广泛开展，把英语教学法的理论和实践探索推向了高潮。王建卿"探讨了如何通过课程教学改革培养学生的思辨能力，并尝试了合作探究式教学模式"[3]。霍玉秀则探索了"项目式学习"模式的英语教学法，强调以学习者为中心，把项目式学习模式运用到英语教学中，培养学生的英语综合能力。[4]

2. 有关二语教学的实证研究

二语习得理论从 20 世纪 60—70 年代兴起以来相关研究层出不穷，研究方法和视角不断拓展。语言学家强调所学语言的特征及其与母语的异同，强调语言知识之外的语言能力和语言表现；心理学家和心理语言学家强调语言习得的心理和认知过程以及语言在大脑中的表征；社会语言学家强调学习者语言表现中的影响因素，将研究领域拓展到交际能力，强调语用能力。社会心理学家强调群组关联现象，诸如认同和社会情感、互动以及影响学习的广泛社会语境。

[1] 戴炜栋. 构建具有中国特色的英语教学"一条龙"体系 [J]. 外语教学与研究,2001(05):32, 23-27+399.

[2] 郝惠珍，张亚蜀. 任务型英语教学法浅析 [J]. 河北师范大学学报（教育科学版），2005（05）:109-112.

[3] 王建卿. "英语教学法"课程改革与学生思辨能力的培养 [J]. 中国大学教学，2011（06）:63-65.

[4] 霍玉秀. 基于"项目式学习"模式的英语教学法实证研究 [J]. 语文学刊（外语教育学), 2013（10）:90-91.

有关小学英语研究的文献第一篇发表于 1960 年的《心理学报》，是李美格在北京景山学校一年级进行了英语课堂教学实验研究 [1]。作者总结出小学生发音常见错误，例如把 good[gud] 发成 [gudə]（中国学生容易在单词后面带上尾音）；把 brother['brʌðə] 发成 ['brʌdə] 或者 ['brʌzə]（中国学生容易对 th 的发音 [ð][θ] 经常发成 [z][s] 等）。

作者还根据心理学中的记忆规律提出英语词汇学习的"多快好省"原则，避免"少慢差费"的低效率英语学习。英语学习需达到一定的学习密度后，学习效率会更高。这也是教材编写需要考虑的难度、密量和梯度指标。小学生学习英语如果能够像诗歌一样有节奏和韵律会更有利于小学生的记忆，也有利于小学生学习兴趣的培养。例如，One,two,go to the zoo；Three,four,open the door；Five,six,I'm six；Seven,eight,You are late. 注意在不同的语境中让小学生认识和理解单词，例如，The bus is red；The clothes is red；The apple is red；The flag is red；I have a red pencil；Red and yellow can make orange. 教师在教学中顺便介绍了光谱、色轮、颜色混合等知识，实验表明小学生都能够掌握。

著者最后讨论部分提出几个观点：一是在小学低年级开设英语不仅必要，而且可能。儿童发音具有很大的可塑性，并且心理上没有顾虑，敢说，愿意表现自己。如果侧重听说教学，从小学低年级开设英语是非常有益的。为了避免英语发音与汉语拼音学习的负迁移，作者建议最好是让儿童先学习汉语拼音然后学习英语字母和读写技能。这篇论文现在阅读起来也不过时，其中的教学实验方法略显简单，但发现和提出的问题及对策具有较高的实用价值。

第二篇文章是刘静和、陈泽川、余碧筠等于 1965 年发表在《心理科学通讯》上的文章，是有关小学英语程序教学的研究。作者从 1964 年开始尝试使用程序教学法来研究如何改进英语教学的问题，并且进行了调查研究，在吸收程序教学基本原理操作规范的基础上，结合中国英语教学的实际提出了英语程序教材编写

---

[1] 李美格. 小学一年级英语教学的实验研究 [J]. 心理学报，1960（04）:262-268.

原则。[1]

在1949年到20世纪50年代我国学校主要开设俄语，从1960年开始开设英语。以上两篇有关小学英语教学的文章都是"文革"前的研究，具有明显的实证研究特点，并且都发表在心理学类的期刊上。"文革"开始到1978年期间没有相关论文发表。1978年到2001年的相关研究主要是经验层面的介绍，涉及的内容有情境教学、情感教育，也有有关单词和发音、阅读教学方法等相关内容的介绍，多发表于各地政府主办的教育期刊上，如《上海教育》《人民教育》《天津教育》等。2001年，城市小学从三年级开设英语，农村小学2002年起从三年级开设英语。

相关高被引论文有：高敏（2005）《自然拼读法在小学英语教学中的应用》；白薇（2012）《英文绘本的选择及在小学英语阅读教学中的运用》；李彤彤等（2010）《教育游戏在小学英语教学中的应用模式研究》；范文芳（2000）《大、中、小学英语教学的"一条龙"规划》；夏云、李春晖（2012）《教育游戏融入小学英语教学的模式构建》；庞敬文等（2015）《电子书包环境下小学英语智慧课堂构建及案例研究》等。代表性博士论文有：张冠群（2019）《小学英语阅读教学中教师的学科教学知识表现及其影响因素研究》；李月（2014）《小学英语教师教学观念的个案研究》；张莉（2017）《社会认知视域下小学英语教师教学信念研究》等。

21世纪，随着各类新媒体技术在英语教学中的广泛应用，有关英语教学法的研究出现了新的时代特征，为英语教学注入了新范式和新活力。例如，北京师范大学孙燕青、董奇等研究发现：在单纯的动画环境中学习英语词汇，如果没有学习支持条件，年幼的初学者学习效率低下；韦晓保等基于积极心理学的三支柱理论，探索课堂环境、二语习得对英语学业成绩的预测作用以及学业情绪（包二语愉悦、焦虑和无聊）在其中的中介作用。结果发现，课堂环境、二语习得对英语学业成绩无直接预测作用，但通过上述情绪间接预测英语学业成绩。其中，愉

---

[1] 刘静和，陈泽川，余碧筠，等. 小学英语程序教学的研究 [J]. 心理科学通讯，1965（03）:37-45.

悦起正向中介作用，焦虑和无聊起负向中介作用。[1] 杨连瑞等就如何确定外语损耗研究的基准线、选择合适的研究方法、设计研究的整体框架等方面阐释了对国内研究的建议。[2]

本书在吸收中外已有研究精华的基础上，结合小学生核心素养、小学教师核心素养以及我国小学英语教育的现实，广泛吸收新思想、新方法，将继承与创新相结合，体现学科特色、专业精神和文体风格，在保持内容完整性、系统性的基础上，加强了与小学英语课程、教材与教学的对接，同时将新媒体技术及相关学习资源融入其中，凸显小学英语教学技能训练课程的专业性、实践性、时代性、生态性和育人性特色。

（三）有关卓越教师特质的循证研究

早期的因子分析研究发现，优秀教师的特质包括公平的评分、共情、教学技能（Smalzried & Remmers,1943）、清晰的课程内容解释、鼓励学生参与、师生关系和向学生提供的反馈质量（Isaacson et al.，1964）：师生关系（易接近性、可访问性、个性、共情），教学传授（沟通、个人风格、教学法），公平（表现性评估、作业），知识/信誉（专业知识、经验、智力）和组织/准备（清晰度、全面性、教学材料）（William Faranda 和 Irvine Clarke,2004）。

Donald Barnes 及其同事（2008 年）为了了解优秀教师的特质，收集了 9 种不同的教学评估表，评审员们就 7 个领域达成一致意见：准备、专业精神、公平和及时评价、师生关系、热情、教学表达等。迈克尔·邓金（Michael Dunkin,1995）指出，专家教师能够有效构建课程结构，提供成长/独立性的机会，以及提供支持性的人际环境。美国学者研制了"教师行为检查表"（TBC），并成为教学评估工具的基础（表 1-5；Keeley,Furr,& Buskist,2010；Keeley,Smith,& Buskist,2006）。

[1] 韦晓保，彭剑娥，秦丽莉，等.课堂环境、二语习得与英语学业成绩的关系——学业情绪的中介作用 [J]. 现代外语，2024，47（01）:89-100.
[2] 杨连瑞,潘克菊,陈士法.外语损耗研究的动向及建议 [J]. 英语研究,2023,（01）:191-201.

表 1-5 教师行为检查表 [1]

项目	教师品质和相应行为
1. 可及性	公布办公时间，提供电话号码和电子邮件信息
2. 友好 / 平易近人	微笑，向学生打招呼，主动交流，邀请提问，尊重回应学生的评论。
3. 权威性	建立清晰的课程规则，保持课堂秩序，以响亮、有力的声音讲话
4. 自信	讲话清晰，眼神交流，正确回答问题
5. 创造性和趣味性	尝试不同的教学方法，使用技术设备支持和增强讲课效果，使用有趣、相关和个性化的例子，不单调
6. 有效沟通者	讲话清晰、响亮，使用精确的英语，给出清晰、引人入胜的例子
7. 鼓励和关心学生	表扬学生的好作品，帮助需要的学生，提供额外奖励和加分，熟知学生姓名
8. 对教学和主题充满热情	上课时微笑，准备有趣的课堂活动，用手势和表情强调重点及难点，准时上课
9. 设定每日和学期目标	准备充分，遵循教学大纲，并为每节课设定目标
10. 灵活 / 开放思维	在必要时更改课程安排，愿意在办公时间外见学生，当学生表达观点时关注学生，接受他人的批评，允许学生在适当时间补交作业
11. 善于倾听	不打断学生发言，保持眼神交流，就学生提出的观点进一步提问
12. 快乐 / 积极态度 / 幽默	讲笑话和有趣的故事，并能与学生一起开怀大笑
13. 谦虚	承认错误，从不自吹自擂，不将他人的成功归功于自己
14. 对学科知识了如指掌	轻松回答学生的问题，不照本宣科，使用清晰易懂、恰如其分的例子
15. 准备充分	带上课堂必需的材料，从不迟到，提供课堂讨论大纲

[1] Keeley, J., Christopher, A. N., & Buskist, W.（2012）. Emerging evidence for excellent teaching across borders[M]. Handbook of college and university teaching : A global perspective，374-391.

项目	教师品质和相应行为
16. 提供当前信息	将课题与当前的实际情况联系起来，使用最新的视频、杂志和报纸来说明观点，讨论当前的话题，使用新的或最新的教材
17. 专业身份	着装得体（整洁干净的鞋子、长裤、连衣裙、衬衫、领带），不使用粗俗语言
18. 促进课堂讨论	在课堂上提出有争议或具有挑战性的问题，对课堂参与给予奖励，让学生在课堂上参与小组活动
19. 促进批判性思维 / 智力刺激	在课堂上提出思考题，使用测试和测验中的论述题，布置作业，举行小组讨论 / 活动
20. 提供建设性反馈	在返回的作业上写评论，回答学生的问题，并就考试提供建议
21. 准时 / 管理课堂时间	准时/提前到达课堂，准时下课，课堂上提供相关材料，留出时间回答问题，按时返回作业
22. 与学生建立融洽关系	通过笑话和有趣的故事活跃课堂氛围，发起和保持课堂讨论，熟知学生姓名，与学生在课前和课后互动
23. 对学生的期望现实 / 公平的测试和评分	测试内容与教学相关联，写出相关的测试问题，不给学生过多的阅读量，根据大多数学生的水平教学，成绩呈偏正态分布
24. 尊重	不在课堂上羞辱学生或让学生感到尴尬，对学生礼貌（说谢谢和请等），不打断学生发言，不用高高在上的姿态对待学生
25. 敏感和坚持不懈	确保学生在学习新材料之前理解现有材料，举办课外学习研讨会，必要时重复所讲内容，通过提问检查学生的理解情况
26. 努力成为更好的教师	向学生征求对自己教学能力的反馈意见，具有持续学习能力（参加相关教学研讨会等），使用新的教学方法
27. 技术能力	熟悉并熟练应用各种技术手段

哈蒂（Hattie,J. 2003）研究了卓越教师与新手教师的区别，并明确了卓越教师的 5 个主要维度 [1]：

A. 专业知识：能够识别其学科的基本表示形式。

B. 引导学习：能够通过课堂互动引导学习进程。

C. 监控学习与提供反馈：能够监控学习状态并提供反馈。

D. 关注情感：能够关注学生的情感属性。

E. 影响学习结果：能够有效干预并影响学生的学习结果。

通过这 5 个主要维度衍生出专家教师的 16 个特质。

A1. 卓越教师对教学和学习有更深入的理解。

A2. 卓越教师对待工作采取解决问题的立场。

A3. 卓越教师可以根据需要预测、规划和即兴表现。

A4. 卓越教师是更好的决策者，能够识别哪些决策是重要的，哪些决策是不太重要的。

B5. 卓越教师擅长营造适合学习的最佳课堂氛围。尤其是增加反馈概率（这通常涉及允许和容忍学生的错误）。他们营造自由氛围允许学生试误，学生提问频率高，积极参与，学生成为有效学习者。

B6. 卓越教师对课堂情况有着多维复杂的感知。新手教师更集中于教师向班级传达的内容和语言风格，有经验的教师则更关注学生的行为，而专家型教师能兼顾对课堂情境的多维感知，更有效地通观课堂行为，参考学生的学习反馈进行教学。

B7. 卓越教师更依赖于情境，具有高度的情境认知。

C8. 卓越教师更擅长监控学生的问题，评估他们的理解水平和进展，并提供更相关、更有用的反馈。专家教师能够预测并防止干扰的发生，而非专家倾向于纠正已经存在的干扰。这是因为专家教师具有更广泛的预期范围和更有选择性的

---

[1] Hattie J .*Teachers make a difference: What is the research evidence*?[C].Zealand Council of Educational Research，2003：1-17.

信息收集力。根据学生的反应，专家可以发现学生失去兴趣和理解的情况。

C9. 专家教师在发展和测试关于学习困难或教学策略的假设方面更为熟练。

D10. 专家教师的教学高度熟练达到自动化水平。

D11. 卓越教师对学生表示高度尊重。教师对待学生的方式，尊重他们作为学习者和个人的地位，并展现对他们的关心和承诺，这是卓越教师的特点。通过这种尊重，他们能够识别可能存在的学习障碍，并寻求克服这些障碍的方法。

D12. 卓越教师对教学和学习充满激情。Berliner（1988）声称，专家的责任感也是他们感受的一部分。与大多数领域的专家一样，专家教师对自己工作中的成功和失败表现出更多的情感。

E13. 卓越教师激发学生学习，并在学生中培养自我调节、掌握学习、提高自我效能感和学习者自尊。专家教师的目标不仅是成就目标，激励学生成长而不是表现，增强学生的学习自我概念和自我效能感，而且要设置适当的具有挑战性的任务，并达到深层次的结果。

E14. 卓越教师为学生设定适当的挑战性任务和目标。卓越教师更有可能设定具有挑战性而不是"尽你最大努力"的目标，他们设定具有挑战性而不仅仅是耗时的活动，邀请学生参与而不是简单地复制，旨在鼓励学生共同致力于这些具有挑战性的目标。大多数课堂教学中，教师在讲话，学生在听讲，而卓越教师让学生更多地参与具有挑战性的任务。

E15. 卓越教师对学生成就产生积极影响。教师对学生成就的影响通常被认为是专业技能的黄金标准。虽然其他结果维度（自我效能感、自我调节、接受挑战的意愿）很重要，但对成就和学习的影响也很重要。问题在于，我们尚未发现可靠和可信的方法收集可靠证据表明学生的成就主要由于卓越教师的影响。

E16. 卓越教师既能够促进表层学习，又能够促进深层学习。表层学习更多涉及内容（了解观点及为了考试过关而需要做的事情），而深层学习更多地涉及理解（关系和拓展思考，理解意图和"言外之意"）。专家教师在两个学习方面都更成功，而经验丰富的教师和专家教师在表层学习方面表现相似。

国内也有很多研究关注卓越教师的特质和行为。例如，一些研究表明，卓越教师通常具有高度的教学热情、丰富的教学经验、善于创新的教学方法等特点。邓祯钰等（2022）对卓越教师特征进行了质性分析，认为卓越教师富有创新精神，个性鲜明，人际关系和谐，知识广博，教书育人，终身学习，拥有教育智慧。[1]

不同的特质在不同学科及不同学段优先等级序列不同，例如，小学英语教师的语言感知、模仿和表现力非常重要，其次是思维的缜密度、对教材的精细加工能力、想象力、创造力；人格特质中耐心、关心、宽容、理解力、社会情绪控制、同理心等都是重要特质；教师伦理方面诸如敬业、奉献、专注、诚实、胜任感等特质非常重要。这些研究为我们提供了深入了解卓越教师特质的线索，有助于指导教师的专业发展和教学实践的改进。在师范生课程标准制定中，需要优先考虑如何通过课程内容和实施发展师范生的关键特质。教师的专业成长需要经历学习—实践—反思这样一个循环往复的过程，卓越教师更需要扎实的专业知识和良好的心理韧性，强大的学习力和成长型人格特质。

（四）有关批判性思维的研究和实践

批判性思维的培养也是小学各学科课程标准的基本要求。例如，义务教育英语课程标准（2022版）指出，英语课程要培养的学生核心素养，包括语言能力、文化意识、思维品质和学习能力等方面。

思维品质指人的思维个性特征，反映人们在理解、分析、比较、推断、批判、评价、创造等方面的层次和水平。思维品质的提升有助于学生学会发现问题、分析问题和解决问题，对事物作出正确的价值判断。初步从多角度观察和认识世界、看待事物，有理有据、有条理地表达观点；逐步发展逻辑思维、辩证思维和创新思维，使思维体现一定的敏捷性、灵活性、创造性、批判性和深刻性。

与课程目标相适应的评价方式也做了调整，使之能够考查学生综合运用英语理解和表达意义、解决问题的过程和结果，考查学生的价值观、必备品格和关键

---

[1] 邓祯钰，易凯谕，钟志贤. 卓越教师特征画像研究：质性分析的视角 [J]. 中国远程教育，2022（5）：64-75.

能力。对于语言能力的测评，要设计能够体现学生在真实情境中综合运用英语进行理解和表达的试题；对于文化意识的测评，要设计能够体现学生基于对中外文化的正确理解而表现出的跨文化认知、态度和价值取向的试题；对于思维品质的测评，应该设计能够体现学生理解、分析、比较、推断、评价、批判、创新等思维过程和方法的试题；对于学习能力的测评，应该设计能够体现学生独立或合作运用学习方法及策略的试题。

批判性思维是指一种能力，具备该能力，个人能够理性地分析、评估和推理事物。这种思维能力可以帮助人们理解信息，做出明智的决策，并提出合理的解决方案。在教育领域，批判性思维被视为一种重要的能力，可以帮助学生在学习和生活中更好地思考问题、解决问题。因此，教育机构和教育者通常致力于培养学生的批判性思维能力，以帮助他们成为具有独立思考能力和创造力的个体。

批判性思维的探讨涉及哲学、心理学、教育学、伦理学等诸多学科。批判性思维最早起源于苏格拉底，他主张通过不断地追问、质疑，促使学生产生认知冲突，探求新知识。

杜威在《我们怎样思维》中提出了"反省性思维"这一概念，与批判性思维本质相同。他认为批判性思维是根据信仰或假定的知识背后的依据及可能的推论来对它们进行主动、持续和缜密的思考。批判性思维不等于单纯的反对，不等于认为什么都不对，应该比较慎重（hedge），"大胆质疑，小心求证"。主动、持续和细致地思考任何信念或被假定的知识形式，洞悉支持它的理由以及它所进一步指向的结论。"反省思维的功能是把经验含糊的、可疑的、矛盾的、某种失调的情境转变为清楚的、有条理的、安定的以及和谐的情境。"[1]

心理学中讲，批判性思维必须以一般性思维能力（如比较、分类、分析、综合、抽象和概括等）为基础，同时还要具有一些特定的批判性思维技能。这些技能可以被概括为下列 8 种：①抓住中心思想和议题；②判断证据的准确性和可靠性；

---

[1] 约翰·杜威.我们怎样思维·经验与教育[M].姜文闵，译.北京：人民教育出版社，2005:88.

③判断推理的质量和逻辑一致性；④察觉出那些已经明说或未加明说的偏见、立场、意图、假设以及观点；⑤从多种角度考察合理性；⑥在更大的背景中检验适用性；⑦评定事物的价值和意义；⑧预测可能的后果等。概括地说，进行批判性思维就像评论家和法官那样进行审、查、判、断。批判精神就是有意识地进行评判的心理准备状态、意愿和倾向。它可激活个体的批判性思维意识，促使个体朝某个方向去思考，并用审视的眼光来看待问题。具体来说，它包含下列 6 大要素：①独立自主；②充满自信；③乐于思考；④不迷信权威；⑤头脑开放；⑥尊重他人。

加利福尼亚批判性思维测验（CCTST）提出，批判性思维智力技能包含两个方面：一是批判性思维技能。人们在反省性的、推理性的批判性思维过程中交替使用这些技能对产生知识的证据、背景、理论、方法和衡量知识的标准做出合理的判断。二是批判性思维的自我调节能力。批判性思维作为一种有目的性的判断过程，元认知的自我调节性是批判性思维的核心。两组智力技能由分析、评价、推断、演绎推理、归纳推理 5 个部分组成。

批判性思维就是基于一定的标准或证据对事物进行评价，做出自己的判断，进而做出理性决策，采取合理行动，解决问题的积极思维方式。思维的批判性品质并不是指一味地否定他人的观点及做法，批判的过程应该具有分析性、全面性和自我反思性，它应该是一个严密的思维过程。

对学生而言，批判性思维主要是指学生在知识学习和日常活动中，对概念、命题、方法、实验、结论以及活动内容、形式、结果进行合理性、优先等级等价值判断和决策能力。批判性思维是逻辑严谨的思维、全面缜密的思维，有时也需要直觉判断和灵感，但最终还需要严谨逻辑和证据支持。这就是科学研究中所提倡的"大胆假设，小心求证"。

批判性思维的内涵通常包括以下几个方面。

评估信息的来源和可靠性：批判性思维者会考虑信息的来源和可靠性，包括作者的信誉和立场，以及信息的出处和背景。

分析信息的逻辑和证据：批判性思维者会分析信息的逻辑结构和证据，检查它们是否合理、可靠和充分。

识别和评估假设：批判性思维者会识别和评估信息中的假设和前提条件，看它们是否可靠和合理。

评估信息的偏见和局限性：批判性思维者会注意信息中的偏见和局限性，看它们是否会影响信息的准确性和可靠性。批判性思维是一种重要的思考方式，它有助于我们更好地理解和评估信息，提高决策和问题解决的能力。

综上所述，批判性思维是一种系统性、分析性的思考方式，通过评估信息的来源、逻辑、证据和假设，来评估和解决问题。它强调的是对于事物的客观分析和评估，而非主观的情感倾向。批判性思维是指在思考和判断时，不仅仅接受信息，还要通过逻辑推理、分析、比较等方式对信息进行审查和评估，以产生自己的见解和决策。

在小学英语语篇教学中，教师可以通过以下方式培养学生的批判性思维。

阅读理解。教师可以选择具有争议性或有不同解读的文本，引导学生进行阅读理解，并从多个角度分析文本。例如，在读一篇儿童寓言故事时，教师可以让学生分析每个角色的行为和言论，以便学生理解寓言的含义，同时要理解故事中人物的心理。例如，我们家喻户晓的寓言《狼来啦！狼来啦！》，讲的是一位小女孩（男孩）独自在山上放羊，忽然大喊起来："狼来啦！狼来啦！"她第一次、第二次喊时，被村里人听到了，大家都赶来，但赶来后发现根本没有狼，于是村民都离去了。第三次小孩又大喊"狼来啦！狼来啦！"，这次，村民一个都没有来。他们认为小孩是在撒谎，所以没有人再来，结果这次小孩被狼吃掉了。这则寓言是想教育孩子不要说谎，经常说谎就没有人再相信他的话了。这则寓言的教育意义是无可厚非的，但如果站在孩子的立场上分析这则寓言却会发现有一些不合理之处，也许前两次小孩的确是看到狼来了，但是她大喊时狼吓跑了，所以当村民赶来时没有见到狼。小学生容易站在儿童的立场考虑问题，产生共情，所以他们不希望看到孩子被狼吃掉的结果，也不愿意接受小孩子说谎的事实。所以，教师在讲解此类寓言故事时需要慎思明辨。

辩论也是培养批判性思维的有效方法。教师可以组织学生就某个话题进行辩论，让学生从不同的角度思考和评估问题，并表达自己的观点。例如，让学生辩论"说谎对不对"，什么是"善意的谎言"等。

教师可以提出开放性的问题，鼓励学生思考和表达自己的想法。教师应该鼓励学生提出问题，对问题进行分析，并提出自己的解决方案。例如，讲了"星星银圆"寓言故事后，教师可以问学生："如果你是这个故事的主人公，你会做什么？""你为什么会那样做？"

学生应该学会批判性阅读，即通过理性思考、分析和评价来判断文本的内容、意义和价值。例如，在阅读一篇文章时，学生可以提出问题，如作者的观点、证据的可信度、语言的效果等，并对这些问题进行深入的思考和分析。

学生还应该学会批判性写作，即通过自我批判和他人反馈来不断完善自己的写作技能和表达能力。例如，在写作过程中，学生可以多次审视自己的作品，检查其中的逻辑、语言和风格等问题，并接受同伴或教师的建议和批评，以进一步提高写作水平。

通过这些方法，教师可以帮助学生培养批判性思维能力，让学生在语篇学习中不仅仅是被动地接受知识，而是主动思考、分析和评估，从而培养出更加全面和深刻的认识和见解，将来更好地转化为实际行动。

在"小学英语教学技能训练"课程与教学中，教师可以利用"认知学徒制"培养师范生的批判性思维，通过与有经验的导师一起工作来帮助学生发展专业技能，改变心智模式。学校要为师范生提供实践机会，让师范生在实践中学习。例如，让他们在实际课堂上进行观察和教学实践，以加深对教学的理解，提升实践技能，并将批判性思维运用到这些实践中。鼓励师范生提出问题，促进他们思考教学方法和教学策略的优缺点，并评估其有效性。提供文献、案例或其他资源，引导师范生深入研究教学个案问题，以帮助他们理解并运用批判性思维来评估教学的各个环节是否合理，教师讲解是否科学，发音是否存在问题，教学的密度是否合适，难度如何，是否能够照顾到全体学生的理解和胜任力，学生的参与度如何，作业是否能够有效巩固知识技能、促进学生核心素养的提升。鼓励师范生之间进行讨论，分享观点和经验，并加深对教学问题的理解。教师应该提供及时反馈，帮助师范生明确小学英语教学评价的基本内容和要义。

总之，利用"认知学徒制"可以帮助师范生发展批判性思维，通过实践、提问、研究、反馈和讨论等方式，培养师范生的批判性思维能力，并将其运用到实际教学中。

四、"小学英语教学技能训练"循证教学设计思路

（一）构建多元融通的生态化课程模式

针对课程生态失调问题，一要加强课程内容与课程目标的生态建设，将英语学科知识与教学法知识有机融合，知识、技能学习与学科核心素养的培养有机融合，重视学生的社会情绪学习及教师信念、教育情怀的培养；重视多元文化理解，关注中西文化、城乡文化、性别文化，尊重不同职业，崇尚劳动与创造；通过显性与隐性知识相融合，线下与线上资源相融合，将学生优秀作业和产品设计变成有效学习资源，形成动态化多维知识生态网络。二要加强理论与实践的融合，以二语习得理论、认知学徒理论、建构教学等理论为依据，有效指导教学技能训练，同时加强教学研究，指导学生教学技能比赛和创新创业项目，形成"教—学—研—赛—创"一体化课程教学共进模式。

（二）加强循证教学模式创新

针对学科教学精准性不高问题，教师根据课程目标及小学教育专业的毕业要求，考虑到学生的具体学情，充分利用新媒体技术和生态化学习资源，探索出 PCEPEP 循证教学模式：学习准备（Preparation）—案例展示（Case exhibition）—小组探究（Exploration）—总结汇报（Presentation）—循证教学（Evidenced teaching）—作出（Production）（完成研究报告和教学设计等）。教师提供学习资源、学习支架和条件支持，基于学习过程和产出进行循证教学。

结合循证教学模式，指导学生进行研究性学习，完成学习分析报告。（如图1-3
所示）

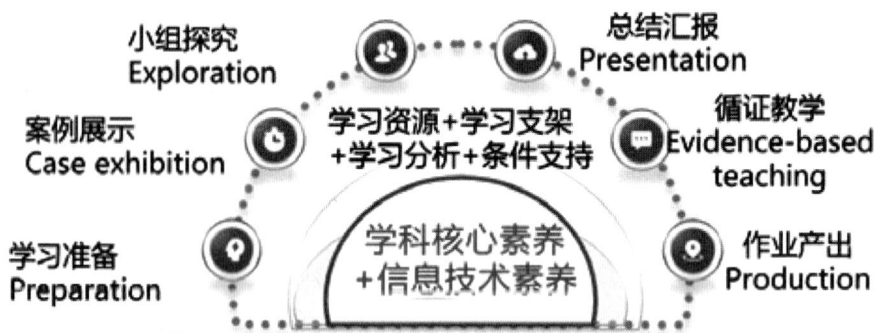

图1-3　新媒体语境下小学英语教学技能训练 PCEPEP 循证教学模式

1. 学习准备（Preparation）

（1）教师提前一周将教学日历、大纲、本章课件、学习资料、教学案例和
视频上传到学校课程与教学平台，通知学生下载浏览。

（2）组建学科教学群，包括一个总群、三个班级群、一个学生管理群、一
个优秀学生群。总群主要用于教师发布通知和上传课件、学习资源等；学生管
理群负责学生考勤和组织管理班级学生；优秀学生群发挥讲课示范和榜样引领
作用，协助教师审阅学生每天提交微信群里的口语作业。

2. 案例展示（Case exhibition）

教师结合全国优质课视频或师范生从业技能大赛优秀教学设计等案例，进行
案例展示，必要时还收集一些反面案例进行展示，以方便对比分析。

3. 小组探究（Exploration）

小组针对教师展示的案例，结合课前阅读的有关理论知识和对案例内容的学
习展开讨论。主要目的是通过案例分析、视频点评和模拟操练，对照反思师范生
内隐的观念误区，改变心智模式，树立全新的教学观、学生观和学习资源观。

教师提示问题：（1）此案例是如何导入的？这种导入方式有什么优点或不

足？（2）此案例讲解环节中都提出了哪些问题？例如，小学英语语篇教学通常需要弄清的问题包括：What's the main idea?What evidences are used to support it?Is the evidence convincing?Why or why not?The students can distinguish facts from idea. The students can make decision or draw a conclusion based on evidences and sound logic.学生实际是如何回答的？教师又是如何反馈的？这些问题学生能够胜任吗？是否体现了差异性？这些问题是如何促进学生对知识的理解和思维发展的？（3）教师的教学设计是否体现了单元整体设计理念？教学密度和效能感如何？（4）教师的课堂用语是否准确、适切、亲切？（5）情境的创设或者小组合作学习是否真实、有效？（6）本节课的教学目标达成度如何？

4. 总结汇报（Presentation）

学生经过认真的小组讨论后，掌握核心内容，聚焦关键问题，达成基本共识，然后推荐一位代表汇报，其他成员补充，师生参与讨论。

5. 循证教学（Evidence-based teaching）

教师基于学生的小组讨论和汇报情况，结合具体案例和有关理论展开循证教学。教师将循证评价融入教学过程中，但评价不是指做出正确与否或者好坏的简单评价，而是让学生学会基于证据进行推理和研判。证据可以是所学教学理论，也可以是学生的反应和成绩，还可以是实际的课堂观察。教师通过视频展现两位教师的课堂教学实况，一位新手教师，一位资深优秀教师。老师引导学生观察他们讲课的内容、组织编排、话语风格、师生关系、学生反应等各个环节，最后讨论二者的异同，基于证据判断哪位教师的讲课值得我们学习和提倡，哪位教师的讲课存在明显缺陷,然后引导学生对照自身经验反思是否自己也存在类似的问题，如何改进，课后作业让学生运用认知学习理论，基于证据完成一份小学英语教师课堂教学评价标准的研究报告。首先展示有关课堂教学效果的证据，然后列出小学英语课堂教学评价的基本因素，最后基于证据研制评价标准。

在循证教学环节，教师一要重视学生的表现，诸如表达的观念是否正确，英语发音是否存在问题，语言的组织是否合理，是否能够用英语清晰地表达自己的观点，存在哪些语言障碍，是词汇和句子输入不充分还是思维不够灵活，然后有针对性地提供帮助。二要重视语境性和建构性教学。可以结合小学英语教材创设具体语境，让师范生理解如何将循证教学和核心素养融入教学过程中，进而让学生体验真实的、生产性的、建构性的语言学习过程。例如，在讲"At the farm"一单元时，教师利用新媒体技术展现故事情节，并且演示"生态农场模式"，让学生在具体的语境中理解知识，提升素养，并落实到行动中。（如图 1-4 所示）

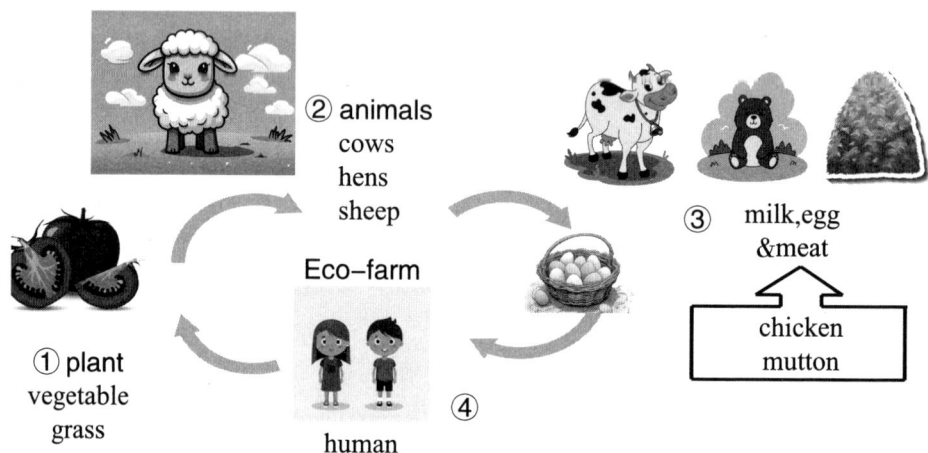

图 1-4　利用新媒体技术构建生态农场情景模式（王玉秋，孙菁华）

人们种植蔬菜，哺育动物，动物产出优质蛋类、奶类和肉类反哺人类，形成"生态农场模式"，也让学生更好地理解谚语"一方水土养一方人"的现实含义。也许正是由于有了这样一个农场，孩子们才得以健康成长，长大后接受了良好教育、掌握了新技术反哺家乡，农场不断升级，变成了智能化农场，但绿色生态理念永恒不变。

另外，循证教学重视教学过程中的建构生成性，教师提供支架，学生从支架模仿到自由创造，不断建构生成。例如，在讲"My Favourite Season"一课时，教师出示支架——Which season do you like best?I like ...best.Because it is/I can... 教师结合学生已学单词和句型，提供"语料"及结构。例如，What can you see/

hear/eat/wear/do/feel...？这样的词汇聚类容易形成一个真实的语境，学生据此结合各自的经验可以自由表达和生成，语言的学习更加富有意义和情感体验。（图1-5）

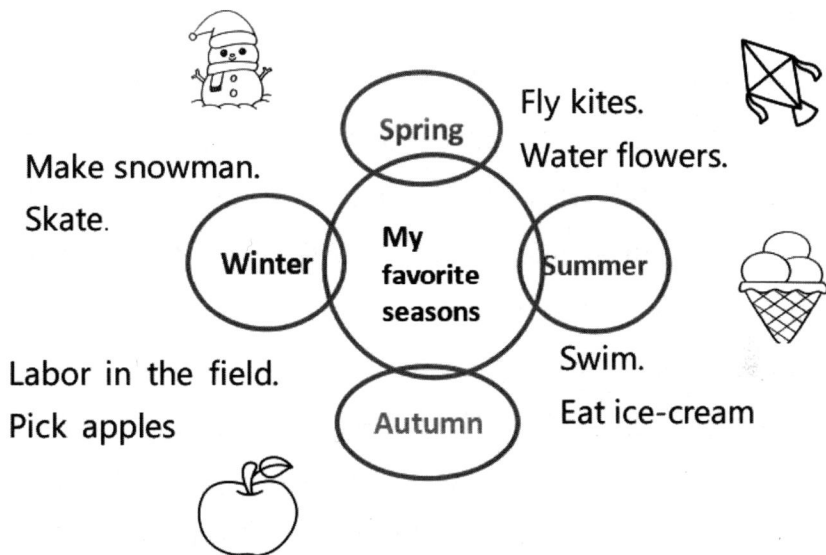

图1-5 小学英语教学的建构性教学模式

再例如，讲授"She Couldn't See or Hear"单元时，教师讲完海伦·凯勒（Helen Keller）的一生后，让学生基于教材结构做一个有关贝多芬和孔子的海报，介绍人物的生平和主要成就。在此基础上，再让学生利用假期到特殊学校与那些看不见、听不见的孩子们交朋友，回家后写一段日记，描述一下自己的所见所闻所感，最后写一下自己能为他们做些什么，以及自己的学习计划。这样，知识的学习有效迁移到更广阔的领域，并且能够转化为真实的情感体验和行动。

在讲授完"At the Farm"单元时，教师可以布置作业让小学生小组合作设计一个生态农场，并且用英语进行描述。教师可以提示关键词，并且体现出快乐、自豪、感恩、互惠、多样性、生态性等元素。

6. 作业产出（Production）

教师让学生结合循证教学前面各环节的内容进行反思总结，完成本课的学习报告，包括案例内容、案例分析、学习收获和不足、继续学习的目标和计划。四周一次课程小结，教师也可以结合案例教学，布置学生完成一个具体的教学设计，并进行模拟上课。教师收集学生的教学设计和讲课视频，为下一周期深化案例教学做好准备。

为配合循证教学模式的有效开展，课程加强了评价改革，将形成性评价与终结性评价相结合，重视基于学习过程的评价和学习分析。考虑到学科特点，采用选择题与教案设计、模拟讲课、专题研讨与论文写作、故事创编、绘本创编、儿童古诗翻译和赏析，用英语讲好中国故事，跨学科教学等多种评价形式和内容，充分利用新媒体技术增强教学设计和模拟讲课、故事创编效果，为学习分析提供更多有效证据。体现学生中心、产出导向，评价融入，循证实践，项目合作及反思研究。科学设置英语学科教学质量评价标准，从知识技能、教学能力、教育情怀几个维度以及准确性、逻辑性、流畅性、情感融入、适切性、创新性几个指标进行细化设计，教师评价与学生自主评价相结合，利用各种数据做好学习分析，开展循证教学，提高教学的精准性和课程目标的达成度。

（三）建立生态化学习社区

针对学生群体互动不足问题，教师组织线下线上混合式英语学习社区，利用大学生实习指导、创新创业项目指导、学科竞赛指导、文化节演出等契机，建立各类学习社区，加强群体互动，成员之间相互切磋，改变心智模式，加强社会情绪学习，充分发挥各类学习社区中榜样的示范和带头作用，形成良好的群体氛围，群体共进，提高英语语言能力和教学能力，增强文化意识，进行社会情绪学习，培养自信心和同理心。（如图1-6所示）

图 1-6 新媒体语境下小学英语教学技能训练学习社区互动教学模式

教师可以利用大学生创业训练项目、教学技能大赛和毕业论文设计等机会，指导大学生围绕项目、论文选题或教学比赛题目进行理论探索、案例学习和资源开发，深入小学一线了解教学现状和学生需求，提出行动方案。例如，作者指导学生成功申报了大学生创新创业项目——"小学学科课程与教学中如何有机融入劳动教育元素""小学学科课程与教学中如何有机融入音乐教育元素"等。项目小组联合小学教师开展线上和线下公益辅导，组织师范生和小学生朗读比赛，用英语讲好中国故事，领读《美国小学科学分级阅读》700集系列读物；课题组跟进指导、推广普及，及时总结提炼形成研究报告，发表论文，形成"教—学—研—赛—创"生态共进课程教学创新模式。教师重点提示：

Learn by understanding rather than just memorizing.

Learn to express,to analyze,to comment,to criticize and to appreciate.

Provide answers in complete sentences,with supporting details when necessary.

【知识拓展】

1. 认知学徒制

认知学徒制是指通过新手学习者与专家从业者一起工作，学习专家的经验智慧和思维模式，在特定领域发展专业知识。这个概念基于传统的学徒制模式，学习者通过观察、模仿和与专家合作来获得技能、知识和解决问题的策略。

在英语教学中，教师可以应用认知学徒制有效地改变学生的心智模式，学会学习，学会做事。认知学徒制包括以下5个基本步骤。

模仿：教师可以展示有效的阅读、写作、听力和口语策略，供学生观察和模仿。这可能涉及明确展示如何解读陌生单词、如何构建文章结构或如何进行对话等。

支架：教师为学生在真实语言任务中提供支持和指导。将复杂的技能分解为较小、可操作的步骤，在学生遇到困难时提供提示或演示，并随着学生熟练度的提高逐渐减少提示支持。

辅导：教师充当教练，当学生练习语言技能时，为学生提供反馈、鼓励和纠正指导，这可能涉及提供具体改进建议，赞扬学生的努力，并帮助他们反思学习进度。

表达：教师鼓励学生大声表达他们的思维过程和解决问题的策略。这可以帮助学生进一步认识到自己的认知过程，并培养元认知技能，如自我监控和自我调节。

反思：教师提供促进学生反思他们的学习经验的机会。这可能涉及日记写作、小组讨论或个别会议。学生可以批判性地思考他们的语言发展，确定须改进的方面，并为未来的学习设定目标。

通过将认知学徒制原则融入英语教学，教师可以创建丰富、互动的学习环境，学生积极参与自己的语言习得过程，深入了解语言结构和功能，最终成为更加熟练的英语沟通者。

2. 学习社区

学习社区，指的是聚集在一起追求共同学习目标，分享资源，并在彼此的教育努力中互相支持的群体。学习社区以合作、相互尊重和归属感为特征。学习社区可以采取各种形式，包括课堂、在线论坛、学习小组或课外俱乐部。

学习社区对英语学习具有重要意义。

（1）语言实践：在学习社区内，学生有机会通过对话、讨论、辩论和合作项目进行定期的语言实践。与也在学习英语的同龄人互动，为学生提供了在真实情境中练习口语和听力技能的宝贵机会。

（2）同伴支持：学习社区的成员可以相互提供支持、鼓励和反馈。学生可以帮助彼此澄清疑问、分享学习资料、提供语言纠正和给予建设性批评，这可以提高学习成绩和学习动机水平。

（3）共享资源：学习社区允许成员共享学习资源，如教材、文章、视频和在线资源。这种资源的集体获取扩展了学习机会，并丰富了所有参与者的教育经验。

（4）文化交流：与来自不同文化背景的同龄人交流，促进文化理解、同理心和欣赏。学习社区提供了一个文化交流的平台，学生可以分享经验、传统和观点，拓宽视野，提高跨文化交际能力。

（5）协作学习：学习社区内的合作活动促进了积极学习和批判性思维能力。通过小组项目、同伴评审和合作解决问题的任务，学生发展了团队合作能力，学会了协商意义和达成共识，这是有效英语交流所必需的技能。

（6）社会情绪学习：通过学习社区的合作交流，成员之间不仅学习好的思维模式，而且学会如何控制情绪，如何协商和保持和谐人际关系。

要创建和培育良好的英语学习社区，教师和学生需要注意以下几点：建立定期会议或沟通渠道，使成员可以互动、分享想法，并共同合作语言任务；营造一个支持性和包容性的环境，让所有参与者感到受到重视，并被鼓励积极参与；鼓励同龄人主导的活动，如语言俱乐部、对话圈或语言交流伙伴关系；促进讨论相关话题、时事或文化主题，以促进参与和批判性思维；提供合作项目、小组展示和同伴反馈会议的机会，以培养团队合作和沟通技能，进行社会情绪学习，构建和谐的人际环境。社区可以有一些规则和标语口号，起到隐形教育的作用。例如，"It is a punishment that we give ourselves for someone else's mistake." "What other people think of you is none of your business." "Time heals almost everything." "Let it be." " Don't compare your life to others and don't judge them."

下面是社会情绪学习的日常训练项目，社区负责人可以将其置于社区公告栏，督促大家每天检查自己是否已做到。

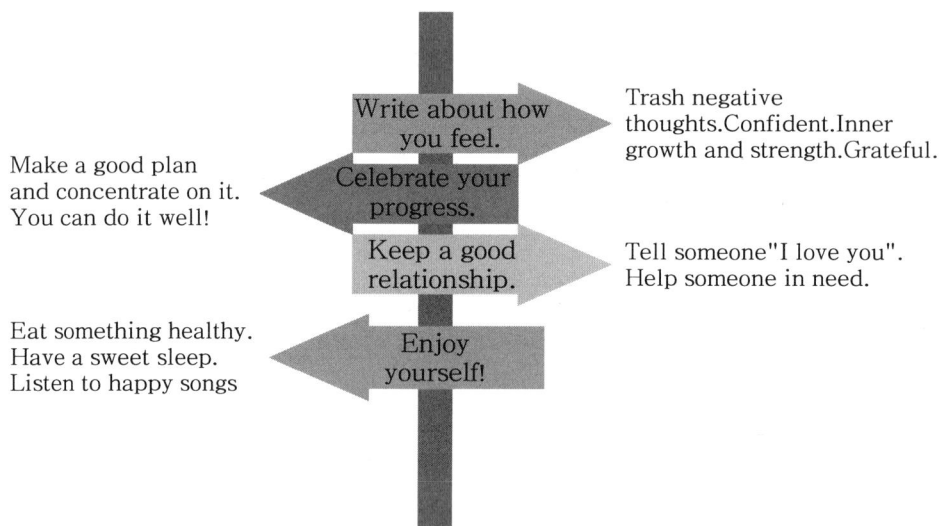

图 1-7　社会情绪学习每日反思清单

总的来说，一个运作良好的学习社区可以作为一个动态而丰富的环境，供英语学习者练习语言技能、建立信心，并实现其学习目标。

3. 心智模式

心智模式是认知心理学中的一个概念，指的是个体在处理信息、解决问题和学习新知识时所采用的思维方式或策略。心智模式可以影响个体的认知过程和行为，决定了他们如何理解、记忆和应用信息以及如何处理问题。在小学英语教学中，改变学生的心智模式需要采取一系列策略，以促进他们从机械性的学习方式转变为更深层次的理解和概念性学习。

（1）概念性教学：引导学生从概念性的角度理解英语知识，而不是简单地依赖记忆。例如，教师可以使用图示、实物或游戏等活动来说明英语单词的含义，帮助学生建立与日常生活相关的语言概念。

（2）探究式学习：鼓励学生通过探索和发现的方式学习英语。为学生提供问题或挑战，让他们思考、尝试解决问题，培养他们的解决问题能力和创造性思维。

（3）情境化教学：将英语教学与实际情境相结合，创造有意义的学习体验。例如，通过角色扮演、故事讲解或实地考察等方式，让学生在真实的语言环境中运用所学知识。

（4）合作学习：鼓励学生在小组或团队中合作学习，共同解决问题、完成任务。合作学习可以促进学生之间的互动和交流，帮助他们相互学习、分享思想，并从彼此的经验中获益。

（5）反思与元认知：教师可以引导学生反思自己的学习过程，帮助他们意识到自己的学习策略和思维模式。通过讨论学习目标、制订学习计划以及评估学习效果，学生可以逐渐培养自我监控和调整学习策略的能力。

（6）激发兴趣和好奇心：创造一个积极的学习氛围，激发学生对英语学习的兴趣和好奇心。引入有趣的学习内容、活动或故事，让学生感到愉悦和投入，从而更愿意主动探索和学习。

通过以上方法，教师可以引导学生逐步改变他们的心智模式，从被动的记忆和应用转变为主动的理解和探究，从而提高他们的学习效果和学习动机。

【作业与产出】

1.请认真阅读本章所列举的循证教学和二语习得相关研究文献和研究方法（至少阅读其中的5篇），列举其中的重要假设、研究方法、重要发现，并举例分析其对你的学习和教学实践的启发。

2.请结合小学英语教学实际写两个小学英语循证教学的案例。

CHAPTER 2

第二章
二语习得理论与语言学习理论

内容提要

　　语言学习不仅是一个认识过程，也是一个情感交流和社会文化建构过程。本章主要介绍了二语习得的理论、主要观点与研究方法；语言学习主要流派的主要观点、研究方法、成效与评价等。教师在教学中可以结合不同的学习任务和学生特点吸收不同理论的优点指导实践。小学英语教学不仅重视可理解的输入和意义的建构，更要重视学生积极情感的培养，重视群体互动和情境教学，通过英语教学激发小学生的学习兴趣和内在学习动机，建立良好师生关系和环境氛围，鼓励学生积极参与到语言活动中，同时引导学生反思内化语言规则，形成具有广泛迁移力的英语学习能力。

二语习得理论

语言是人类交往的工具。语言不仅指特定的符号系统，还包括其中所蕴含的文化和生存方式。语言具有共有性、稳定性、符号性和文化性等特征。语言的习得可以是在自己母语环境中的习得，也可以是在特定组织环境下的系统学习。英语作为我们的外语，主要是通过学校教育在教师的帮助下有目的、有计划地学习。为了提高英语学习的有效性，我们需要学习相关的语言学习理论以及二语习得理论。本节主要介绍了几种经典的二语习得理论和语言学习理论，希望大家能够掌握其实质，并用于反思自己的学习过程和教学实践。

一、二语习得理论研究的主要内容

（一）定义

"二语习得"（Second Language Acquisition,SLA）是研究人们学习第二语言的规律与影响因素的学科领域。"二语习得"是指一个人在已经掌握一种母语之后，通过学习、交流和实践等方式，获得并掌握另一种语言的过程。有学者将"习得"与"学得"进行了区分，前者更强调在自然语言环境中掌握语言的过程；后者强调在正规的学校教育环境中通过有计划的学习和训练掌握语言的过程。

（二）主要代表人物

1. 斯蒂芬·克拉申

克拉申（Stephen Krashen）是二语习得领域的知名学者，他提出了几个重要的假设，对深入研究二语习得的有效方法、影响因素以及二语教学都具有重要的指导意义。

（1）可理解的输入假设（Comprehensible Input Hypothesis）

克拉申认为，语言学习者在习得第二语言时，需要暴露于他们能够理解但又略高于他们当前水平的语言输入中。这样的输入可以促使他们的语言习得实质性地发生，促进语言的自然习得。教师在教学过程中需要为学生提供充足的背景性知识以及相关的语言知识和技能，保证教学的顺利开展和学生学习的实效性。

（2）情感过滤器假设（Affective Filter Hypothesis）

克拉申指出，学习者的情感状态，如焦虑、压力等，会影响他们对语言输入的接受和处理。情感过滤高时（输入的知识被消极情绪过滤掉），学习效果差；情感过滤低时，学习效果好。因此，创造积极的学习环境和降低学习者的情感过滤器对于语言习得至关重要。教师除了保证学生具备充分的语言和经验准备外，还要创设自由宽松的语言环境，开展多样化、适切性的活动，鼓励学生大胆尝试，教师予以及时反馈评价，激发学生更高的学习动机。

（3）自然顺序假设（Natural Order Hypothesis）

自然顺序假设认为，语言学习者会按照一种可预测的、自然的顺序习得语法结构。根据这一理论，学习者会在一个固定的顺序中内化语言规则，而不受教学的影响，而且这个顺序被认为在学习者之间是一致的。其关键点包括：

习得顺序：某些语法结构会在其他语法结构之前被习得，而且这个顺序相对固定。例如，学习者倾向于在习得更复杂的语法规则之前先掌握基本词汇和简单的句子结构；小学生先掌握名词和动词，后掌握副词等。

隐性学习：克拉申认为，语言习得是在暴露于可理解的输入的情况下潜意识地发生的，而不是通过明确的教学。学习者通过暴露在有意义的语境中的语言而自然地进入语言发展的阶段。

中介语：在语言习得过程中，学习者会形成一种临时的语言知识系统，称为"中介语"。这个系统反映了学习者当前的发展阶段，可能包括错误或简化，学习者在向目标语言的掌握迈进时会不断修正。

进展的变异性：虽然存在一般的自然习得顺序，但个体学习者可能以不同的速度通过阶段，并且在习得特定语言特征的顺序上可能会发生变化。年龄、语言能力、语言暴露和动机等因素可能影响语言习得的速度和模式。

自然顺序理论强调为学习者提供充足的可理解输入，并让他们在有意义的语境中自然地进入语言发展阶段的重要性。它强调了隐性学习过程的作用，并建议语言教学应侧重于促进语言使用，而不是明确的语法教学。

2. 迈克尔·朗

迈克尔·朗（Michael Long）提出了"交际法"（Interaction Hypothesis）和"迁移法"（Transfer Hypothesis）。交际法认为，通过与目标语言使用者的交流互动，语言学习者可以更有效地习得语言，尤其是在生活情境中学习和使用语言时。迁移法认为，母语和目标语言之间相互影响和迁移。学习者可以利用母语的知识和技能来同化、理解和习得目标语言。例如，汉语拼音部分可以迁移到英语的"自然拼读法"中，个别起干扰作用的教师可以通过对照分析让学生更好地区分其不同之处。另外，汉语的学习方法和相关背景知识都可以迁移到英语学习中，发挥母语对目标语学习的促进作用。

3. 祖尔坦·多尔尼埃

祖尔坦·多尔尼埃（Zoltán Dörnyei）是一位知名的语言学习动机研究者，他的工作主要集中在语言学习动机和自我认知方面。在语言习得过程中，学习者的动机、情感和自我认知对于其学习效果至关重要。

（1）动机：多尔尼埃的研究强调了学习者的动机在语言习得中的关键作用。他提出了各种动机理论，如自主动机、成就动机和社会动机等，用以解释学习者在学习过程中的行为。积极的学习动机可以激发学习者的学习兴趣和努力程度，从而促进语言习得的效果。

（2）情感：情感因素也对语言习得过程产生重要影响。多尔尼埃认为，学习者的情感状态会影响其学习态度、学习动机以及学习效果。例如，学习者的焦虑、自信和兴趣等情感因素会影响其对语言学习的投入程度和学习成效。

（3）自我认知：自我认知是指学习者对自己的语言学习过程和能力的认知。

多尔尼埃指出，积极的自我认知可以促进学习者的自我调节和自主学习能力，从而提高语言习得效果。学习者对自己的学习目标、策略和进展的清晰认知有助于其更好地规划和执行学习计划。

多尔尼埃的研究强调了学习者的动机、情感和自我认知对语言习得的重要性。教师和教育者可以通过理解并促进学习者的积极动机、情感状态和自我认知，来优化语言教学和学习环境，提高学习者的语言习得效果。

二、二语习得理论研究的主要方法

二语习得理论的研究方法通常包括定量研究和定性研究，诸如实验研究、调查研究、人种志研究等不同类型的方法。以下是常见的二语习得理论研究方法。

（一）实验研究

实验研究通常通过对一组学习者施加特定的语言学习条件，然后观察他们的语言习得情况。这种方法可以控制变量，以便确定特定因素对语言习得的影响。例如，研究者可以设计一个实验来比较不同语言教学方法对学习者语言能力的影响。

实验题目：比较反馈方式对二语学习者口语能力的影响

研究目的：本实验旨在探究不同的反馈方式对二语学习者口语能力的影响，以确定最有效的口语教学方法。

实验设计：

1.参与者选择：从同一语言水平的二语学习者中随机选取一组参与者，确保他们具有相似的学习背景和口语水平。

2.实验组设置：将参与者随机分成两个组：实验组和对照组。

3.实验条件：实验组：学习者在口语练习过程中，会接受及时的语法纠正和发音指导，以及建设性的反馈。教师会针对学习者的语法错误和发音问题进行纠正，并提供实用的口语技巧和建议。

对照组：学习者在口语练习过程中，不会接受教师的语法纠正和发音指导，只会被鼓励自由表达。教师仅提供一般性的鼓励和支持，不对语法错误和发音问题进行干预。

4.实验过程：口语练习阶段，参与者将进行一定时间的口语练习，可以是对话、演讲或模拟情境对话等形式。反馈阶段，在口语练习结束后，实验组的学习者将接受针对性的语法纠正、发音指导和建议反馈，而对照组的学习者则只会被鼓励表达，不会接受任何特定的语言纠正或指导。

5.数据收集：使用录音设备记录口语练习过程，并对实验组和对照组的录音进行语法错误数量、发音准确度等方面的评估。同时，可以采用口语评分表或问卷调查等方式收集学习者对口语练习和反馈方式的主观感受和评价。

6.数据分析：对比实验组和对照组在口语能力表现、语法错误数量和学习者主观评价等方面的差异，以确定不同反馈方式对口语能力的影响。

7.预期结果：一种可能是，实验组接受针对性的语法纠正和发音指导后，其口语能力表现将显著优于对照组；另一种可能是，控制组的口语能力表现显著优于对照组，因为学生可以自由表达，他们会在听教师讲课或者观看视频的过程中，或者在口语交际过程中自己纠正语法错误和发音错误，而不是每次出现错误都被停止进行纠正；第三种可能性是，两种方法的实验结果不存在显著性差异，可能与学习者本人的人格特质和学习动机、学习习惯、学习成熟有关。实验结果将提供关于最有效口语教学方法的重要见解，为二语学习者的口语教学提供指导。

（二）调查研究

调查研究通过问卷调查、访谈或观察等方式收集数据，以了解学习者的语言习得情况、态度和行为。这种方法可以提供广泛的数据，帮助研究者理解语言学习的复杂性和多样性。

调查题目：探究跨文化交流对二语学习者口语流利度的影响

研究目的：本调查旨在了解跨文化交流对二语学习者口语流利度的影响，以探讨不同文化环境下的语言交流对口语能力的发展有何影响。

调查设计：

1. 问卷设计：设计一份包括以下内容的问卷。

学习者个人信息：年龄、性别、学习背景等。

参与跨文化交流的频率和方式：参与国际学生交流项目、外语社交平台的使用情况等。

学习者对于跨文化交流对口语流利度的认识和看法。

学习者口语流利度的自我评估，如流畅度、准确性、词汇量等。

学习者对于跨文化交流中遇到的困难和挑战的描述。

2. 样本选择：选择一定数量的二语学习者作为研究对象，确保他们来自不同的文化背景，并且具有一定的口语水平。

3. 数据收集：通过在线问卷调查的方式收集学习者的答卷数据，确保参与者可以在舒适的环境下自由填写问卷。

4. 数据分析：对收集到的问卷数据进行统计分析，包括描述性统计和相关性分析，以了解跨文化交流对口语流利度的影响程度以及相关因素。

预期结果：预计参与跨文化交流频率较高的学习者可能会表现出更高的口语流利度，因为他们有更多的机会接触到真实语言使用环境，有更多的语言交流实践机会。此外，跨文化交流可能会增加学习者对于不同语言表达方式和文化背景的理解，提高其口语流利度和交际能力。

调查意义：通过此调查研究，可以更好地了解跨文化交流对二语学习者口语能力的影响，为语言教育者提供指导，促进学习者的口语能力发展。

（三）纵向研究

纵向研究跟踪同一组学习者在一段时间内的语言习得过程，以观察他们的语言能力如何随着时间推移而变化。这种方法可以揭示语言习得的发展模式和因素。

研究题目：二语学习者的口语习得过程中语音准确性的纵向研究

研究目的：本研究旨在通过跟踪同一组二语学习者在一段时间内的口语习得

过程，探究其语音准确性的发展模式和影响因素。

研究设计：

1. 参与者选择：从一所语言学习机构或学校中选取一组二语学习者作为研究对象，确保他们具有相似的语言学习背景和口语水平。

2. 测量工具：使用录音设备录制学习者在不同时间节点上的口语表现，包括发音准确性、语音流畅度等方面。

3. 研究过程：起始测量，在研究开始时，对参与者进行口语测量，记录他们的口语表现作为基准数据。跟踪测量，在研究的不同时间点，例如，每隔三个月或半年，再次对参与者进行口语测量，记录他们的口语表现变化。记录学习活动，在每次测量之间，记录学习者参与的语言学习活动，如课堂学习、自主学习、语言交流等情况。

4. 数据分析：分析参与者在不同时间点上的口语表现数据，包括发音准确性、语音流畅度等指标。探究口语表现的发展趋势和变化规律，如是否存在线性或非线性的发展模式。分析学习者参与的语言学习活动与口语表现之间的关联性，探讨可能影响口语习得的因素。

预期结果：预计参与者的口语准确性和流利度将随着时间的推移而有所提高，但每个学习者的发展速度和路径可能存在差异。同时，预期学习者参与的不同语言学习活动可能对口语习得产生不同程度的影响，例如参与口语课程、语言交流活动等可能促进口语习得的进展。

研究意义：通过纵向跟踪同一组学习者的口语习得过程，可以更深入地了解口语习得的发展模式和影响因素，为二语教育提供理论支持和实践指导。

（四）横断面研究

横断面研究比较不同年龄、不同水平或不同背景的学习者的语言能力，以了解这些因素对语言习得的影响。这种方法可以帮助研究者理解不同群体之间的语言习得差异。

研究题目：不同年龄段二语学习者的语言能力比较研究

研究目的：本研究旨在比较不同年龄段的二语学习者的语言能力，以了解年龄因素对语言习得的影响。

研究设计：

1. 样本选择：从一所语言学习机构或学校中分别选取三个不同年龄段的二语学习者作为研究对象，例如青少年组（12~18 岁）、青年组（19~25 岁）和成年组（26~60 岁）。确保每个年龄段的样本数量相对均衡。

2. 测量工具：使用标准化语言能力测试工具对参与者的语言能力进行测量，包括听力、口语、阅读和写作等方面。

3. 研究过程：

参与者测试：对每个年龄段的参与者进行语言能力测试，记录其在不同语言技能方面的得分。

背景信息收集：收集参与者的个人信息和学习背景，如学习年限、学习目的等。

数据分析：分析不同年龄段学习者在语言能力测试中的表现差异，并探究年龄因素对语言习得的影响。

预期结果：

听力和口语：青少年组可能在语音辨别和发音准确性方面表现较好，但在理解复杂语境和流畅表达方面可能相对弱一些；青年组可能在流畅表达和理解复杂语境方面表现较好；而成年组可能在语音辨别和发音准确性方面略逊于青少年组，但在语言理解和表达方面可能更加成熟和准确。

阅读和写作：成年组可能在阅读理解和写作能力方面表现较好，由于他们的阅历和语言知识积累较为丰富；而青少年组可能在词汇量和语法运用方面需要进一步发展，青年组则处于中间水平。

研究意义：通过比较不同年龄段的二语学习者的语言能力，可以帮助我们更好地理解年龄因素对语言习得的影响，并为二语教学提供差异化的教学策略和个性化的辅导方案。

（五）实地研究

实地研究将研究者置身于实际语言学习环境中，直接观察和参与学习者的语言使用和交流。这种方法可以提供深入的理解和洞察，帮助研究者更好地理解语言习得的现实情况。

实地研究案例：观察非母语者在语言交换活动中的语言习得过程

研究目的：该实地研究旨在观察非母语者参与语言交换活动的情况，探究他们在真实语言使用环境中的语言习得过程，并分析交流中的关键因素和策略。

研究设计：

1. 研究场所选择：在一个多元文化的城市或地区选择一个具有语言交换活动的社区场所，如语言交换俱乐部、语言学习中心等。

2. 参与者招募：招募一组非母语者作为研究对象，他们来自不同的文化背景，但都有学习第二语言的需求。

3. 实地观察：研究者亲自参与语言交换活动，并观察参与者之间的语言交流过程。记录参与者的交流内容、语言使用情况、交流方式等信息。观察参与者的语言表现，包括发音、词汇运用、语法准确性等方面的表现。

4. 访谈和调查：对参与者进行访谈，了解他们对语言交换活动的看法、体验和感受，以及他们认为对语言习得有帮助的因素和策略。通过问卷调查收集参与者的背景信息和语言学习情况，以及他们的习得目标和动机。

5. 数据分析：分析实地观察和访谈数据，探究参与者在语言交换活动中的语言习得过程和经验。识别影响语言习得的关键因素和策略，如交际环境、语言输入质量、学习动机等。对不同参与者群体之间的语言习得差异进行比较和分析。

预期结果：参与者在语言交换活动中的语言能力可能会有所提高，尤其是在口语流利度、听力理解和交际能力方面。影响语言习得的因素可能包括语言输入的丰富度、学习动机的强度、参与者的语言学习策略等。

研究意义：通过实地观察和参与非母语者在语言交换活动中的语言使用和交流，可以深入了解语言习得的真实情况，为语言教育者提供更有效的教学方法和学习策略。

这些方法通常会结合使用，以提供全面的研究视角，并帮助研究者更好地理解二语习得的复杂性和多样性。

语言学习的主要流派

语言学习涉及多个流派和理论，不同流派有不同的价值基础和研究方法，结论的侧重点也不同。我们需要结合具体的内容进行分析和取舍。

一、行为主义流派

（一）主要观点

行为主义者认为，语言学习是一个习得过程，强调通过刺激—反应和反馈来形成语言行为。代表人物包括斯金纳（B. F. Skinner）等。行为主义在语言学习方面的观点如下。

1. 习得是一种条件反射：行为主义者认为，语言学习是通过一系列的刺激和反应来实现的，类似于生物学中的条件反射。

2. 语言学习依赖于环境刺激和反馈：行为主义者强调，学习者与环境之间的交互作用，通过与环境的交互来形成语言行为，如语音、词汇和语法结构。

3. 语言学习是习得的结果：行为主义者认为，语言学习是一种习得过程，学习者通过频繁地接触到语言环境中的刺激和反馈，逐渐习得语言能力。

（二）实验研究方法

1. 条件反射实验：行为主义者通过经典条件反射实验，如巴甫洛夫实验，来研究语言习得过程中的刺激和反应之间的关系。

2. 操作性条件反射实验：行为主义者利用操作性条件反射实验，例如斯金纳的箱子实验，研究语言行为的形成和巩固机制。

3. 模仿和强化实验：行为主义者通过模仿实验和强化实验，如运用鸽子进行实验，探究语言学习中模仿和奖励对于语言行为的影响。

（三）行为主义语言学习观的成效

1. 强调练习和反馈：行为主义注重通过频繁的练习和及时的反馈来促进语言学习，这种方法可以加速学习者的语言习得过程。

2. 实用性强：行为主义方法注重实践和应用，适用于语言教学中的听说读写技能的教学实践，可以为学习者提供清晰的指导和反馈。

（四）对行为主义语言学习观的评价

1. 忽略了认知过程：行为主义忽视了学习者的认知过程，没有考虑到语言习得中的内在思维和理解。

2. 过于简化语言习得：行为主义过于简化了语言习得的过程，将其视为简单的刺激反应机制，忽略了语言习得的复杂性。

3. 缺乏综合性：行为主义方法虽然强调实践和反馈，但缺乏对于语言学习的综合性和全面性的考察，无法解释语言习得中的各种因素和情境。

二、认知主义流派

（一）认知主义流派的主要观点

认知主义者关注学习者的思维过程，认为语言学习是通过思维、记忆和解决问题来实现的。代表人物包括皮亚杰（Jean Piaget）和维果茨基（Lev Vygotsky）等。认知主义在语言学习方面的观点如下。

1. 语言学习与认知过程密切相关：语言学习是由学习者的认知过程驱动的，包括注意力、记忆、思维和问题解决等方面的活动。

2. 语言学习是信息加工过程：认知主义者将语言学习视为信息加工的过程，学习者通过对外部输入的信息进行加工、理解和组织，来实现对语言的习得和掌握。

3. 重视语言学习中的元认知能力：强调学习者的元认知能力，即对自己的学习过程进行监控、调节和控制的能力，这对于有效地管理学习和解决学习困难至关重要。

（二）认知主义的实验研究方法

1. 实验心理学方法：认知主义者使用实验心理学方法，设计实验来研究学习者在语言学习过程中的注意力、记忆、思维和问题解决等认知过程。

2. 行为观察和记录：通过行为观察和记录学习者在语言学习任务中的表现，了解他们的认知过程和策略的使用情况。

3. 认知心理学实验：包括工作记忆实验、注意力实验、语言理解实验等，通过操作独立变量和测量依赖变量来研究认知过程与语言学习的关系。

（三）认知主义的成效

1. 关注学习者的个体差异：认知主义者强调学习者的个体差异，注重理解学习者的认知特点和学习风格，为个性化教学提供理论基础。

2. 重视学习过程、学习风格和学习策略：认知主义者关注学习过程中的思维和策略，提倡学习者主动参与、探究和反思，促进语言学习的深层次理解和持久性记忆。不同学习者可能偏好不同的学习风格，例如，形象思维占主导和逻辑推理占主导；实际应用和讨论型占主导对反思和概括型占主导；等等。

（四）对认知主义学习观的评价

1. 忽略情感因素：认知主义强调学习者的认知过程，但往往忽视了情感因素在语言学习中的重要作用，如情绪、动机和情感态度等。

2. 认知负荷过重：认知主义强调学习者的认知能力和加工过程，但过度依赖于学习者的认知加工可能会导致认知负荷过重，可能增加学习的复杂度和难度。

3. 缺乏对社会文化因素的考虑：认知主义往往忽视了社会文化因素对语言习得的影响，没有充分考虑到语言学习是一种社会文化活动，语言使用背后有着复杂的社会语境。

三、社会文化理论

（一）社会文化理论的主要观点

社会文化理论强调社会环境对语言习得的影响，认为语言是社会文化活动的产物。代表人物包括维果茨基（Lev Vygotsky）和詹姆斯·兰托夫（James Lantolf）等。社会文化理论在语言学习方面的观点如下。

1. 语言学习是社会文化活动：社会文化理论强调语言学习是受社会环境和文化背景影响的，认为语言习得是在社会互动和文化交往中进行的。

2. 区别于个体主义：社会文化理论与个体主义观点相比，更加关注学习者与他人的互动和社会参与，认为语言习得是通过社会交往和合作来实现的。

3. 重视文化工具的使用：社会文化理论强调学习者通过使用社会文化工具（如语言、符号、技术等）来参与社会活动，并借此获得语言能力和认知能力。

（二）社会文化理论的实验研究方法

1. 情境观察和参与观察：社会文化理论倾向于采用情境观察和参与观察的方法，研究学习者在特定社会文化情境中的语言使用和习得过程。

2. 社会交往实验：社会文化理论者通过组织社会交往实验，如小组讨论、合作活动等，来研究学习者在社会互动中的语言习得过程。

3. 文化嵌入式实验：社会文化理论者设计文化嵌入式实验，将学习者置于真实的社会文化情境中，观察他们的语言学习和语言使用行为。

（三）社会文化理论的成效

1. 关注社会环境对语言习得的影响：社会文化理论强调社会环境对语言习得的重要性，提高了人们对语言习得过程中社会因素的关注。

2. 重视社会互动和合作：社会文化理论倡导学习者通过社会互动和合作来习得语言，强调学习者与他人的合作和交流对语言学习的促进作用。

（四）对社会文化理论的评价

1. 过度强调社会因素：社会文化理论可能过度强调社会因素对语言习得的影响，忽视了个体内在因素和认知过程的作用。

2. 研究方法复杂性：社会文化理论的研究方法往往较为复杂，需要考虑到社会情境的多样性和复杂性，难以进行简单的实验设计和控制。

3. 忽视个体差异：社会文化理论可能忽视了学习者之间的个体差异，对于个体学习者在不同社会环境中的表现和需要没有给予足够的关注。

不同的流派有不同的哲学基础，采用不同的研究方法，强调的重点不同。例如，联想主义（Connectionism）者认为，语言学习是由神经网络之间的连接和激活所驱动的；输入假设（Input Hypothesis）提出语言习得是通过暴露于大量输入语言的环境中，借助理解和接受新信息的过程来实现的；社会语言学（Sociolinguistics）关注语言在社会环境中的使用和变化，包括语言随社会地位、地域和群体而变化的研究；功能语言学（Functional Linguistics）关注语言的功能和用途，强调语言的交际目的和语境对语言形式的影响。

这些流派和理论提供了不同的视角和方法来理解语言习得过程，各自有其独特的贡献和局限性，但都促进了语言学习领域的发展和研究。

【知识拓展】互惠式教学

互惠教学是一种合作性的教学策略，用于提高学生的阅读理解能力。它包括4个主要组成部分：预测、提问、澄清和总结。互惠教学鼓励学生通过对话积极参与文本解读与呈现，学生轮流扮演教师的角色，组织关于文本的讨论。

在小学英语教学中，可以有效地应用互惠教学来增强学生的阅读理解能力。以下是具体方法。

1. 预测：鼓励学生根据标题、插图或先前的知识，对故事中接下来会发生什么做出预测。这有助于激活他们的背景知识，并为阅读设定一个目的。

2. 提问：教导学生在阅读前、中和后，生成关于文本的问题。鼓励他们提出字面和推理性的问题，以加深对文本的理解。

3.澄清：教导学生澄清文本中令人困惑的部分的策略，比如查字典查找生词、重读文本或向同学或老师请教。

4.总结：指导学生用自己的话总结文本的主要观点和关键细节。鼓励他们识别故事的主要人物、背景、问题、事件和解决方案。

在小学英语教学中应用互惠教学包括以下步骤。

1.示范：首先为学生演示互惠教学的四个组成部分。在向全班读一篇文本时，演示如何进行预测、提问、澄清和总结。

2.引导练习：提供引导练习机会，让学生小组合作，共同将互惠教学策略应用到共同的文本中。在他们讨论和实践这4个组成部分时，提供支持和反馈。

3.独立练习：随着学生在使用互惠教学策略方面变得更加熟练，逐渐将责任转移到学生身上。鼓励他们在个人或小组阅读文本时独立应用这些策略。

4.反思和评估：提供机会让学生反思他们对互惠教学策略的应用，并评估他们对文本的理解。鼓励自我评估和互评，并提供反馈以支持学生进一步成长。

通过将互惠教学融入小学英语教学中，教育工作者可以赋予学生成为积极的策略性阅读者的能力，使他们能够更有效地理解和分析文本。

【作业与产出】

1.请结合二语习得理论的研究方法，设计一项有关二语习得的实验，并与小学教师合作开展实验研究，完成实验报告。

2.请结合语言学习理论流派的研究方法，设计一项有关小学英语学习效率的实验，分析主要的影响因素（如语块与写作能力、评价反馈、学习策略、师生关系、群体互动等与教学效能感的相关性研究），并完成实验报告。

CHAPTER 3

内容提要

　　小学英语循证教学设计重视设计的整体性、系统性、差异性和反馈性等原则。本章介绍了有效教学设计的典型模型，例如，九事件教学设计模式、锥形教学法、动机模型、系统模式、项目教学设计、新媒体支持下的教学设计模型等。小学英语循证教学设计是基于循证教育理念和方法，通过系统收集、分析和利用有效证据，设计和实施教学活动，以促进学生的有效学习和发展。循证教学设计更加强调基于学生学习过程与学习分析的增值性教学。

小学英语教学设计概述

一、什么是教学设计

教学设计（Instructional Design）是指考虑到学习者、教学内容以及环境条件等因素而对整个教学目标、活动设计、操作过程、反馈评估等事件的系统规划，以更好地达成教学目标。教学设计通常包括对目标群体的需求分析、课程内容的策划和组织、教学材料和资源的开发，以及教学评估与反馈的过程。

教学设计领域的代表人物很多，如罗伯特·加涅（Robert Gagné），提出了"九事件教学"模型，强调识别学习目标、组织教学内容以及利用不同的教学策略。他也是"情境学习理论"的重要倡导者之一，强调学习与环境的互动。埃德加·戴尔（Edgar Dale）提出了"学习金字塔"，强调了学习者通过多感官参与吸收信息的重要性。迪克和凯利（Dick and Carey）开发了系统化教学设计（Systematic Instructional Design）模型，强调任务分析、学习目标和评估。戴维·梅里尔（David Merrill）提出了"第一原则"（First Principles of Instruction）教学设计模型，强调学习者的活动、演示、应用和集成。威廉·克里尔·克伯特（William H. Kilpatrick）提出了项目教学法（Project Method），也称为克伯特方法。

这些代表人物在教学设计领域作出了重要的贡献，他们的理论和模型为教育工作者提供了指导和框架，帮助他们设计和实施有效的教学方案。

二、教学设计典型模式介绍

（一）九事件教学设计模式

罗伯特·加涅是美国教育心理学家，他提出的"九事件教学"模型是一个系统化的教学设计框架，旨在帮助教师有效地设计和实施课程。这个模型将教学划分为九事件，每个事件都代表着教学中必然发生的关键环节。这九事件依次是：吸引注意（Gain attention）；提出学习目标（Inform learners of the objectives）；回顾前置知识（Stimulate recall of prior learning）；呈现学习材料（Present the stimulus）；提供学习指导（Provide learning guidance）；引发学习行为（Elicit performance）；提供反馈（Provide feedback）；评估学习行为（Assess performance）；促进保持和迁移（Enhance retention and transfer）。这个模型强调了在设计和实施教学时，教师需要依次考虑这九个事件，确保学习过程的有效性和效率。

另外，加涅也是情境学习理论的重要倡导者之一。情境学习理论强调了学习与环境的互动，认为学习是在特定情境中进行的，学习者通过与环境的互动来构建知识和技能。这种理论强调了将学习置于真实的、有意义的情境中的重要性，以提高学习的效果和转移性。

情境学习理论的核心原则包括：学习任务应当具有真实性和意义性。学习应当发生在具有适当的情境中，以便学习者能够将所学知识和技能应用到实际生活中。学习者需要在有指导和支持的情境中逐渐构建知识和技能。这些原则为教学设计提供了重要的指导，强调了将学习置于真实情境中的重要性以及教师在设计教学时应当考虑学习者的情境和需求。

（二）"学习金字塔原理"

美国教育技术专家和心理学家埃德加·戴尔提出了"沉浸式学习"理论和"金字塔原理"（Cone of Learning）。他强调通过多种感官体验及实际应用来提高学习效率。"金字塔原理"是他于1946年首次提出的，这个模型强调了学习者通过多感官参与吸收信息的重要性，以及在学习过程中不同类型的学习体验的效果。"金字塔"形象地描述了一种学习体验的层次结构，将学习体验分为了不同层次，从实践性的操作和体验到抽象性的、理论性的学习。这个层次结构呈锥形，底部代表了最具体、最直接的学习体验，而顶部则代表了最抽象、最间接的学习体验。

具体体验：底部的层次包括了学习者亲身经历和实践的体验，例如实地考察、实验、观察等。

符号体验：在具体体验之上，学习者开始使用符号和表征来表达经验，例如图表、模型、图像等。

抽象体验：顶部的层次是最抽象的层次，包括了学习者通过文字、符号、概念等抽象形式来理解和处理信息。

"金字塔原理"提醒教育者在设计教学活动时应该尽可能地提供丰富多样的学习体验，以满足不同学习者的需求和学习风格。例如，在教学设计中可以结合实践性活动、视觉材料、听觉资料等多种形式，以增强学习的效果和吸引力。

尽管"金字塔原理"在一定程度上揭示了学习的规律，但也过于简单，它将不同的学习方式的记忆效率用准确的数据进行表达，有些过于机械，尽管基本趋势可以被接纳，但单一的层次结构过于简化了学习的复杂性，而且并没有充分考虑到学习者的个体差异、背景因素以及不同学科的差异。"金字塔原理"为教育者提供了一个有用的学习指导框架和设计思路，帮助他们设计和实施丰富多样的教学活动，以促进学生的有效学习。虽然这个模型也受到了一些批评和争议，但它仍然为教育领域的教学设计提供了有价值的启示和参考。实际上，每个人的学习风格是不同的，有的人喜欢操作式学习，有的人喜欢反思式学习，有的人喜欢讨论式学习，有的人喜欢逻辑式学习，等等。教师要善于了解不同学生的学习风格，并提供多样化的教学方法供不同学生选用。

（三）系统教学设计

迪克和凯利开发的系统化教学设计模型是教育领域中广泛应用的一种教学设计方法。这个模型强调了任务分析、学习目标和评估的重要性，并提供了一个系统化的步骤，以帮助教育者有效地设计和实施教学方案。以下是对该模型的详细介绍。

1. 任务分析（Task Analysis）

任务分析是系统化教学设计模型的第一步，旨在确定学习者需要掌握的特定任务或技能。在任务分析阶段，教育者会对学习目标进行分解，确定学习任务的组成部分，并了解学习者在完成任务时所需的知识和技能。任务分析通常涉及观察现有的任务执行者、访谈专家、收集相关文档等方法，以获取必要的信息。

2. 学习目标（Learning Objectives）

在任务分析的基础上，教育者会明确制定学习目标，即学习者在完成学习任务后所应达到的能力水平。学习目标应当具体、可衡量、可行和相关，并清楚地表达学习者预期达到的技能、知识、态度目标。这些学习目标将指导后续教学设计的过程，并为评估学习成果提供依据。

3. 教学设计（Instructional Design）

在明确了学习目标后，教育者将开始设计教学方案，以促进学生达到这些目标。教学设计涉及组织和安排教学内容、选择合适的教学方法和媒体、设计教学活动和任务等。在这个阶段，教育者需要根据学习目标和任务分析结果来选择合适的教学策略，以确保教学的有效性和效率。

4. 评估（Evaluation）

评估是系统化教学设计模型的最后一步，用于确定学习者是否达到了预期的学习目标。评估可以分为两个层次：formative assessment 和 summative assessment。Formative assessment 旨在持续监测和改进教学过程，帮助教育者识别和解决教学中的问题；summative assessment 则评估学习者在完成学习任务后所达到的实际能力水平，以判断教学方案的有效性。

迪克和凯利开发的系统化教学设计模型强调了任务分析、学习目标和评估在教学设计过程中的重要性。这个模型为教育者提供了一个系统化的方法，帮助他们有效地设计和实施教学方案，以促进学生的学习和发展。

（四）ARCS 动机模型

ARCS 动机模型是美国佛罗里达州立大学的约翰·凯勒（John M. Keller）于1987年提出的一种教学设计模型，旨在帮助教师激发学生的学习动机。ARCS 是Attention（注意）、Relevance（相关性）、Confidence（信心）和 Satisfaction（满意度）4 个英文单词的首字母缩写，代表了该模型的 4 个要素。以下是对 ARCS动机模型的详细介绍。

1. Attention（注意）

注意是激发学习动机的第一步。教师需要设计吸引人的教学材料和活动，以引起学生的兴趣和好奇心。在这一阶段，教师可以使用引人入胜的例子、图像、视频、问题等方式来吸引学生的注意力，让他们对学习内容产生浓厚的兴趣。

2. Relevance（相关性）

相关性指的是学习内容与学生个人目标、兴趣和现实生活经验之间的联系。教师需要确保学习内容与学生的背景和需求密切相关，以增强学习的意义和价值感。在教学中，教师可以强调学习内容与学生的职业发展、兴趣爱好或社会问题的联系，以提高学生对学习的投入和积极性。

3. Confidence（信心）

信心指的是学生对自己能够完成学习任务的信心水平。教师需要通过提供支持和鼓励来增强学生的信心，让他们相信自己有能力克服困难并取得成功。在教学中，教师可以为学生提供清晰的学习目标、适当的挑战和反馈，以帮助他们建立自信心。

4. Satisfaction（满意度）

满意度指的是学生对学习体验和学习成果的满意程度。教师需要设计具有挑战性和意义的学习任务，以激发学生的兴趣和投入，并及时提供反馈和奖励，以提高学生对学习的满意度。在教学结束时，教师还可以通过问卷调查或讨论来收集学生的反馈，以改进教学方法和内容。

ARCS 动机模型通过注意、相关性、信心和满意度 4 个要素，为教师提供了一种有效的教学设计框架，帮助他们激发学生的学习动机，提高学习效果和满意度。

（五）项目教学设计

项目教学法最早由美国教育家威廉·克伯屈（William Heard Kilpatrick）提出来的一种基于学生自主学习和实践的教学方法，其核心理念是将学习任务组织成项目或活动，让学生在实践中积极参与、探索和解决问题。该方法强调学生的主动性和参与度，以及将学习与实际情境结合起来的重要性。其基本模式如图3-1所示：

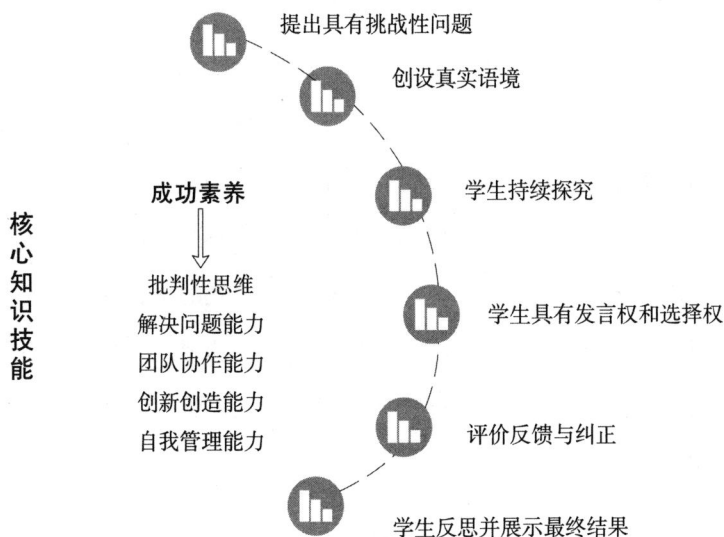

图 3-1　克伯屈的项目式学习模式

克伯屈项目式模式的主要特点有6个。

1.项目驱动：学习任务以项目或活动的形式组织，学生通过实际的项目来探索和学习知识。

2.将学生、学校与社区和真实世界联系起来：学生通过项目主题的确立和探索过程将所学知识与解决现实问题相联系，并且研究的过程需要深入社区、企业等实际的工作和生活场所，密切了学校与真实世界的联系，增强了情感体验和责任意识。

3. 学生参与：鼓励学生积极参与项目的设计、规划和执行过程，提高他们的学习动机和自主性。

4. 跨学科：项目通常涉及跨学科的内容，鼓励学生综合运用不同学科的知识和技能。

5. 社会互动：学生在项目中与同伴合作，共同解决问题，促进合作精神和团队合作能力的培养。

6. 实践性学习：学生通过实际操作和体验来学习，强调知识的应用和实践能力的培养。

克伯屈方法的提出对教育教学产生了积极影响，它突破了传统的课堂教学模式，强调学生的主动参与和实践性学习，更好地满足了学生的学习需求，密切了与现实的联系，增强了学生的公民意识，对落实"核心素养"具有重要价值。虽然该方法在一些教育实践中被广泛应用，但也受到了一些批评和挑战，尤其是在教学管理和评估方面的难度。例如，基于学科教学开展的项目式学习，如何更有效地组织、如何使用教师的能力能够满足项目式学习的要求、如何对项目式学习效果进行科学评估等问题，还需要理论和实践者深入探索，以便更好地发挥其积极作用。

（六）移动学习 MLADM 设计模式

移动学习（Mobile Learning）是指利用移动技术（如智能手机、平板电脑、可穿戴设备等）支持学习活动的过程。MLADM（Mobile Learning Application Development Model）是一种移动学习应用程序开发模型，旨在指导开发人员设计和实施移动学习应用程序。MLADM 设计模式主要包括以下几个步骤。

1. 环境分析（Environment Analysis）

在这一阶段，开发团队需要分析移动学习应用程序的目标用户群体、使用场景、技术要求等方面的环境。这包括了识别目标用户的特点、需求和偏好，以及确定应用程序所需的技术平台和功能要求。

2. 需求分析（Requirement Analysis）

需求分析阶段旨在确定移动学习应用程序的具体功能和特性。开发团队需要与利益相关者（如教育机构、学生、教师等）进行沟通和讨论，了解他们的需求和期望。根据这些需求，确定应用程序的功能模块、用户界面设计、内容组织结构等。

3. 设计阶段（Design Phase）

设计阶段是移动学习应用程序的核心阶段，开发团队根据需求分析阶段的结果进行应用程序的详细设计。包括确定应用程序的架构、界面设计、数据库设计、内容制作等。在设计阶段，团队还需要考虑应用程序的可扩展性、安全性、用户体验等方面。

4. 实施阶段（Implementation Phase）

实施阶段是将设计阶段的概念转化为实际可用的移动学习应用程序的过程。开发团队根据设计文档开始编码和开发应用程序的各个模块，并进行功能测试和调试。在这个阶段，团队需要确保应用程序的稳定性和性能满足用户需求。

5. 测试与评估（Testing and Evaluation）

测试与评估阶段是对已开发的移动学习应用程序进行功能测试、性能测试和用户体验评估的过程。开发团队需要检查应用程序的各项功能是否正常运行，用户是否能够顺利地使用应用程序，并收集用户的反馈意见。根据测试结果，对应用程序进行必要的修正和改进。

6. 发布与维护（Deployment and Maintenance）

发布与维护阶段是将已测试通过的移动学习应用程序发布到目标用户中，并持续进行应用程序的更新和维护。开发团队需要制订发布计划，确保应用程序能够及时地推送到用户手中，并及时响应用户的反馈和意见，持续改进和优化应用程序的功能和性能。

MLADM 设计模式是一个系统化的移动学习应用程序开发模型，通过环境分析、需求分析、设计阶段、实施阶段、测试与评估、发布与维护等步骤，指导开发团队设计和实施移动学习应用程序，以满足用户的学习需求和期望。

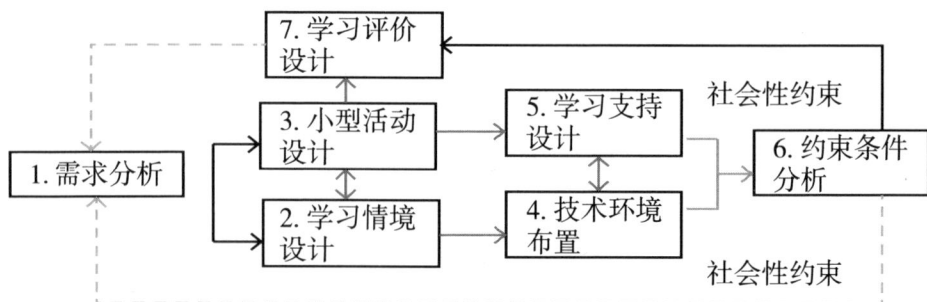

图 3-2 移动学习活动设计模型（MLADM）

移动学习教学设计重视学习支持和环境部署，关注学习者的学习体验以及人与技术、人与环境的交互，学习环境和迷你活动设计灵活多样，克服课堂教学教师讲解时间过长而情境创设形同虚设等弊端，支持复杂学习与决策。

（七）布鲁姆的目标分类模式

根据布鲁姆的目标分类（图 3-3）进行单元整体教学设计，将小学英语教材中的不同部分 Let's learn,Let's talk,Let's sing,Let's do,Story time 与目标类中的知识、理解、应用、分析、评价、创造相对应进行整体设计，由低级到高级逐渐扩展教学的广度和层次，将活动和评价融入其中，促进高阶思维和能力的发展，保证目标的有效达成。

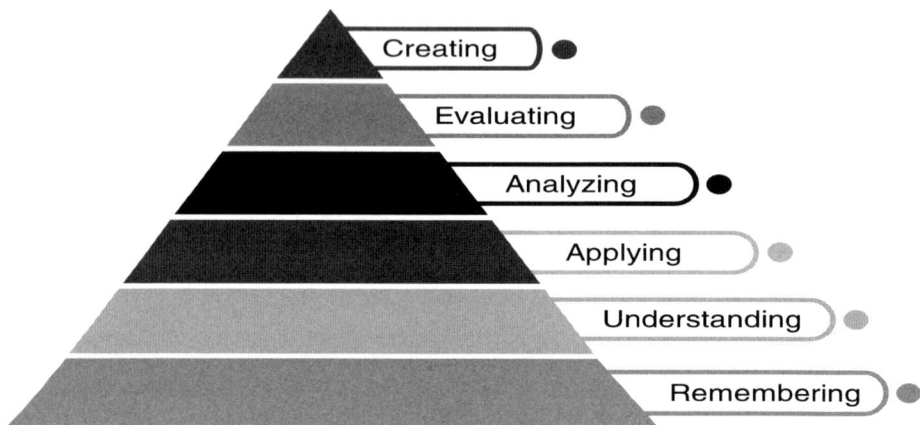

图 3-3 布鲁姆的目标分类模式

（八）PWP阅读教学设计模式

阅读教学通常采用PWP设计模式（图3-4），即阅读前（pre-reading）、阅读中（while reading）、阅读后（post reading）模式。阅读前通常介绍背景材料和相关单词，提出问题或利用歌曲导入新课。例如，讲 She couldn't see o hear 一课时，教师首先通过图片和问题了解学生所掌握的有关海伦·凯勒的知识背景，然后通过歌曲 "The five senses" 导入新课。I have two eyes,so I can see,and a nose to smell.I have ten fingers that can touch,they do it very well !I have two ears.So I can hear the birds up in the trees.I have a tongue inside my mouth to taste the food I eat. 这首歌谣中出现了五官的单词，让学生明白人类除了用眼睛看、耳朵听以外，还可以通过其他感官感知和了解世界，最重要的是，可以用心去感受这个世界的喜怒哀乐、美好和爱。这就为学生更好地理解课文中介绍的海伦·凯勒尽管不能看见，也不能听见，但学会了写和说，还能到世界各地演讲，奠定了知识和情感的基础。

在阅读过程中，教师可以利用5WH让学生掌握关键信息和故事结构，例如，When was she born? Where was she born? Why couldn't she see or hear? How could she learn to read and write? 教师引导学生初步掌握教材的基本结构后，进一步挖掘教材中的情感、态度和价值观方面的内容，增强学生的体验，启发学生思考。例如，How did she feel when she couldn't see or hear? 教师播放视频并提示与情绪有关的单词，如 worried,sad,angry,frightened,dangerous. 教师引导学生回答：她感到愤怒、恐惧、悲伤，她经常制造麻烦，让人感到担忧和危险。

教师接着问：她的人生从什么时候开始转变的？教师出示图片，学生回答：她在7岁时遇到了一位杰出教师莎利文，使她的人生发生了转变。教师板书海伦人生的曲线又开始上升。教师接着问：她的老师又是怎样教育她的呢？教师播放相关小视频让同学们感受到海伦·凯勒在教师莎利文的帮助下感知世界、学习盲文的过程。教师问：在老师的帮助下，海伦能够做些什么事情？学生看视频回答：她学会了阅读、写作和交流（用盲目阅读、手心写字和唇语）。

最后特别强调了海伦·凯勒坚持不懈的努力精神，强调了情感和爱的教育。教师接着说：让我们来看看她在伟大教师的引领下，用自己的天赋和努力为人类都作了哪些贡献? 学生看视频回答: 写书、演讲、建立盲人学校等。板书: 人生的曲线已经到达了光明灿烂期。

阅读后教师设计了四个活动: 模仿、复述、迁移、应用。活动 1: 看视频，听课文，模仿朗读; 活动 2: 复述课文; 活动 3: 小组合作为音乐节制作一份举办贝多芬音乐会的海报; 活动 4: 反思提升: 请同学们想一想从海伦·凯勒的故事中我们能够学到什么? 最后的作业是将所学落实到能够用英语做事情上，如讲故事、做海报、去特殊学校看望小朋友、写自己的感受和想说的话，将核心素养的培养落实到学生的学习和行动中。

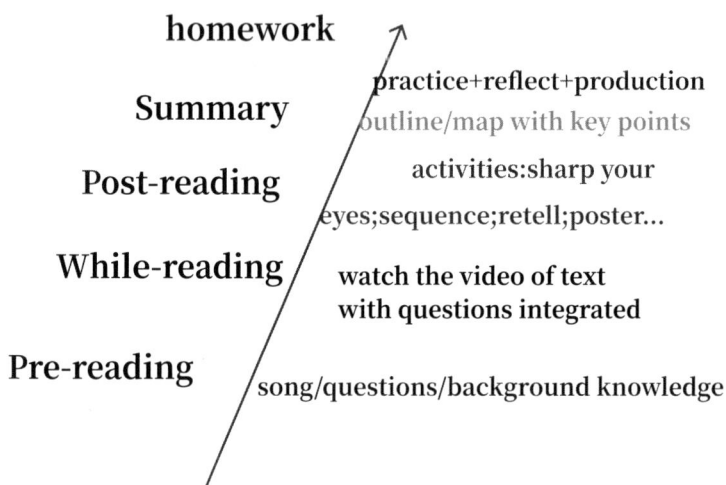

homework
practice+reflect+production
Summary
outline/map with key points
Post-reading
activities:sharp your
eyes;sequence;retell;poster...
While-reading
watch the video of text
with questions integrated
Pre-reading
song/questions/background knowledge

图 3-4 PWP 阅读教学设计模式

小学英语循证教学设计原则与优化路径

一、小学英语循证教学设计的原则

（一）差异性原则

在设计小学英语教学时，要考虑到学生的差异性，以确保每个学生都能够获得有效的学习体验和成长。

1. 学习风格和能力水平的差异

学生在学习风格和能力水平上存在差异。有些学生可能更适应听觉学习，而另一些学生则更适应视觉学习。教师应该了解学生的学习风格和能力水平，根据他们的差异性提供不同形式的教学活动和资源。例如，对于口语能力较弱的学生，可以提供更多的口语练习和互动活动，以帮助他们提高口语表达能力。

2. 兴趣和学习动机的差异

学生在兴趣和学习动机上也存在差异。有些学生可能对英语学习充满热情，而另一些学生则可能缺乏学习动力。因此，教师应该根据学生的兴趣爱好和学习动机来设计吸引人的教学内容和活动，以激发学生的学习兴趣和动机。例如，可以结合学生的兴趣爱好设计英语课程，让学生在学习中感到愉悦和投入。

3. 个体学习需求的差异

每个学生的学习需求和目标都可能不同。有些学生可能更需要加强听力技能，而另一些学生则可能更需要提高阅读能力。因此，教师应该根据学生的个体学习需求进行差异化教学，为他们提供个性化的学习支持和指导。例如，可以根据学生的学习需求安排小组活动或个别辅导，以帮助学生弥补自己的学习差距。

4.特殊的教育需求差异

一些有注意力缺陷、语言等障碍的学生可能具有特殊的教育需求。对于这些学生，教师需要提供额外的支持和资源，以帮助他们克服学习困难，引领他们参与英语学习。例如，可以提供个别化的学习计划和辅助工具，以满足这些学生的特殊学习需求。

通过考虑学生的差异性，教师可以更好地进行个性化教学，提高学生的学习效果和满意度，促进他们的全面发展和成长。

（二）反馈与共进性原则

循证教学，一方面需要充分了解学生的特点；另一方面需要基于学习过程收集学生学习的数据，并对其进行科学评价，基于评价进行循证教学和深度学习。师生都要熟悉评价标准，并且都能够基于标准进行评价和改进，更重要的是学生的自主评价，以及学生与学生之间的相互评价和互惠式学习。

（三）整体性原则

整体性原则强调教学内容和方法应该以整体的视角进行设计和呈现。这意味着教师应该将学习内容整合为有机的整体，而不是孤立地呈现单个单元或主题。例如，教学可以围绕着一个主题或话题展开，将听、说、读、写等语言技能有机结合起来，形成一个统一的教学框架。

整体性原则还强调了学科知识和技能之间的相互关系和互补性。教师应该帮助学生将所学知识和技能联系起来，促进全面的学习和理解。另外，加强小学英语与小学语文、数学、科学、美术、音乐等学科的横向联系，形成整体知识观和有关世界的生态图景。

（四）系统性原则

系统性原则强调教学应该是有条理、有组织的，具有一定的结构和层次。这意味着教师应该根据学生的学习需求和特点，有目的地组织教学内容，确保教学活动的连贯性和逻辑性。例如，教学可以按照学习目标和难易程度逐步展开，从简单到复杂、从易到难地组织教学内容。

系统性原则还强调了教学过程的规划和评估的重要性。教师应该在教学设计阶段制订清晰的教学计划和目标，并在教学实施过程中及时进行评估和调整，以确保教学的有效性。这包括对学生学习进展的监测和反馈，以及对教学方法和资源的不断改进和优化。

二、小学英语教学设计中常见的问题

（一）教学目标的泛化

教学目标缺乏具体性和可衡量性，常常是笼统的描述，缺少明确的行动指南。例如，缺乏使用"I can..."结构来表达学习目标，将教学目标表述为"学生能够理解和运用英语语法"，这样的目标缺乏具体性和可操作性，学生难以准确理解所需达到的学习标准和期望。可以改为："学生能够理解和运用××句子结构进行日常交流，提高语言表达的准确性。"另外，教学目标只是所有学生应该达到的基本要求，没有体现出层次性目标。例如，所有同学都能够做到以下几点：1.2.3……要在此目标基础上增加以下目标：1.2……

（二）新媒体语境融入不足

多数教师能够利用新媒体技术和资源来支持英语教学，但教师一方面对学习资源的筛选和推荐不够精准和及时，学生的在线学习存在一定的盲目性；另一方面忽视了学生在数字化学习环境中的学习需求和潜力，为了防止学生过度上网游戏，就一概禁止学生利用手机等工具。对一些作业软件也只是布置作业让机器自动批阅，而没有真正进行学习分析，形成学习分析报告，及时向学生进行反馈改进。对英语学习 App、在线课程、多媒体资源等现代化学习工具的利用不充分，在线学习的效能感低。

（三）与真实情境关联不足

教学设计未能将英语学习与学生的日常生活和实际情境联系起来，缺乏足够的情景化和实践性。例如，教师在教学中尽管利用了情境教学，但对学情估计不充分，导致情境教学形式主义，学生仍然是机械地操练几个简单的句式和对话，没有引入真实的生活场景或情境，也没有真实的情感体验。

（四）缺少对学生行为的有效预测

教学设计缺乏对学生行为的深入分析和预期，未能有效预测学生可能产生的错误、困惑和情绪反应。例如，教师未能提前预料到学生可能出现的语音、语法错误，以及可能产生的焦虑或不安情绪，在教学过程中缺乏相应的应对策略。另外，教师缺乏对学生学习过程一般趋势的预测能力。

（五）缺少实质性反馈和补救对策

教师缺乏对学生表现的及时反馈和有效指导，未能帮助学生纠正错误和改进学习。例如，教师在学生口语表达中发现错误或不足之处时，未能给予具体的反馈和示范，或者未能提供有效的补救措施来帮助学生改进。特别是对于中国学生容易犯的错误，教师总结不足。

三、小学英语循证教学设计的基本要求

（一）教学目标明确和清晰

1. 具体性

教学目标应该具体明确，描述学生具体需要掌握的知识、技能和能力。目标应该清晰明了，避免使用模糊和笼统的词语，以便学生和教师都能够清晰地理解所需达到的学习标准。例如，The students can use these words: T-shirt,pants,jacket,jeans,trousers,skirt,socks,shoes,etc. and these sentences: This is,These are,Those are,Is this yours?to describe what clothes to wear for the summer camp.

2. 可操作性

教学目标应该是可操作的，即学生能够通过具体的行动或表现来展示其达到目标的程度。目标应该以学生的行为表现为主要描述对象，而不是简单地描述学习内容或主题。

3. 评估可测性

教学目标应该是可以被评估和测量的，便于教师有效地评估学生是否达到了目标。目标应该具有明确的评估标准和方法，使教师能够客观地评估学生的学习成果。例如，The students can pronounce correctly of these words: this,these,those,yours,summer camp. The students can choose clothes in different situation,such as where to go,when to go,what to do and how about the weather.

4. 与学生实际需求相关

教学目标应该与学生的实际需求和学习背景相关，能够满足学生的学习需求和发展要求。目标应该符合学生的年龄特点、认知水平和学习能力，以便有效地引导学生的学习过程。

5. 具有挑战性

教学目标应该具有一定的挑战性，能够激发学生的学习兴趣和动机，促使他们不断努力提高自己的学习水平。目标既要符合学生的实际水平，又要具有一定的发展性和提升空间。例如，The students can use old clothes to make a garbage bag or make clothes for the party or the performance.

（二）教学活动多样、适切

1. 活动与教学内容紧密关联

教学活动应该与教学内容密切相关，以确保学生能够通过活动来深入理解和掌握所学的知识和技能。活动设计应该以句子为基础，注重听、说、读、写等语言技能的训练，同时考虑到同伴合作和情感渗透，使学生能够在实践中运用所学内容，并加深对语言的理解和运用能力。

2. 活动具有儿童友好性和生活化

教学活动应该具有儿童友好性和生活化特征，与学生的经验和情境相关联，有助于学生建构意义和情境体验。活动设计应该充分考虑到学生的年龄特点、兴趣爱好和生活经验，使活动更具吸引力和实用性，提高学生的参与度和学习积极性。

3. 有利于全员参与及反思成长

教学活动应该有利于全员参与，给予学生充分的练习机会，同时留出一定的时间让学生进行自我反思和改进，促进学生的成长和发展。好的活动设计应该能够平衡教师引导和学生自主，鼓励学生积极参与并从中获得成就感和满足感，同时也能够帮助学生意识到自己的不足，并有针对性地进行改进和提高。

不同的活动设计确实会导致不同的教学效果，反映了教学观和学生观的不同。因此，在设计教学活动时，教师需要根据教学目标、学生特点和教学环境的实际情况来综合考虑，灵活运用各种教学方法和活动形式，以实现教学目标并促进学生的全面发展。

（三）目标、内容、活动和环境之间相关联

在教学设计中重视目标、内容、活动和环境之间的关联性是非常重要的，这样可以构建一个有意义的教学单元，帮助学生更好地理解和应用所学知识。

1. 关联教学内容和学生经验及情境

教学内容应该与学生的日常生活和经验紧密相关，以便学生能够将所学知识与自己的实际经验联系起来，并更容易理解和记忆。通过设计与学生经验和情境相关的教学活动，可以帮助学生建构学习意义，优化学习效果。

2. 构建有意义的教学单元

教学设计应该能够构建一个有意义的教学单元，将教学内容、活动和学生经验有机地结合起来，形成一个完整的学习体系。通过将相关的教学内容整合到一个主题或话题中，可以帮助学生更好地理解和应用所学知识。

3. 利用新旧知识之间的联系

在教学设计中应该充分利用新旧知识之间的联系，帮助学生将已有的知识与新学的知识进行关联和扩展。通过设计具有衔接性的教学活动，帮助学生更好地理解和应用新学的知识，并加深对知识的理解和记忆。

3. 突出重点和难点

在教学设计中应该突出重点和难点内容，帮助学生更好地掌握重要的语言知

识和技能。通过设计与重点、难点内容相关的教学活动，可以帮助学生加深对语言结构和用法的理解，并提高语言应用能力。例如，重点单词可以通过"Sharp your eyes"等活动强化记忆，难点内容可以通过设置"陷阱"让学生自己发现所犯错误，或者创设情境，拓展活动让学生进行深度学习，从而解决难点问题。

通过重视目标、内容、活动和环境之间的关联性，教师可以设计出更具意义和效果的教学活动，帮助学生更好地理解和应用所学知识，提高学习效果和学习成绩。

（四）重视学习分析与反馈改进

在教学设计中嵌入学习分析与改进是非常重要的，它可以帮助教师更好地了解学生的学习过程和问题，并及时采取措施进行调整和改进。以下是几个方面的具体操作。

1. 形成性评价与学习分析技术的运用

教师应该善于运用形成性评价和学习分析技术，监测和评估学生在学习过程中的表现和问题。通过形成性评价，教师可以及时发现学生的学习问题和认知、情感障碍，并提供针对性的反馈和补救措施，促进学生的学习进步。

2. 数据评估与分析素养的培养

教师应该培养良好的数据评估与分析素养，善于从学习数据中发现教学的增值模式。通过分析学生的学习数据，教师可以了解学生的学习行为和学习效果，从而调整教学策略，提高教学效果。

3. 教学设计中的情感、创新多维目标的嵌入

在教学设计中应该将情感、创新等多维目标嵌入教学过程中，通过教学活动和情境设置激发学生的情感体验和创新行为，提高学习效能感，促进学生的创新产出。

4. 作业改革与实践环节的强化

教师应该加强作业改革，强化实践环节，让学生通过实践活动来巩固所学知识和技能，并提高学生的学习动手能力和实践能力。同时，教师也应该加强对游

戏教学、网上作业软件等教学工具的研究与评估，优化教学效果。

5.学习分析技术与绩效评估的结合

教师可以将学习分析技术与绩效评估相结合，对学生的学习行为和成绩进行评估和分析。通过分析学生的学习行为和成绩，教师可以了解学生的学习情况和问题，并采取针对性的措施进行改进和提高。

通过将学习分析与改进嵌入教学设计中，教师可以更好地指导学生的学习过程，提高教学效果和学习成绩。同时，教师也可以借助约翰·哈蒂等学者的研究成果，从大数据中发现影响学习效能的关键因素，为教学改进提供科学依据。

（五）重视环境分析和学习资源开发

重视环境分析和资源开发，意味着教师需要在课堂教学中充分利用学生周围的环境和可用资源，以提升教学效果。

1.关注隐性知识

小学英语教学不仅仅涉及显性知识（如语音、词汇、语法），还涉及很多隐性知识，如文化背景、交际技巧等。教师需要关注并重视这些隐性知识的利用，通过情境化教学和多样化的教学方法帮助学生理解和掌握。

2.资源的开发与利用

教师可以积极开发和利用各种资源，包括教材、多媒体资料、互联网资源、实地考察等，来丰富教学内容，提供更具吸引力和趣味性的学习体验。例如，利用英语歌曲、视频、游戏等资源，激发学生的学习兴趣。

3.认知学徒模式的运用

借助认知学徒模式，教师可以引导学生通过模仿、实践和反思来建构知识，促进他们的自主学习和深度理解。在教学中，教师可以鼓励学生之间的合作学习，相互分享经验和思考，共同解决问题。

4.多媒体技术与教学内容的融合

教师可以将多媒体技术与教学内容有机结合，创设生动、具体的学习情境。例如，可以通过播放视频、展示图片等方式，让学生身临其境地体验英语语言和文化，激发他们的学习兴趣和好奇心。

5. 学习分析与反馈机制的建立

教师应该建立有效的学习分析与反馈机制，及时了解学生的学习情况，发现问题并给予指导和支持。通过定期的测试、作业布置和课堂表现等方式，对学生的学习进行评估和反馈，帮助他们不断改进和提高。

6. 家校联系与共同监督

教师应该与家长保持密切联系，共同监督学生的学习情况，并提供必要的指导和支持。通过家长会、家访等方式，及时了解学生在家庭环境中的学习情况和需求，为其提供个性化的学习支持。

通过以上措施，教师可以更好地利用环境分析和资源开发，为小学英语教学提供更丰富、更有趣味性的学习体验，促进学生的全面发展和成长。

小学英语循证教学设计的基本要求可以用图 3-5 表示。

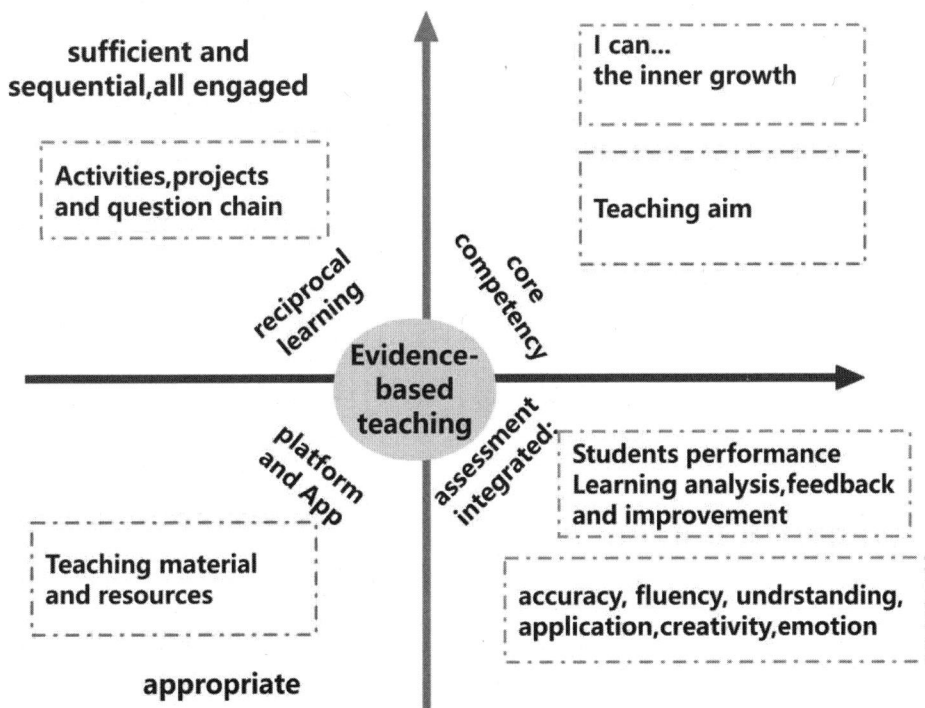

图 3-5 小学英语循证教学设计的基本要求

四、小学英语循证教学设计优化路径

小学英语教师在进行循证教学设计时，应充分利用教材内容中提供的话题和活动，设计基于教材内容以及话题的讨论、对比、辨析、分析、评价等活动，保证教学的可理解性和建构生成性。教师要善于设计问题链将学习内容与日常生活经验及生存能力相结合，促进小学生思维的批判性品质的提升。教师要关注学生的学习过程和个别差异，将教学建立在学习分析和情境互动基础上。

（一）通过"问题链"进行循证教学

教师结合主题内容和学生的知识经验从不同视角提出问题，根据一定的逻辑出示"问题链"，让学生学会思考问题和做事情的有效序列。例如，学习 clothes 主题，教师首先展示各种各样的衣服，然后问：What's your favorite clothes? 学生 1 回答：Black. 教师问：You like black clothes,right? 学生 1 回答：Yes. 教师接着问：How about T-shirt,sweaters,or skirt? 学生 2 回答：I like sweaters. 教师接着问：When do you guys like to wear sweaters? 学生 3 回答：Winter. 教师接着说：Right. You wear sweaters when it is cold,right? 学生一起回答：Right. 教师接着说：I have another questions for you guys. What's your favorite color? 学生列举了许多自己喜欢的颜色：White,black,blue... 有位小学生说出：Purple and blue. 教师接着问：What colors do we mix to make purple? 学生 3 回答：Red and blue. 教师表扬：Good job! Great! We mix red and blue together to make purple. 教师接着问：How to make purple clothes? 学生没有回答。教师接着示范：First,we get the red dye and blue dye and put them together.We mix them all together.Then,we put the clothes into the mixture and after a while,we take them out. The clothes are purple now. We take out to try and put on now.They are purple. 接着进行知识的实际应用：How do we make an apron? 此时教师展示出一位同学自己做的紫色围裙。This is an apron that one of our students made. 学生 4 说：This is I made. 教师说：It's so cool! 教师接着问其他同学：Do you know how to make an apron? 同学说：No. No. 教师：Ok. First,we take a piece of cloth like this and then measure the size,cut the sides. secondly,we put a strip on it and tie around our waist.

此时，学生看到教师围上围裙会情不自禁地笑起来：Like a waitress! 教师回应：Yeah! Like a waitress! Then what do we use apron for? 学生回答：To keep our clothes from getting dirty. 教师：We use it when we make art or cooking. 学生补充：Painting. 教师：Yes,when we are painting,we use the apron to keep our clothes from getting dirty. Then when our clothes get all dirty,what do you do with it? 学生回答：Wash it. 教师：Exactly! We wash the dirty clothes. 学生说：We use washing machine. 教师：Yes. We use the dirty clothes washing machine.So what should we do first when we use the washing machine? 学生：Soap and water. 教师：Not yet. We put the clothes together into the machine. Then put the soap in it and turn on the machine. It begins to work for half an hour or longer time. Finally we take the clothes out and put them into the drier or take out in the sun to dry. 最后教师总结：Today,we have a wonderful class about clothes,what's your favorite clothes for different reasons,how to make clothes,and how to wash clothes. Do you have any questions? No questions? Ok. Class is over. See you next time.

这个"问题链"设计巧妙并且连续，既能让学生的思维适当发散，又能够及时聚合到今天讲课的主题 clothes 上，让学生的学习富有趣味和生活价值。学生的注意力紧紧追随教师的问题，积极思考和回答问题，课堂的参与度高，教学目标的达成度高。通过提高课堂教学质量，收到"减负提质"效果。

再比如，小学英语五年级下册 Module 5　Unit 1　It's big and light[1] 教师可以设计问题链：What does Lingling think of the black bag?（It's big.）Why does Lingling think a big bag is good for her?（Maybe she has many things to take.）What does Ms Smart think of the black bag?（it's too heavy.）What does Ms Smart think of the green bag?（It's light.）What does Lingling think of that bag?（It's too small.）

[1] 陈琳，费丽莎·爱丽斯. 英语（新标准）：三年级起点五年级下册 [M]. 北京：外语教学与研究出版社，2013:26—27.

Why does Lingling think the blue one is good for her?（It's big and light.And it has four wheels.）教师通过问题链引导学生学会思考，学会自主选择。

在讲授情节比较复杂的故事时，教师通常需要明确以下问题（5WH）：what,who,where,when,how,and why, 然后进一步追问：what if,what next,and so what. What is this about?What is the context/situation?What is the main point/problem/topic to be explored?Where does it take place?Who is this by?Who is involved?Who is affected?Who might be interested?When does this occur?How did this occur? 与这些不同层次的问题相对应的思维阶段为描述—分析—评估（description,analysis and evaluation）。在实际教学中，教师既要面向全体学生进行循证教学，又要立足于本教材的知识点，为学生精心设置问题，注重提问的质量，以此来引导学生展开问题的分析探讨与交流，提升学生的思维品质。比如人教版 PEP 中 Unit 5 Let's eat! 一课，主要是以点餐为话题展开句子的学习：I'd like some...Have some...Can I have some..? 等，需要学生掌握一些食物类的单词：juice,egg,cake,fish 等，以及 hot dog,hamburger,tea,coffee 等。英语教师可以为学生播放一段餐厅点餐的语音，引导学生去记录其中提到的食物，以及关于进餐的几个指令，并按指令做动作，以此来激活学生的英语思维，同时提高学生的英语听力水平。英语教师可以组织学生以小组为单位，去介绍自己喜爱吃的食品并画出图片，帮助学生更加熟练地运用本节课的知识点进行表达，最终确保学生的思维品质与英语水平得以提升。

（二）跨学科进行循证教学

教师可以引导小学生从跨学科视角去收集支持性学习资源和证据，使得英语教学更有趣，更容易被理解。例如，在学习 "My favorite season" 一单元时，教师可以引导学生联系小学语文中学习的有关四季的诗歌、歌曲、故事激发学生学习的兴趣，增强理解力，提高教学的密度。在教学导入环节，可以用小学生熟悉的歌曲 "春天在哪里" 导入，然后根据歌词中提供的线索引导学生去寻找春天的足迹，感受春天的勃勃生机。

Where Are You,Spring

Where is spring,Where is spring,

Spring is in the verdant mountains and forests.

Here are red flowers,Here is green grass,

And there's the little oriole singing.

...

Spring is in the reflection of the lake water.

Reflecting red flowers,Reflecting green grass,

And there's the little oriole singing.

...

Spring is in the eyes of the children.

Seeing red flowers,Seeing green grass,

And there's the little oriole singing.

教师问"你最喜欢哪个季节？"有的学生说喜欢春天，有的喜欢秋天，有的喜欢夏天，有的喜欢冬天。教师让学生说出各自的原因，并且让学生明白四季各有各的优势和不足，这就是自然生态。在拓展环节，教师和学生一起收集有关四季的中外诗歌和谚语，让学生感受四季的美，情感受到陶冶。

在讲 Weather 单元时，教师可以出示不同天气的代表性的图片，可以是天空，也可以是植物、动物，人的穿着、饮食等，然后让学生推断这是什么天气，如 sunny,cloudy,windy,foggy,snowy,rainy 等；也可以是谚语，如"月晕而风，础润而雨"，教师出示"月晕"和"础润"的照片，然后让学生推断这是什么天气。最后可以引导学生说出在不同的天气条件下我们能够做什么，不能够做什么，应该注意什么。教师还可以创设情境：（1）在下雨天，一位小同学看到一位老奶奶没有打雨伞，于是跑过去和老奶奶一起打着伞，送老奶奶回家。（2）在春天，几个小朋友正在草地上玩耍，有的在放风筝，有的在踢毽子，有的在唱歌。忽然变天了，乌云密布，电闪雷鸣，小朋友急忙往家跑。这时，大明不小心跌倒了。玲玲和彬彬看到后马上扶起了大明。天开始下起了雨，三人一起来到附近的商店避雨。他们用英语描述着天气的变化，大明说：We are all wet in the big rain. 彬彬说：We are all wet in the heavy rain. 玲玲说：The weather became from sunny to cloudy, then thunders and rainy. 大明说：We have a great day today. 这样的情境创设与小学生的生活经验和体验联系起来，容易引起共鸣，激发学习和表达的动机，提高学习效能感。

人教版 Unit 3 At the zoo 是以生活中常见的动物为话题，帮助学生学习描述动物特征的单词，并培养学生的综合语言运用能力和思维能力。因此，英语教师可以借助多媒体设备，为学生播放关于动物的动画短片，以此来吸引学生的注意力及兴趣，让学生在观看之中形成热爱动物、保护动物的意识。同时，英语教师可以结合本节课的知识点，引导学生根据动画片进行故事的创编，每个人扮演一种动物，用 big, long, short, small 等词汇来描述动物的外形特征，促使学生在这些单词的基础上，逐渐延伸出 red, green, white, cute, strong 等词汇，将动物的形象表达得更加具体、生动，并表演出动物的代表性动作，而其余同学进行猜测，实现学生思维能力的提高。在扩展学习阶段，教师还可以关联各种小动物喜欢吃的食物，起到复习巩固词汇，增强语境性的功效。例如，Which animal likes to eat...? 教师出示几幅图画，上面有各种动物和食物，教师让学生先给各种动物和食物标上英文，然后进行匹配：monkey-banana, rabbit-carrot, bear-fish, tiger-meat...

人教版教材六年级下册"Then and now"单元的"Story time"版块，通过连环画的形式，对比了以前、现在和未来的自然环境和生活方式的改变，激发学生的环保意识。可以联系五年级上册"In a nature park"单元，让学生想象自然公园的美好景象，引导学生针对如今日益严峻的环境问题，根据自己的所见所闻进行讨论，切实地从不同角度来挖掘问题，培养小学生的批判性思维。

课后作业可以让小学生描写一下自己小区的生活环境中有哪些好的方面，有哪些不好的方面。比方说，小区有健身器材，有篮球场地，有分类垃圾箱等，但也有不好的地方如：地面不平，雨天有积水；下水道的盖子有的没有了，黑天走路不小心会掉进坑里；商店里卖的蔬菜有的是有害蔬菜。最后提出几条对策建议。这样，一是培养了学生的证据意识；二是培养了学生的公民责任意识和环保意识；三是锻炼了学生的问题解决能力；四是培养了语言运用和写作能力。

教师要鼓励学生提出问题并思考答案。例如，当学生阅读一篇故事时，老师可以问学生一些问题，例如："你认为主人翁会做出什么选择？""你能否理解他的决定背后的原因？"这些问题可以帮助学生发展他们的推理和推断能力。也可以引导学生比较和对照不同的观点或文本。例如，在研究两个不同的文本时，学生可以被要求比较和对比他们的主题、故事情节或角色。高年级的学生可以学会分析文本，以识别故事情节、人物动机和主题，思考作者使用的语言和技巧，以及这些技巧对文本的影响。学生可以提出假设和多种解决问题的可能性，以探索不同的观点和结论，最后思考哪一个是最好的方案。学生要善于评估文本中提供的证据，以确定其是否合理或有效。例如，在阅读一篇新闻报道时，学生可以被要求评估作者使用的来源，并考虑这些来源的可信度。

（三）关注个体差异，基于学习分析进行循证教学

教师要关注学生的个体差异，基于学生表现和学习分析开展循证教学。下面的学习曲线能够反映不同学生在教学过程的不同阶段学习的一般趋势和个体差异（图3-6）。他们学习的总体趋势都是上升的，也就是说每位同学的学习都是有所收获的。但学生1在上课开始时精神状态很好，注意力集中，但进行正式讲解环节却表现不佳，可能是理解遇到困难，但到第三阶段稳步上升，可能是由于教师开展了适切性的活动，帮助其理解了所学内容，所以学生表现良好。如果此生经常表现出此类学习曲线，教师可以推测此生属于活泼型、感性和操作性的学习风格，需要发扬优点，同时针对理解力不强的弱点，加强背景知识的学习，课前要预习，上课听讲要精力集中，积极思考，掌握不同课型的一些基本结构。学生2一开始上课积极性不高，需要一段时间才能进入听课状态，对于容易的知识理解水平比较高，但随着讲课的深入，学生的理解水平逐渐下滑，活动环节表

现也不佳，到了总结环节学习状态逐渐上升，但成绩仍然处于中等以下水平。此类学生需要找老师或者同学补课，自己也可以找相关学习资源自主学习，补上知识的缺口，上课才能有更高的学习动机和理解力，活动参与度和成绩也才能提升。学生3在开始阶段和讲解阶段一直处于较低水平，动机不是很强，初始成绩表现平平，但到了深度理解阶段和活动表现阶段则表现出很强的上升趋势，最后的成绩遥遥领先。此生属于比较稳重的类型，知识面比较广，能力比较强，需要保持其学习风格并适当增强学习难度，提出更高目标。教师在不同课型的教学过程中可以通过收集学生学习和评价的数据生成学习分析图表，准确测度学生的学习状态，并采取适当的教学策略。

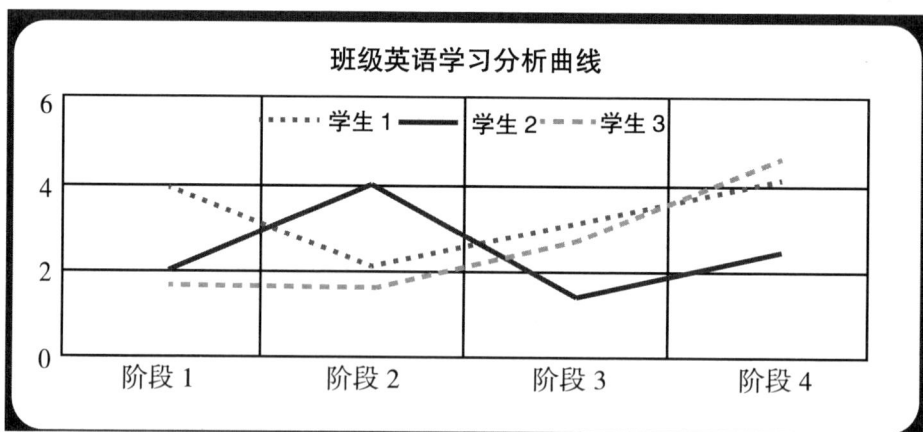

图3-6　班级学生学习分析曲线示例

从以上三位同学的学习曲线可以看出，学生2只是在第二阶段讲解入门时有良好的表现，后面急剧下降，到了第三阶段后期可能受群体助长功能的影响，成绩稍有回升，但仍然达不到基本标准；学生3和学生1在第二阶段的后期开始学习专注力和效能感逐渐提升，到了第三阶段后期开始逐渐进入高峰，体验到高投入、高创造、高效能的"心流状态"。好的课堂教学能够让多数学生进入心流体验状态，这种状态能够给个体带来自信心和效能感的提升，也能够形成班级群体良好的学习助长氛围，可以带来工作效率的提升和自信感的增强。

教师还要关注学生不同的学习风格，并且提供多样化的教学方式以满足不同学生的需要。20 世纪 80 年代初，大卫·科尔伯（David Kolb）对学习过程周期（Learning Cycle）进行了研究，提出了 CRAA 学习周期模式，即，具体经验（Concrete Experience）—反思观察（Reflective Observation）—抽象概括（Abstract Conceptualization）—积极实践（Active Experimentation）。其中，具体经验（感知）阶段强调个体经验在学习中的作用，学习者无须系统设计和理性反思，而是一切根据时间、地点、条件变化自主适应，学习跟着自己的本性和感觉走，体验过程中的学习乐趣；反思观察（理解）阶段的学习特点，重视对学习内容的理解，从多个视角进行审思，注重对细节的观察，注重理解；抽象概括（慎思）阶段则注重思维的缜密性，学习者善于进行逻辑推理并积极思考；积极实践（应用）阶段强调"从做中学"，通过实际操作发现原理，有时如果遇到问题反过来去查阅相关知识，知识学习和应用双向促进，他们勇于探索，注重解决问题。学习风格与个体信息加工的模式有关，从具体到抽象，从实践到沉思，这两个维度构成 4 个象限，组合成 4 种不同学习风格的模型（图 3-7）。

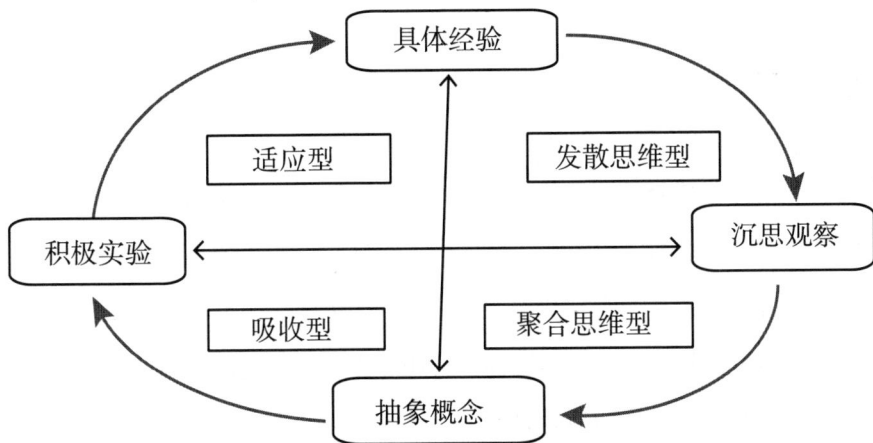

图 3-7　科尔伯的 CRAA 学习周期与学习风格模型

在小学英语教学中，教师还要特别关注学习困难学生的表现并分析原因，有针对性地采取补救措施。例如，小学生英语发音存在的问题，有的是元音不准确（如将 a 的多种发音 [æ] [aː] [ə] 混淆），有的是口型张开得大小不对，有的是发音部位不对；有的是 th[θ] 和 [ð] 的发音不到位（教师可以让学生先发对应的音 [s][z]，然后咬住舌尖即可）；有的是辅音不准确；有的是单词重音不准；等等。教师要关注学生的常见错误，并分析原因。例如，有的同学是听力不好，影响了发音；有的同学是受家乡口音的影响，还有的同学是发音器官存在问题。明确了原因就需要进行针对性的补救，教师要为学生提供专业性的补救方案，同时还要有耐心，树立学生的自信心。

有的小学生存在阅读障碍，可能是生词太多影响了阅读理解；有的是语篇太长，学生记忆存在障碍，前后信息连续不起来，记不住关键信息；有的是学生缺少相关的背景知识和经验导致无法理解语篇的意义，特别是深层次的含义；有的缺少相应的情感体验，所以阅读教学也无法达到预期的育人效果。针对这些问题，教师可以基于学情分析，事先为学生提供"先行组织者"，即容易被学生理解的相关材料，为学生学习新内容搭起桥梁，也可以播放视频，创设情境激发学生相应的情感体验，然后进入新内容的学习。有阅读困难的学生需要长时间的关注，促进其心理发展达到同龄学生的水平。

有的学生词汇、语块、句型等语料内存不足，所以在对话交流和开展活动时总是处于被动状态，有时回答问题力不从心，也导致自信心不足，学习动机下降，形成恶性循环，教师要及时发现，并予以补救。例如，每一个单元和主题结束时，都要让学生进行总结分类，头脑中储存充足的不同主题的语料库，在应用时会熟练地提取并创造性地加以应用。

教师要将教学建立在研究基础上。例如，国内学者研究表明，学生掌握大量的"语块"和"语料"，不仅能够提高写作能力，而且对听说能力和阅读能力提高也有很大帮助。所以教师平时要鼓励学生掌握一些词组、短语、固定搭配以及不同文体风格和不同主题的语料，从而提高英语学习的效率。

再比如，国外有学者提出"学习金字塔"理论，揭示了不同学习方式的学生记忆效果不同，倡导主动学习、合作学习和"从做中学"。尽管结论中具体的分数不一定精准，但从中能反映出不同的学习方式的确影响记忆效果的规律。教师可以根据其中涉及的几种学习方式——阅读、声音＋图片、示范、小组讨论、实际操作、"教别人"或者"马上应用"，自主设计教学实验，验证已有结论，关键是得出适合自己学生学习的有效方法。原实验表明，学习完马上"教别人"或者"马上应用"效果最好。我们可以进行实验，比较一下究竟哪种方式记忆效果最好。不同的语境，不同的学科和学生，不同的学习内容，结果可能会有差异，但对于英语学科来说最后一条"通过教而学""通过用而学"效果最好。这一条具有普适性，其他几条在不同语境下可能结果不同。教师实验的目的是如何增强教学的适切性和实效性。

（四）保证教学的可理解性

确保输入的可理解性，首先，要对学生和教材进行详细分析，这有助于根据学生的特点和教材的特点来调整教学内容和方法，提高学生对英语语言的理解和掌握；其次，需要开展适切性的活动，将知识技能的讲解与活动相联系，加深学生的理解和体验；再次，为了掌握学生的学习情况需要边讲解边评价，及时发现学习过程中的困难和问题，予以补救或者调整讲课的进度和难度水平；最后，为保证输入的可理解性，教师需要提供支架和基本结构，以利于学生更好地理解同化新知识。

1. 分析学生

年龄和年级：理解学生的年龄和年级，以确定适合学生的语言水平和课程内容。

英语水平：评估学生的英语水平，了解他们的听力、口语、阅读和写作能力，以便有针对性地设计教学内容。

学习风格：了解学生的学习偏好和风格，如视觉学习者、听觉学习者或动手学习者，以便选择适合的教学方法和工具。

兴趣爱好：了解学生的兴趣爱好和学习动机，以便设计吸引他们注意力的教学内容和活动。

2. 分析教材

教材内容：分析教材的内容和难度，了解教材中所涉及的词汇、语法和语言结构，以便根据学生的水平调整教学内容和方法。

教材结构：了解教材的组织结构和教学顺序，以便根据学生的学习需求和进度进行灵活调整。

教材特点：评估教材的特点和优缺点，如是否具有足够的视觉辅助、实际情境设置和交互性，以确保最好地利用教材来提高学生的学习效果。

教材配套资源：了解教材的配套资源，如练习册、听力材料和多媒体资源，以便充分利用这些资源来增强学生对教材的理解和掌握。

通过对学生和教材的详细分析，教师可以更好地根据学生的实际情况和教材的特点来设计和调整教学内容和方法，以确保输入的可理解性，提高学生对英语语言的理解和掌握水平。

（五）教学活动及评价适切，增强正面学习体验

在教学过程中，要多组织活动，让全体学生都能参与其中，同时及时予以反馈评价，多鼓励学生，增强学生的正面积极体验，提高学习效能感。

1. 游戏和活动：利用游戏和互动活动来激发学生的学习兴趣。例如，使用英语歌曲、角色扮演游戏、语言竞赛等方式来让学生参与其中，增强他们对英语学习的积极性和投入感。

2. 教学资源的丰富多样性：利用丰富多样的教学资源，如图片、视频、音频等，使英语学习更具趣味性和生动性。通过视觉、听觉等多种感官的参与，增强学生对英语的理解和记忆。

3. 小组合作学习：鼓励学生进行小组合作学习，让他们相互协助、交流和分享学习经验。通过小组合作，学生可以相互支持、共同解决问题，增强彼此的学习动力和信心。

4. 个性化学习：关注学生的个体差异，根据不同学生的学习风格、兴趣爱好

和能力水平，提供个性化的学习支持和指导。给予学生适当的挑战，并提供针对性的反馈和鼓励，以激发他们的学习动机和兴趣。

5. 表扬学习成就：及时表扬和奖励学生的学习成就，让他们感受到自己的进步和成就。可以通过班级表彰、奖状、小礼品等方式来激励学生，增强他们的学习积极性和满意度。

6. 创设情境：将英语学习置于具体的情境中，让学生在生活和游戏中使用英语，增强他们对语言的实际运用能力。通过情境化的教学，帮助学生理解和掌握英语语言的真实用途和意义。

通过以上方法，教师可以营造积极的学习氛围，激发学生的学习兴趣和动机，增强他们的正面学习体验，并最终提高他们的学习效能感。基本内容如图3-8所示。

Student-centered
Activities-based
comprehensible
Integration of teaching,learning and assessment
Scaffolding instruction

图 3-8 "可理解性"教学设计示意图

【案例 1】

美国小学分级阅读教材 Science 第一册 Part 3　Physical Science "Lesson 12　Matter and Senses" 循证教学设计

原　文：People use senses to learn about matter.There are five senses: hearing,sight,smell,taste,and touch.Hearing is the ability to hear with your ears.You use your hearing so you can recognize which dog makes which sound.Sight is the ability to see with your eyes.You can recognize whether something is big or small,or has dark or bright colors.Smell is the sense of being aware of things with your nose. Flowers smell sweet in spring.Taste is the sense or being aware of flavor with your mouth.When you taste,you can recognize if the food is sweet,salty,sour,or bitter.Touch is the sense by which we feel things with our skin.When you touch a cat's fur,it feels very soft.With five senses,people can study the shape,color,size,etc. of matter.

Objective

Understand the five senses and their role in perceiving matter.

Explore how each sense contributes to learning about the properties of matter.

Lesson Structure:

Part One: Introduction to Senses and Matter

Activity One: Sense Identification

Students will engage in a group activity where they identify examples of each of the five senses in their daily lives.

Question: Can you give examples of situations where each sense is used to learn about the world?

Activity Two: Reading Comprehension

Students will read the provided text about senses and matter.

Question: What are the five senses mentioned in the text,and how does each sense contribute to learning about matter?

Part Two: Exploring Each Sense

Activity Three: Sense Stations

Create stations for each sense where students can engage in activities related to hearing,sight,smell,taste,and touch.

Question: How did each sense station help you understand the properties of matter?

Activity Four: Sensory Observations

Students will be given mystery objects to observe using one sense at a time and make predictions about the objects.

Question: How did using a specific sense help you gather information about the mystery object?

Part Three: Application of Senses in Daily Life

Activity Five: Senses in Action

Students will discuss and present scenarios where they use multiple senses in their daily activities.

Question: How do our senses work together to provide a comprehensive understanding of the matter around us?

Part Four: Reflection and Assessment

Activity Six: Reflection Journal

Students will reflect on the importance of each sense in their understanding of matter.

Question: Which sense do you think is the most crucial in studying matter,and why?

Assessment:

A short quiz assessing the students' understanding of the role of each sense in learning about matter.

An open ended question asking students to provide real life examples where they apply their senses to study matter.

Closing Remarks:

This evidence-based teaching design aims to actively engage students in understanding the connection between senses and the study of matter,providing practical applications to enhance comprehension and retention.

举例分析。

Using Our Eyes to See Properties of Matter

Our eyes are like magic windows that help us explore and understand the world. When we use our eyes,we can see different properties of matter,which are like the special features of things around us.

1. Color

Explanation: Our eyes allow us to see all the beautiful colors of the world. Every object has its own unique color,and we can recognize and enjoy them with our eyes.

Example: When we look at a rainbow,our eyes see a wonderful mix of colors like red,orange,yellow,green,blue,indigo,and violet.

2. Shape

Explanation: Shapes help us identify what things look like. Whether it's a round ball,a square book,or a triangular flag,our eyes tell us about the shapes of different objects.

Example: When we see a stop sign,our eyes recognize its octagonal shape and understand that it means we need to stop.

3. Size

Explanation: Our eyes help us compare how big or small things are. We can see if something is tall,short,wide,or narrow.

Example: Looking at a tiny ant and a large elephant,our eyes help us understand the size difference between the two creatures.

4. Texture

Explanation: Texture is how something feels,and our eyes can give us clues about it. We can see if something looks smooth,bumpy,soft,or rough.

Example: When we look at a fluffy teddy bear,our eyes tell us it would feel soft to touch.

5. Patterns

Explanation: Our eyes help us notice repeating designs or arrangements. Patterns can make things interesting and unique.

Example: When we see a zebra,our eyes recognize the black and white stripes as a pattern on its fur.

So,by using our eyes,we can discover a lot about the properties of matter around us,making our world colorful,interesting,and full of amazing things to explore!

Here's a simple table representing the properties of matter that we can see with our eyes,along with examples:

Property	Explanation	Example
Color	Our eyes recognize different colors	The leaves on a tree can be green or brown. A ripe apple is red
Shape	Shapes help us identify what things are	A stop sign is shaped like an octagon. A soccer ball is round
Size	Our eyes compare the sizes of objects	An ant is small,but an elephant is big. A giraffe is tall,while a turtle is small
Texture	We can see if something is smooth or rough	A fluffy cloud looks soft and smooth. The sand at the beach looks and feels grainy
Patterns	Our eyes notice repeating designs	A ladybug has little dots that form a pattern. The stripes on a zebra create a unique pattern

This table illustrates how our eyes play a crucial role in perceiving various properties of matter,making our world interesting and full of diverse features.

眼睛看清事物的必备条件

Our eyes are amazing tools that help us see the world around us. To see things clearly,there are a few important conditions:

1. Good Lighting

Explanation: Having enough light helps our eyes see details. In bright light,everything becomes clearer.

Example: When we read a book or do our homework,it's easier in a well-lit room.

2. Healthy Eyes

Explanation: Our eyes need to be healthy. That means no sickness or problems with our eyes.

Example: If our eyes feel uncomfortable,it's essential to tell our parents or teachers.

3. No Obstructions

Explanation: Nothing should block our view. If something is in the way, we might not see things clearly.

Example: If there's a big object in front of us, it can make it hard to see what's behind it.

4. Proper Distance

Explanation: We need to be at the right distance from what we're looking at. Not too close and not too far.

Example: When we read a book, holding it at a comfortable distance helps us see the words clearly.

Remember, taking care of our eyes and making sure we have good lighting are simple but important things we can do to see the world around us more clearly!

小学生的用眼卫生

Our eyes are like super heroes that help us see the world around us! To keep them strong and healthy, we need to take good care of them. Here are some simple tips.

1. Rest Your Eyes

Just like our bodies, our eyes need rest. Make sure to take breaks when reading or using screens for a long time. Look away, blink, and let your eyes relax.

2. Good Lighting

When reading or doing homework, make sure there is enough light. Reading in dim light can make our eyes tired.

3. Healthy Snacks

Eating healthy foods, like carrots and fruits, is like giving our eyes superpowers. They contain nutrients that keep our eyes strong.

4. Wear Sunglasses

When it's sunny, wear sunglasses to protect your eyes from the bright sunlight. It's like giving them a cool superhero shield!

5. Visit the Eye Doctor

Sometimes,even superheroes need a checkup! Visit the eye doctor regularly to make sure our eyes are in top shape.

6. Keep Screens at a Distance

When using computers or tablets,keep them at arm's length. It's like giving our eyes a comfy space to do their work.

Remember,our eyes are amazing,and by following these tips,we can make sure they stay healthy and strong. Keep being a superhero for your eyes!

Exploring Sounds with Our Ears

Hey there,curious minds! Our ears are like magical detectors that let us hear all sorts of sounds around us. Let's dive into the exciting world of sounds and find out what our ears can hear.

1. Birdsong

Our ears can catch the sweet melody of birds singing in the morning. It's like having a little concert in nature.

2. Laughter

Laughter is a fantastic sound that our ears love! Whether it's our friends giggling or someone telling a funny joke,our ears enjoy the happiness in laughter.

3. Raindrops

When it rains,our ears pick up the soothing sound of raindrops tapping on windows. It's like nature's lullaby.

4. Music

Whether it's our favorite song on the radio or the rhythmic beat of drums,our ears dance along with the music.

5. Thunder

Thunder might sound loud,but our ears are brave! They can hear the powerful rumble during a storm.

6. Ocean Waves

If you've ever been to the beach,your ears might have caught the calming sound of ocean waves. It's like nature's relaxation music.

7. School Bell

Our ears know the sound of the school bell,signaling exciting times in the classroom.

8. Pets

Our furry friends,like dogs and cats,make adorable sounds. Our ears love the purring of a cat or the playful barking of a dog.

So,our ears are like superheroes,picking up a whole symphony of sounds every day. From the chirping of birds to the laughter of friends,our ears help us enjoy the amazing world of sounds around us!

Caring for Our Ears: A Guide for Elementary School Students

Hello,young listeners! Our ears are incredible,and taking good care of them is like having a superpower for enjoying the world of sounds. Here are some tips on how to keep our ears healthy.

1. Volume Control

When listening to music or watching TV,it's important not to turn the volume too high. Our ears are superheroes,but they need protection from loud noises.

2. Ear Cleaning

Gently clean the outer part of your ears with a washcloth,but don't insert anything into your ear canal. Our ears clean themselves,and pushing things inside can cause harm.

3. Ear Protection

When in loud environments,like concerts or construction sites,wear ear protection like earmuffs or earplugs. It's like giving our ears a shield against strong sounds.

4. Healthy Habits

Eating nutritious foods helps keep our ears healthy. Snack on fruits,veggies,and nuts – they're like superhero snacks for our ears!

5. Earphones Breaks

If you use earphones,take breaks to give your ears a rest. Too much time with earphones can tire out our ears.

6. Listen Safely

Be mindful of the sounds around you. If something is too loud,step back or cover your ears. It's like our ears telling us, "Hey,that's a bit too much!"

7. Regular Checkups

Just like superheroes visit their headquarters,we should visit the doctor for ear checkups. They can make sure our ears are in tiptop shape.

Remember,our ears are amazing tools that let us experience the wonderful world of sounds. By taking care of them,we ensure that our listening adventures stay fun and enjoyable!

Exploring Different Senses in Humans and Animals

Hey ! Do you know that humans and animals have unique abilities with their senses? Let's take a look at some differences and rank them in order.

1. Sight Eagle

Eagles have incredible vision. They can see things from super far away,like spotting a tiny mouse on the ground while soaring high in the sky.

2. Smell Bloodhound

Bloodhounds have an amazing sense of smell. They can follow scents for long distances and are often used to track down missing people.

3. Hearing Bat

Bats are like superheroes of hearing. They use echolocation to navigate and find food by sending out sound waves and listening for the echoes.

4. Touch Cat's Whiskers

Cats have sensitive whiskers that help them feel things around them. It's like having tiny antennae that pick up on the slightest movements.

5. Taste Butterfly

Butterflies can taste things with their feet! They have special sensors that help them identify the perfect flowers for nectar.

6. Sight Humans

Humans have good vision,but not as impressive as an eagle's. We can see a variety of colors and details,which helps us navigate the world around us.

7. Smell Dogs

Dogs have an excellent sense of smell,even better than humans. That's why they're often used to sniff out things like drugs or search for people.

8. Hearing Rabbit

Rabbits have big ears that help them hear sounds from far away. They're always alert and ready to hop away if they sense danger.

So,each of these animals has a unique superpower when it comes to their senses. It's like they have special tools to explore and understand the world in their own incredible ways!

How Artificial Intelligence Mimics the Five Senses

Hey there! Let's talk about how smart machines,called Artificial Intelligence (AI), copy our five senses to do work better and faster.

1. Sight Vision

AI uses cameras and sensors to "see" things. Just like our eyes,it can recognize objects,read text,and even identify people. This helps in tasks like sorting items or reading information quickly.

2. Hearing Audio Recognition

AI can understand and respond to sounds. It listens like our ears but does it super fast! This is handy for things like voice commands or recognizing unusual sounds in a factory.

3. Taste and Smell Chemical Sensors

Some AI has sensors that work like a nose and tongue. It can detect different chemicals in the air. This is useful in checking for freshness or safety,like in food production.

4. Touch Tactile Sensors

AI has sensors that feel things. These sensors can detect pressure,texture,and temperature,just like our sense of touch. This helps in delicate tasks like handling fragile objects.

By copying our senses,AI makes work quicker and more accurate. It can do repetitive tasks without getting tired,helping humans focus on creative and complex jobs. So,AI is like a superhero assistant,using its digital senses to make our jobs easier and more efficient!

【案例2】

PEP 小学英语三年级上册 Unit 1 Hello! 的循证教学设计

一、单元主题内容与教材分析

本单元主题为 greetings,属于"人与自我"和"人与社会"主题范畴,涉及"生活与学习""做人与做事""社会服务与人际沟通"主题群,"同伴交往,相互尊重,友好互助""良好的人际关系与人际交往"等子主题。

三年级上册 Unit 1 Hello！以口语交流为主。通过学习，学生应该能够熟练掌握问候用语，并在对话、角色扮演、做游戏等活动中，拓展问候语，提升学习能力和语用能力，爱惜文具，互相帮助。在听、说、读、写、画等学习活动中提升语言能力。引导他们懂得感恩友好的交际，习得做人做事的态度，热爱校园生活。

二、单元教学目标

1.学生能够正确地使用问候语"Hello"和"Hi"以及句型"What's your name?"和"My name is..."进行问候和自我介绍。

2.学生能够欣赏英语歌曲和游戏，培养英语学习的兴趣。

3.学生能够用英语表达日常学习用具，并且能够进行简单对话，能够用英语做事情，相互帮助，热爱学习，爱惜文具。

三、单元整体教学设计

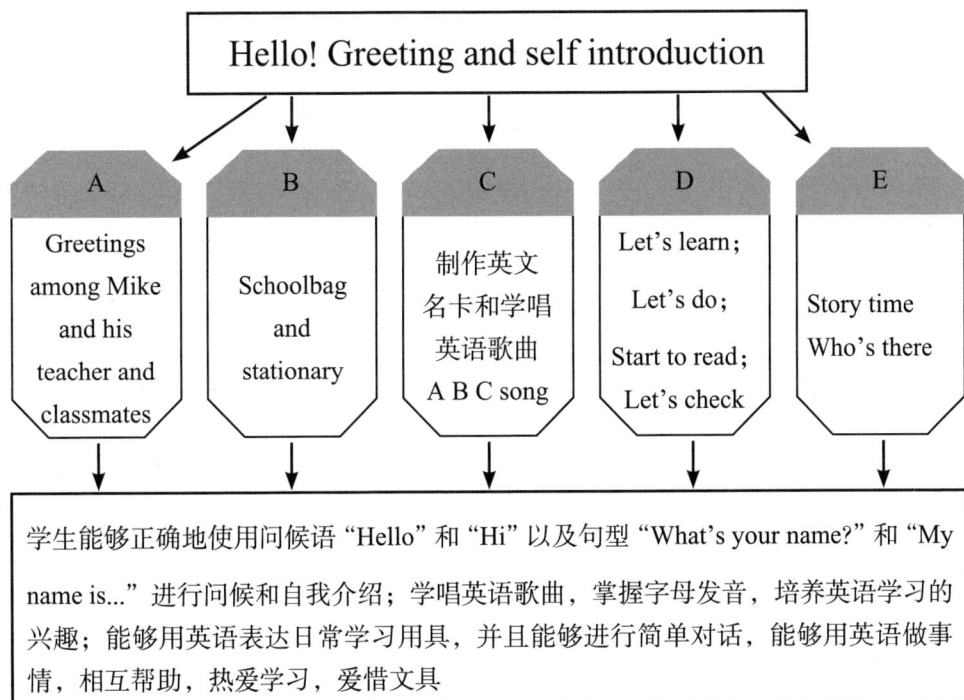

Hello! Greeting and self introduction

A	B	C	D	E
Greetings among Mike and his teacher and classmates	Schoolbag and stationary	制作英文名卡和学唱英语歌曲 A B C song	Let's learn; Let's do; Start to read; Let's check	Story time Who's there

学生能够正确地使用问候语"Hello"和"Hi"以及句型"What's your name?"和"My name is..."进行问候和自我介绍；学唱英语歌曲，掌握字母发音，培养英语学习的兴趣；能够用英语表达日常学习用具，并且能够进行简单对话，能够用英语做事情，相互帮助，热爱学习，爱惜文具

图 3-7 Unit 1 Hello! 单元整体教学设计框架

第1课时

课时内容	配图短文 Greetings among Mike and his teacher and classmates
核心词汇	morning，afternoon,Hi,Hello,Bye,Miss White,Mike,Zip,Sarah
核心句式	Good morning.Good afternoon.Hi.Hello!Bye!What's your name?My name is.../I'm...
教学目标	1. 通过课件或教学板书展示 "Hello" 和 "Hi" 的图片，教授学生如何正确地使用这两个问候语。 2. 引导学生模仿老师的发音，并互相练习使用"Hello"和"Hi"进行问候。 3. 引导学生学习句型 "What's your name?" 和 "My name is..."/I'm... 并进行角色扮演活动，让学生互相进行自我介绍。 4. 在开学第 天的具体语境中，认识人与人之间关系，能够用英文在师生间、同学间进行简单的日常问候，互相感知语音语调和友好氛围。 5. 概括时间划分的相关信息，做好时间管理并准确做出判断，运用语言主动与同学、老师互致问候
教学过程	Warm-up: Have students listen to the song "Hello" from the Let's Sing section after the bell rings to create a sense of familiarity and excitement with English. Presentation: 1. Play the song "Hello" again and naturally introduce greetings between the teacher and students. T: Hello,boys and girls. Ss: Hello. 2. Get the opportunity to introduce yourself: "Hello,I'm ..." / "Hi,I'm ...". 3. Put on Sarah's headgear: "Hello! I'm Sarah." / "Hi! I'm Sarah." 4. Let students wear masks or headgear representing Sarah,Chen Jie,Mike,Wu Binbin,and introduce themselves. 5. Listen to the audio or watch a video to present the dialogue from the Let's Talk section. Practice: 1. Game: Pass the Parcel Divide the class into two groups. Play music and have students pass a parcel. When the music stops,the student holding the parcel says: "Hello,I'm ..." / "Hi,I'm ..."

教学过程	2. Let students discuss and create scenarios where they would use the greetings they learned. For example: Meeting a friend at the school gate in the morning. Introducing oneself as a new student. Wanting to get to know Sarah after class. Saying goodbye to classmates after school. 3. Practice selfintroductions in pairs or small groups. Encourage the use of English names if available. 4. Engage in free mingling or sitting next to a new partner to practice greetings and farewells. Assessment: Complete the first part of the workbook exercises. Considering It's the first unit,the starting point can be slightly lower,aiming for every student to receive a sticker reward. Extension Activities: 1. Students create their own masks. 2. Students wear masks and greet each other,practicing what they've learned. 3. Encourage students to keep their masks for future classroom activities. Board Design: Unit 1 Hello! （Situation: "Two students meet at the school gate in the morning"） Hello! / Hi! （Self-introduction picture） Hello,I'm.... （Situation: "Saying goodbye to classmates after school"） Goodbye. This design combines engaging activities,practical language application,and opportunities for reinforcement and extension,ensuring a comprehensive learning experience for students.

第 2 课时

课时内容	Let's learn 教师介绍小棕熊（Zoom）的爸爸、妈妈为他买了个新书包作为生日礼物（拿出准备好的实物）。Zoom 打开书包，一一拿出蜡笔、铅笔、钢笔、橡皮、尺子，边拿文具边说英文 crayon,pencil,pen,eraser,ruler. 文具展示出来后停留在画面上。Zoom 说 I have a ruler...Zip 看到说我也有：Me too!
核心词汇	有关文具的五个词汇：crayon,pencil,pen,eraser,ruler 的学习，并用英语介绍文具
核心句式	I have a ...Me too!
教学目标	1. 能够听懂、会说、认读单词：ruler,eraser,pencil,crayon 2. 能够在游戏或真实的情景中正确使用句式：I have a/an... 3. 学会唱韵句：I have a ruler. Me,too
教学过程	Warming up: 1. Teacher and students sing the English song "Hello" together. 2. 请几名学生戴上 Sarah,Wu Binbin 等人物的面具或头饰，表演见面打招呼或自我介绍用语：Hello,Sarah! Hi,Wu Binbin! Invite several students to wear masks or headwear of characters like Sarah,Wu Binbin,etc., and perform greeting or selfintroduction phrases: "Hello,Sarah! Hi,Wu Binbin!" 3. 游戏"听声音，识朋友" Play the game "Listen and Recognize Friends"：Teacher asks several students to come to the front,while other students close their eyes. One of the students in front changes their voice tone and name to say "Hello. I'm...". The blindfolded students guess who spoke. If guessed correctly,the group gets a point. Alternatively,a blindfolded student guesses who said "Hello". If correct,they respond with "Yes,I'm..." If incorrect,they say "No,I'm...". Each correct guess earns a point. 4. 将学生分为小组，可 2~4 人一组练习自我介绍用语。 Divide students into groups for practicing selfintroduction phrases.

教学过程	Presentation: 1. Use slides to present new information Show a picture of one of the main characters，"Little Brown Bear"，celebrating his birthday with friends around a birthday cake. Guide students to say it's "Little Brown Bear's" birthday today,sing the English birthday song together,and explain that "Happy birthday to you" means "祝你生日快乐". Introduce that "Little Brown Bear's" parents bought him a new school bag as a birthday present（present the actual item）. Show "Little Brown Bear" opening his school bag,taking out crayons,pencils,pens,erasers,and rulers one by one,while saying the English words for each item. 2. learning new knowledge. After the initial introduction,present the stationery items to students and teach the new words: crayon,pencil,pen,eraser,ruler. Stronger students can assist in teaching under the teacher's guidance. 3. Show me your... Teacher says a word,e.g.，"pencil"，and demonstrates "Show me your pencils". Practice the other four words using the same method. 4.listen and imitate Have students listen and repeat the words from the "Let's learn" section of the audio,pointing to each word as they say it. Practice: 1. Competition Divide students into two groups. Each group selects a student to come to the front. One student looks at a card briefly and remembers what's on it. Then,they put the card face down on the table,and another student guesses what's on the card. If guessed correctly,the first student says "Yes"；if not,they say "No". 2. Guess game Continue the group competition. Place crayons,pencils,etc.，in a large box. A student selects one item,holds it behind their back,and the other students guess what it is. Each correct guess earns the group a point. 3. Listen,speak and do Teacher describes opening a book in English while demonstrating the action,laying the foundation for students to become familiar with English classroom phrases.

教学过程	Assessment: 1. Guide students through the exercises in the workbook. Have them say the names in the pictures or quickly point out the corresponding items when the teacher says them. Extensive activity: Divide students into two groups. Each group selects a representative. The teacher says a word,and the representative races to the front to find and hold up the corresponding picture. The first correct response earns a point for the group. Rotate representatives for subsequent rounds. Black-board design Unit 1 Hello! 画一个笔盒，里面写上英文 crayon,pencil,pen,eraser,ruler. 在笔盒下面写上句子：I have a ...Me too!

【自然拼读法】

自然拼读法是一种英语读音和拼写的教学方法，借助学生已经掌握的基本发音规则来帮助他们正确发音和拼写。以下是针对单词 crayon,pencil,pen,eraser,ruler 的自然拼读法教学及举例。

1. crayon['kreɪən]

字母组合"cr"在英语中通常发 /kr/ 音，"ay"发 /eɪ/，on 发 /ən]/。

2. pencil[pensl]

字母组合"pen"在这里发出短音 /ɛ/，而字母组合"cil"发出 /sl/ 的音。

3. pen[pen]

字母组合"en"发 /en/ 的音。

4. eraser[ɪ'reɪzə（r）]

字母 e 发 /i/ 的音，字母组合"ra"发出 /reɪ/ 的音；"ser"在这里发出 /zə/ 的音。

5. ruler['ru:lə（r）]

字母组合"ru"发出 /ru:/ 的音，而字母组合"ler"发出 /lər/ 的音。

6. knife[naɪf]

kn 组合，k 不发音，i 发 /ai/ 的音，结尾的 e 不发音。

其他以 kn 开头的单词举例：know/nəʊ/ 知道；knee/ni:/ 膝盖；kneel/ni: l/ 跪，下跪；knock/nɒk/ 敲；knob/nɒb/ 旋钮 ；knit/nɪt/ 编织；knight/naɪt/ 爵士，骑士；knot/nɒt/ 结，绳结，结节。

在教学过程中，可以让学生分析单词的结构，找出其中的字母组合，然后根据已知的发音规则进行发音。通过这种方法，学生可以更轻松地掌握单词的正确发音，并将这些规则应用到其他类似的单词中去。

【歌谣记词汇】

等第二课学习完"colour"后，教师可以用以下歌谣复习巩固所学词汇，体现知识的前后衔接。

1. crayon

Crayon,crayon,colorful friend,

Draw and color from end to end.

Red,yellow,green,and blue,

Crayon,crayon,we love you!

2. pencil

Pencil,pencil,sharp and tall,

Write and draw,it can do all.

Lead inside,eraser on top,

Pencil,pencil,help me a lot!

3. pen

Pen,pen,

Black or blue ink in,

I like writing with a pen

Pen,pen,Let's be friends!

4. eraser

Eraser,eraser,soft and white,

Rub mistakes,make them right.

5. ruler

Ruler,ruler,straight and long,

Measure things,nothing is wrong.

通过这些歌谣，学生可以轻松地记忆并理解这些单词的含义和用法。教师可以配合歌谣的节奏，利用动作或者绘本等方式增加趣味性，帮助学生更加深入地理解和记忆单词。

【谜语记单词】

1. crayon

I'm colorful,

You can draw a rainbow with me,

I'm not a pencil,

But what could I be?

2. pencil

I'm long and slender（易断的），

With graphite （/'græfaɪt/ 石墨）in my core,

I help you write and draw,

What am I?

3. pen

I'm not a pencil,

But I'm used to write,

With blue or black ink inside

What am I?

4. eraser

I'm pink or white,

And soft to touch,

I fix your mistakes,

I'm needed oh so much!

5. ruler

I'm straight and long,

With marks all along,

I measure things for you,

What am I?

通过这些简单的谜语，学生可以通过思考和联想来猜出每个单词的答案，增加他们对于单词的记忆和理解。

第 3 课时

课时内容	制作英文名卡和学唱英语歌曲 A B C Song
核心词汇	认识外国人名和称呼 Miss White,Mike,John,Lily
核心句式	Hello,I'm Mike. What's your name? My name's John...Goodbye! Bye,Miss White.
教学目标	1. 通过歌曲吟唱掌握改编和字母变身互动等形式，提炼出有关问候的结构化知识，并拓展丰富的问候语及其答语 2. 基于文本所给的场景，形成自我介绍和回应的语言结构，懂得礼貌用语，建立良好人际关系。The main challenge is ensuring that students understand the teacher's instructions in English for making the name cards.
教学过程	Warm–up/Revision: 1. Game – – Pass the Ball The teacher prepares a small ball. The teacher starts by loudly saying their own name，"Hello,I'm..." Then,the teacher randomly throws the ball to another student,prompting them to introduce themselves. This continues,practicing self–introduction and greetings. 2. Review "Show me your …" The teacher initially gives instructions for the whole class to practice. Later,a "little teacher" can lead the exercise. The teacher should give students more opportunities to showcase their speaking skills and provide positive reinforcement.

教学过程	Presentation: 1. Explain to students that English name cards help us get to know each other faster. Demonstrate the complete process of making a name card while explaining the steps in English and performing the actions. Practice: 1. Student Made Name Cards Let students make their own name cards using the pattern "Hello/Hi,I'm …" Praise students who do well or offer appropriate rewards. 2. Singing A B C Songs Have students sing along with the recording of the song "A B C". The teacher can lead students in clapping to the beat or doing simple movements. Assessment: Complete the third part of the workbook exercises. 1. Before doing the workbook,do a "Show me your (pen…)" activity as preparation. 2. Students look at the pictures and describe the items the students are holding. 3. The teacher explains the requirements and guides the students. Tell students to draw a smiley face if the item matches the one in the recording or a sad face if it doesn't. 4. Have students listen to the recording and do the exercises. 5. Play the recording again. Under the teacher's guidance,students repeat the sentences and check the answers with each other. Finally,self–assess by coloring a flower. Board Design: Self–introduction Hello,I'm Mike. What's your name? My name's ⎰John 　　　　　　　　　　　　　　⎱Lily…

【知识拓展：外国人名及称谓】

当提及外国女孩和男孩的名字时，可以考虑以下常见的名字。

女孩名字：

1. Isabella（[ɪzə'bɛlə]）是一个拉丁语名字，意为"上帝誓约"。

2. Emily（['ɛməli]）是一个常见的英语名字，意为"勤奋的"，源自拉丁语。

3. Emma（['ɛmə]）是一个德国名字，意为"全世界"，也是一个古老而常见的名字。

4. Olivia（[ə'lɪviə]）是一个拉丁语名字，意为"和平者"。

5. Sophia（[soʊ'fiə]）是一个来自希腊的名字，意为"智慧"。

男孩名字：

1. Alexander（[ˌælɪg'zændər]）是一个希腊名字，意为"人类保护者"。

2. Benjamin（['bɛndʒəmɪn]）是一个希伯来名字，意为"幸运儿"。

3. James（[dʒeɪmz]）是一个古老而常见的英语名字，意为"取而代之者"。

4. Michael（['maɪkəl]）是一个希伯来名字，意为"像上帝"。

5. William（['wɪljəm]）是一个很古老的英语名字，意为"意志的保护者"。

这些名字都是在英语国家非常常见的，具有深厚的历史和文化背景，而且在世界范围内也很受欢迎。

在外国，对各类人士有各种不同的称谓。以下是一些常见的称谓及其用法。

1. 先生（Mr.）['mɪstər]，意为"先生"，用于成年男性的礼貌称谓，通常用于正式场合或不熟悉的人之间。

2. 女士（Ms. / Mrs.）['mɪz] / ['mɪsɪz]，用于成年女性的礼貌称谓。Ms. 是对女性的通用称呼，不涉及婚姻状况；Mrs. 是对已婚女性的称谓，用于称呼已婚女性；Miss 则用于未婚女性。

3. 夫人（Madam）['mædəm]，在某些情况下用于对女性的尊称，通常在正式场合或商务场合使用。

4. 教师（Teacher）['tiːtʃər]，用于称呼教育工作者，包括学校教师、大学教授等。

5. 医生（Doctor）['dɒktər]，用于称呼医生，无论是一般医生、专科医生还是心理医生。

6. 教授（Professor）[prə'fɛsər]，用于称呼大学里的教授，是对在高等教育机构从事教学和研究的教师的尊称。

7. 律师（Lawyer）['lɔɪər]，用于称呼从事法律行业的人士，包括律师、法官等。

这些称谓在不同的文化中可能会有些许不同，但通常都是用于表示尊重和礼貌的方式。

第 4 课时

课时内容	Let's learn；Lets' do；Start to read；Let's check
核心词汇	Pencil-case,book,sharpener,bag,school
核心句式	Open your pencil box.Show me your pen.Close your book.Carry your bag.
教学目标	1. 在具体语境和活动中掌握核心词汇和句式，并能够在日常学习情境中正确运用。初步了解自然拼读法的规则，培养字母组合的观念。 2. 同学之间互相帮助，当有同学的学习用具掉地上时主动帮助捡起来。 3. 养成爱惜文具的好习惯，平时把文具收拾整齐，放进文具盒里
教学过程	1.Warm-up Activity Use questioning to quickly review greetings and vocabulary related to school supplies learned previously. 2. Presentation of New Vocabulary Introduce new words using real objects and picture cards: pencil-case,book,sharpener,bag,school. Guide students in correct pronunciation. 3. Fun Practice Activities Use the "Let's do" activity to teach students how to use the new words. For example,demonstrate actions like opening and closing a book or pencil-case while saying the corresponding words. 4. Game Activities Engage students in various games such as Touching Game,Matching Game,and Simon Says to reinforce and practice the new vocabulary and actions.

续表

教学过程	5. Classroom Assessment Use exercises from the workbook's fourth section to assess students' listening comprehension and word recognition. Check their understanding of the new words. Hello,I'm Mike. I have a ruler,a book,a pen and a pencil. Hello! My name's Sarah. I have a ruler and a book,too. And I have a crayon and an eraser. Hello,I am John. I have a bag and a pencil box. Hi,my name's Zoom. I have a bag and a pencil box,too. Hi,I'm Wu Binbin. I have a pen,a pencil and a pencil box. （1）Mike has a ruler,a pen,a pencil and _____.（ ）
教学过程	A.a book B.a pencil box C.a bag （2）Sarah has a book,a ruler,an eraser and _____.（ ） A.a crayon B.a pencil box C.a bag （3）John has a bag and _____.（ ） A.a crayon B.a pencil box C.a pen （4）Zoom has a pencil box and _____.（ ） A.a pen B.a pencil C.a bag

【自然拼读法】

1. 与 Pencil /ˈpensl/ 相同元音发音的单词：

kennel（/ˈkenl/）狗舍，wrestle（/ˈresl/）摔跤，vessel（/ˈvesl/）船舶

2. 与 School /skuːl/ 相同元音发音的单词：

cool（/kuːl/）凉爽的，stool（/stuːl/）凳子，fool（/fuːl/）笨蛋

对比 oo 发短元音 /ʊ/：book（/bʊk/）书，look（/lʊk/）看，shook（/ʃʊk/）摇动，crook（/krʊk/）骗子

3. Bag /bæg/ 相同元音发音的单词：

flag（/flæg/）旗帜，rag（/ræg/）破布，tag（/tæg/）标签，cat（/kæt/）猫，bat（/bæt/）蝙蝠，hat（/hæt/）帽子，rat（/ræt/）老鼠

5. Sharpener /'ʃɑːrpnər/ 相同元音发音的单词：

partner （/'pɑːrtnər/）合伙人，gardener （/'gɑːrdnər/）园丁

采用自然拼读法教学小学生学习这些单词能够提升语感，也有利于记住单词拼写规律。

【谜语记单词】

1. I'm where your pencils and pens hide, In me,your pencils and pens can lie. Zip me up,keep your things in place, You put me in your schoolbag after class. What am I?	To make them sharp,you'll use me carefully. What am I? Answer: Sharpener 4. I'm often on your shoulder,or your back,
Answer: Pencil-case 2. I'm full of stories,I'm full of facts and ideas, You'll find adventure in the lines. You read me from page to page, A world of wonder is what you'll see. What am I? Answer: Book 3. I'm not a book,I'm a tiny tool like a toy, But when you study,I'll be your friend. With my help,your pencils will be fine,	With straps and pockets,I'm quite a pack. You'll put your lunch,your books,and pencil-case inside. I'm your close friend everyday. What am I? Answer: Schoolbag 5. In the morning,after breakfast, You'll come to me,day by day. To learn and grow,to laugh and play, In the classroom and on the playground You learn knowledge and do exercise. What am I? Answer: School

【儿歌记单词】

1. The Magic Pencil	2. The School Supplies Song
In a land of colors,far away,	In our classroom,neat and clean,
Lived a magic pencil,they say.	Many things are often seen.
With every stroke,a story it would tell,	Pencil–case,with zippers tight,
Of knights and dragons,and wishing wells.	Holds our pencils,day and night.
In the hands of a child,it danced with glee,	Books stacked high,upon the shelf,
Sketching dreams,wild and free.	Stories waiting,to tell themselves.
It drew the sun,it drew the moon,	Sharpener whirring,with every twist,
In the sky,on a quiet afternoon.	Making pencils,ready to assist.
With a flick of its tip,it made things right,	Bags on hooks,in rows so neat,
Erasing fears,banishing fright.	Carrying books and snacks to eat.
It brought laughter,it brought cheer,	In our school,we learn and play,
With each drawing,magic drew near.	With our supplies,every day.
So if you ever find,a pencil bright,	So Let's sing a song,loud and clear,
Hold it close,with all your might.	For our supplies,always near.
For within its lead,a world unfurls,	They help us learn,they help us grow,
Full of wonders,for boys and girls.	In our classroom,they're our friends,you know.

【知识拓展：文具的发明】

1. The Story of Book

A long time ago,people wrote on things like clay tablets and animal skins. But around 2,000 years ago,the Romans made something new called a "codex." It was like a book with pages made from special animal skins. This made it easier to read and carry around. Over time,people improved the book by making pages from paper and binding them together. That's how we got the books we have today!

Codex 手抄本最初使用的材料是羊皮纸或牛皮纸，这些动物皮革被制成薄片，并用作书籍的页面。文字和图像可以通过手工绘制或印刷在纸上。随着时间的推移，人们还开始使用其他材料，如麻纸和棉纸，但动物皮革仍然是最常见的选择之一，特别是在早期的手抄本制作中。

2. The Story of the Sharpener

A long time ago,people used pencils to write,but they had to sharpen them with knives! Then in the early 1800s,a smart person named Bernard Lassimone made the first pencil sharpener. It was a simple machine that you turned with your hand to sharpen pencils. Since then,people have made many kinds of sharpeners to help us keep our pencils sharp and ready for writing!

第 5 课时

课时内容	Story time Who's there?
核心词汇	who,there,guess,play,great
核心句式	Who's there?Guess!Are you...?Yes/No.I'm.../My name is...Let's play.
教学目标	1. 小学生在游戏的情境中掌握以上核心词汇和句式，并且能够在日常生活中运用。 2. 能用自然拼读法掌握单词发音，初步感知字母组合规律，增强语感。 3. 培养童趣，小学生一起玩耍，增进了解和友谊，健康成长
教学过程	1.Warm-up Activity 根据歌曲 Hello！结合同学的姓名，创编新歌曲。 Hello,Sarah! Do,oh,do. Hello,John! Do,oh,do. Hello,Mike! Do,oh,do. Hello! Hello! Hello! Hello，...！Do,oh,do. Hello，...！Do,oh,do. Hello，...！Do,oh,do. Hello! Hello! Hello! 2. What will happen next? Tip: Hello!（发出声音） Zoom: Hi,Who's there? Tip: Guess. Zoom: Are you _____ ? Tip: Yes. / No,I'm /My name's _____. Zoom: Nice to meet you. Tip: Nice to meet you,too. Zoom: Let's _____！OK? Tip: _____！

教学过程	3.Sequence Put the pictures in the right order according to the text. 4.Extension Activities: Hide and seek Play the game in groups.Close your eyes and guess according to the voice. Use the sentences: Who's there?Guess!Are you...?Yes/No.I'm.../My name is...Let's play.Great! They change the roles in turn. 5.Homework （1）Required 回顾自己在本单元学习中的收获和不足，标出自己在单词读音方面存在的问题，哪些音发不准，哪些最小配对掌握不牢固，自己取得了哪些进步，最后尽可能多地写下自己在本单元记住的单词、自然拼读规则以及句子和对话，还有谜语和小故事等。 （2）Selected 写一篇小短文，描述一下自己的书名里的物品、用途以及自己对这些物品的感情

【自然拼读法】

1. Who[huː] 例子：do,to,two

2. There[ðɛər] 例子：bear,care,wear

3. Guess[gɛs] 例子：mess,dress,less

4. Play[pleɪ] 例子：say,day,way

5. Great[greɪt] 例子：break，steak 牛排

对比 Beat:[biːt] 例子：seat,neat,heat

Dream[driːm] 例子：cream,team,stream,steam

Teach[tiːtʃ] 例子：reach,peach,beach

希望这些例子能够帮助学生更轻松地理解这些单词的发音。

【作业与产出】

1. 选择 PEP 或外研版小学英语教材中某一单元，运用书中提到的任何一种上设计模式进行系统教学设计，将活动和练习融入其中，重视循证教学和深度学习教学设计要求。

2. 结合小学生的假期生活，创编一篇"Monkey's trip to Tibet"的儿童绘本故事，描述 Monkey 一路所见到的风景、人物、动物以及自己的旅途感受等，渗透探险和童话精神，推敲选用恰当词汇和句式表达。最后小组讨论，合作制作成微视频。

参考文本：Bear on a bike,as happy as can be. Where are you going,bear? Please wait for me!I'm going to the market,where fruit and flowers are sold,where people buy fresh oranges,red apples and boxes of strawberry.Bear on a raft,as happy as can be.Where are you going,bear?Please wait for me! I'm going to the forest... .

3. 结合 PEP 小学英语教材中某一单元的故事教学进行循证教学设计，突出学习资源、学习环境、学习条件等因素的合理开发和有效应用。

CHAPTER 4

第四章 小学英语实用教学技能

内容提要

　　小学英语实用教学技能，包括导入、讲解、提问以及板书设计等内容。小学英语教学导入环节注重兴趣与动机的激发、背景知识的铺垫以及新旧知识之间的搭桥作用；讲解环节重视新旧知识之间的实质性联系和有意义学习、建构学习，重视讲解的区分度、清晰度以及举例的生动性、典型性和适切性。小学英语讲解过程还要根据内容设计适当的活动，让学生有更多机会参与其中，边学边练，学、做、演、唱、说相结合，同时将有效提问和形成性评价融入其中，通过问题和评价不断推动教学的深入和学生的发展。另外，还要配合新媒体教学合理进行板书设计，为学生的学习提供知识和思维支架。

第一节 小学英语教学导入技能

一、教学导入的功能

小学英语教学导入具有多种功能，这些功能有助于创造积极的学习氛围，并为学生理解和掌握新知识做好准备。以下是小学英语教学导入的功能。

（一）引起学生注意

导入阶段旨在吸引学生的注意力，使他们专注于课堂内容。通过生动有趣的活动或教具，如游戏、歌曲、图片等，引起学生的兴趣和好奇心，增加他们对学习的投入和参与度。

（二）激起学生学习动机

导入活动能够激发学生的学习兴趣和动机。通过提出问题、展示有趣的场景或挑战，教师能够激发学生的好奇心和求知欲，使他们渴望了解更多关于课程内容的信息。

（三）知识建构

导入阶段有助于建立课程的结构。教师可以通过导入活动引导学生逐步进入课程主题，并为他们提供一个明确的学习框架，以便更好地理解和吸收新知识。

（四）建立联系

导入活动可以帮助学生将新知识与他们已有的知识和经验联系起来。通过提出与之前学过的内容相关的问题或展示相关的图片或情景，教师能够帮助学生将新知识融入他们已有的知识体系中，促进知识的迁移和应用。

总之，小学英语教学导入的功能包括引起学生的注意、激起学生的学习动机、建构课程结构以及建立新知识与旧知识之间的联系。通过有效的导入活动，教师可以为学生创造一个积极的学习环境，帮助他们更好地理解和掌握课程内容。

二、小学英语教学导入的方法

（一）复习式导入法

利用之前学过的知识和经验来引导学生进入新的学习内容。通过提问、展示相关物品或情境等方式，让学生回忆和复习已学内容，然后顺利过渡到新的学习内容。

在讲五年级上册第三单元 What would you like? 的 Story time 部分时，教师可以利用复习式导入法，结合实物演示的方式，来引导学生进入新的学习内容。

首先，教师可以提问学生："What's your favorite food?"（你最喜欢的食物是什么？）学生可以轮流回答，并分享他们喜欢的食物种类。

接着，教师可以进一步提问："Can you cook by yourself?"（你会自己做饭吗？）一些学生可能会回答 Yes, 而另一些可能会回答 No。这样的问题有助于引发学生对于做饭和食物的兴趣，并引入新的学习内容。

然后，教师可以展示自己准备好的食材和厨具，如西红柿、鸡蛋、食用油、调料等，并用英语简单介绍这些物品的名称。

接下来，教师可以请两位学生（例如名为 Zoom 和 Zip 的学生）到前面来进行实物演示，展示如何制作美味的菜肴。Zoom 和 Zip 可以展示切西红柿、打鸡蛋、加调料、翻炒等过程，同时用英语描述他们所做的每一个步骤。

在演示完成后，教师可以邀请学生品尝制作好的菜肴，并询问他们的感受。学生可以用英语回答教师提出的问题，如 It's delicious.（很好吃）等。

最后，教师可以将本节课的关键词汇写在黑板上，并教导学生正确的发音。随后，教师可以引导学生翻到课本上相应的页面，开始讲解新的课文内容。

通过这样的导入方式，教师不仅可以复习之前学过的知识，还能引发学生对新的学习内容的兴趣，并将学习与生活实践相结合，增强学生的学习体验和记忆效果。

（二）歌曲导入法

利用英语歌曲和音乐引起学生的兴趣和注意力，通过歌词中的单词和句型来导入新的学习内容，同时增强学生的听力和语感。

在教学过程中，利用少儿英语歌曲是调动学生的学习积极性、渲染课堂气氛非常有效的方法，能帮助学生更轻松地学习英语。以下是一个具体的例子：

在鲁科版小学五年级上册第三单元 Lesson One　When is your birthday 中，学生学习如何询问生日的句型。为了引导学生进入这一主题，教师可以选择使用月份歌曲来导入。

首先，教师可以带领学生一起唱月份的英文歌曲，通过歌曲让学生熟悉并记忆月份的英文表达。这样可以巩固之前学过的内容，同时为后续的学习做好铺垫。

接着，教师可以引导学生讨论生日时可能会进行的活动，如吃生日蛋糕、举办生日聚会、点生日蜡烛等。通过讨论，学生可以激发出更多相关的词汇和句型。

随后，教师可以播放相关的视频素材，展示生日聚会的场景，让学生在观看视频的同时感受生日的气氛，并听到相关的句型表达。

在播放视频的过程中，教师可以拿出准备好的蜡烛等道具，引导学生学习相关的单词，并让学生跟读。通过实物的展示和学生的参与，可以更好地吸引学生的注意力，并帮助他们记忆新的词汇。

最后，教师可以利用道具进行一些互动游戏，如教师出示蜡烛并问学生数量，学生回答相应的数字，并介绍蜡烛代表的年龄。这样可以巩固数字和年龄的表达，同时引入下一步的学习内容。

通过以上导入方式，教师可以利用少儿英语歌曲和相关的教学资源，引导学生进入学习状态，并为后续的课堂教学做好准备。互动游戏和实物展示，可以增加学生的参与度和学习兴趣，帮助他们更好地掌握新的知识和技能。

这些歌曲与人教版小学英语教材内容相符，可以帮助学生更好地学习和记忆英语知识，并且通过音乐的形式增加学习的趣味性。

（三）图片和故事导入法

通过展示有趣的图片或讲述生动的故事，激发学生的想象力和好奇心，引导他们进入新的学习主题，并提前了解相关的词汇和语言结构。

例如，在讲"At the zoo"时，教师可以出示图片 Run,Rabbit（图 4-1），指着图片问：Who is this? 学生回答：Rabbit. 教师问：Why is the rabbit running? 学生回答：There is a dog behind. 接着教师出示更多动物的图片，并让学生回答动物的英文名字（图 4-2），自然引出今天要学的内容：At the zoo。

图 4-1　Run，Rabbit

图 4-2　动物图片

（四）视频和多媒体导入法

利用视频和多媒体资源，如动画片、短片等，呈现真实情景和生活场景，让学生通过视听方式感知英语语言环境，激发学习兴趣。EP 五上 Unit 6　In a nature park 的新词导入、热身歌曲导入、背景知识导入可以让学生扫教室提供的视频二维码观看。

（五）实物和模型导入法

通过展示真实的物品或使用模型来呈现学习内容，让学生通过观察和操作来理解和掌握新的知识，增强学习的直观性和实践性。例如，教师用一个大书包装着不同的学习用品，请一位同学到前面来摸一摸，然后让大家猜一猜这位同学摸到的是什么学习用品。例如，学生先猜出"pencil-box"，结果这位同学出示的却是"a pen"！教师利用"信息差"激发了这位同学的好奇心和学习兴趣，增强了对单词的复习巩固效果。

（6）问题导入法

这是一种引导学生思考的有效方式，能够激发学生的好奇心和探索欲望，有助于他们更深入地理解新知识。以下是针对小学英语五年级下册 Module 7　Unit 1 和 Unit 2 的问题导入示例：Unit 1　My father goes to work at eight o'clock every morning.

教师可以提出一系列问题，如："When do you usually get up/have breakfast/go to school/have lunch/go back home/do homework/go to bed?"这些问题旨在引导学生思考每天的日常活动和时间安排，从而引入学习时间表达方式的主题。

另外，教师还可以问学生："What does your mother/father/uncle/aunt do?"这样的问题可以引导学生讲述自己家人从事的职业，并将职业与时间的概念联系起来，为后续的学习做好铺垫。例如，Unit 2　I'll be home at seven o'clock，教师可以设计一个情境，例如："Daming is late for school today. Why is he late? Can you guess?"这样的问题会激发学生的猜测和推理能力，让他们根据自己的经验和想象来分析可能的原因。

学生可以根据自己的猜测来回答问题，比如，"Maybe he got up too late. Maybe the bus was late. Maybe his mother was ill. Maybe he helped the old man on the way…"这些答案可以展示学生的创造力和思维逻辑，并为后续的课堂教学做好准备。

通过问题导入的方式，教师可以引导学生在一个轻松愉快的氛围中思考和探索，从而更好地理解和掌握新知识。同时，教师还可以根据学生的回答继续设计问题链，进一步引导学生对课堂内容进行深入思考和讨论，促进他们的学习和成长。

（七）游戏导入法

利用游戏导入可以使得全体学生参与到教学过程中，解决个别学生注意力不集中、参与性不足等问题。也有利于学生学习真实的英语，提高语言应用能力。

例如小学英语人教版三年级下册 Unit 3 At the zoo 。教师可以先描述一种动物的典型特征，然后让小学生猜一猜是哪一种动物。如，It has a long tail. It can climb the tree. It like bananas. What animal is it ? 学生很容易就猜到是猴子。有的同学可以说出 monkey 一词，有的同学只能说出汉语，二者都可以，老师只是利用这个猜谜语的环节导入新课。教师可以再让同学猜一个：It is tall. It has long neck.It's colorful. What animal is it? 学生想了想回答说"长颈鹿"。教师说：Yes. It is a giraffe,giraffe. 然后让同学打开书本，整体感知一下本单元的内容；接着播放 PPT 和视频，带领同学一起走进动物园去认识一下各种可爱的小动物。

三、小学英语教学导入环节存在的问题

（一）过度依赖歌曲和游戏

虽然歌曲和游戏是吸引学生注意力的好方式，但过度依赖它们可能导致导入环节变得单调和缺乏针对性。教师应该确保导入方式多样化，结合实际情况选取合适的方式。

（二）导入与教学内容脱节

有时候，导入环节与教学内容没有直接关联，导致学生无法理解导入的意义。教师应该确保导入环节能够引导学生进入新的学习内容,并与后续教学紧密衔接。

（三）导入时间过长

过长的导入时间可能会导致学生失去兴趣，影响后续教学内容的学习。教师应该控制好导入环节的时间，保持简洁明了，以确保学生能够集中注意力。

（四）忽视学生的实际水平

有时教师在设计导入任务时忽视了学生的实际水平，导致导入任务难度过大或过低，影响了学生的学习效果。教师应该根据学生的实际情况灵活调整导入任务的难度和内容。根据"先行组织者"理论，导入的内容可以是具有一定的概括性和包容性材料，但容易理解并且没有太多生词和复杂句子，学生据此可以更好地理解和同化新知识。

四、小学英语教学导入优化策略

（一）导入与目标和内容紧密结合

教师应该将导入环节与教学目标和教学内容紧密结合起来，确保导入环节能够有效地引导学生进入学习状态，并为后续教学做好铺垫。在设计导入任务时，要明确任务的目标，确保导入环节能够有针对性地激发学生的学习兴趣，并帮助他们理解新的知识内容。

（二）控制导入时间

教师在设计导入环节时应注意控制时间，避免导入时间过长而影响到课堂教学的进度。导入环节应该简洁明了，不宜超过课堂教学时间的1/4。通过控制导入时间，可以确保学生在短时间内集中注意力，同时保证课堂教学的高效进行。

（三）多样化导入方式

教师在设计导入环节时应该尽量多样化，避免陷入模式化和单调化的教学方式。可以灵活运用歌曲、游戏、猜谜语等多种形式，根据教学内容和学生特点选择适合的导入方式，以激发学生的学习兴趣和提高学习效果。

（四）简化导入内容

教师在设计导入任务时，应根据学生的实际情况适度调整导入内容的复杂度和难度。导入任务不宜过于复杂，以免给学生带来挫折感；也不宜过于简单，要确保能够引起学生的学习兴趣和好奇心。要根据学生的水平和学科特点，设计恰到好处的导入内容，使学生能够轻松地进入学习状态。

通过以上改进措施，可以更好地引导学生进入学习状态，提高他们的学习积极性和学习准备，收到更好的教学效果。下面是小学英语导入环节的举例。

人教版小学《英语》五年级上册第三单元 What would you like? 的导入设计。

1. 准备一些有代表性的食物和饮料的图片或实物，例如水果、蔬菜、饼干、果汁等，并将它们放在桌子上或展示架上。

2. 将学生分成小组，每组给一张图片或一个实物。

3. 让每组的学生描述他们手中的食物或饮料，使用英语描述其颜色、形状、味道等特征。其他小组的学生可以猜测这些食物或饮料是什么。

4. 引导学生思考，如果他们在餐厅或者在朋友家，会被问到 What would you like? 他们会如何回答。你可以提醒他们关于饮食时常用的英语表达，比如 I would like...，I want... 等。

小学英语教学讲解与提问技能

一、小学英语讲解的基本要求

（一）清晰度

讲解内容必须科学、条理清晰、逻辑合理，发音准确，单词和语法正确，重点突出，难点有解决策略。教师应该有效使用教学资源，确保学生能够理解并掌握所学知识。例如，在讲解英语语音知识时，教师要让学生认真听，能够辨别出不同的元音、辅音、重音、连读以及长元音、短元音的细微区别，不仅要准确示范，还要对照讲解。例如，中国学生在读英语句子时没有起伏，语调比较平，而英语语音重读比较明显，有突出的音节和节奏感。如果教师能够讲解清晰并且示范正确的发音方式，小学生从小就能打下良好的语音基础，而不至于总是担心发音不准确而不敢开口。

（二）形象性

教师可以运用身体语言、图片、视频等形象化手段，增强教学的形象性和生动性，让学生更容易理解和记忆所学内容。例如，在讲名词复数的特殊形式时，教师可以让学生认真观察都有哪些以字母 o 结尾的名词变复数时末尾加 es, 哪些加 s, 然后编成"顺口溜"方便学生记忆和应用：tomato,potato,hero,negro,volcano 后加 es； radio、piano,photo 等词变复数后加 s。教师总结说：以 o 结尾的单词如果表示有生命的事物，变成复数时则在末尾加 es, 而无生命的名词变复数后则在末尾加 s。

（三）关联性

英语发音、词汇和语法知识之间以及不同内容之间都具有明显的关联性。教师应该帮助学生理解知识之间的关联，并进行适当的归纳概括，促进学生思维的发展。

（四）适当归纳与迁移

教师要在讲解过程中适当归纳，帮助学生掌握知识的规律，鼓励学生将所学知识应用到实际生活中，促进知识的迁移和运用。例如，在讲 Unit 4　At the farm Part C Story time 时，教师可以边讲边让学生归纳（图 4-3）和迁移应用（图 4-4）：

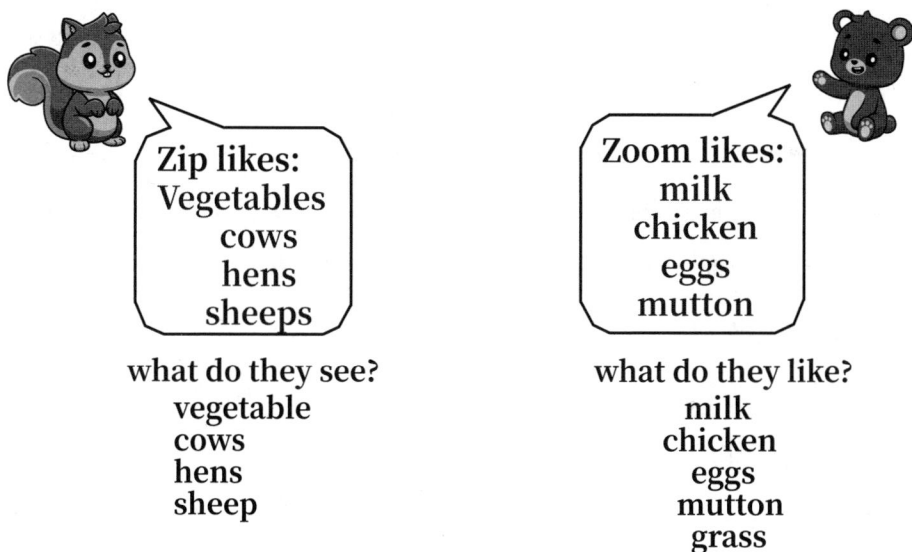

图 4-3　"At the zoo" 的归纳总结环节

图 4-4　"At the zoo" 的迁移应用环节

（五）语境化

语境化包括几层含义，一是在上下文中理解单词和句子的意义。例如，I'm thirsty. I need some water. 这里的 water 是名词"水"；而 The flowers are withering. I need to water them. 这里的 water 是动词"浇水"。再比如，Fang fang is absent minded,and she is watching out of the window.这里的 watch out 是"往外看"；Watch out! Watch out! The tiger is escaping from the zoo and running to the crows! 这里的 watch out 是"当心啊！"教师在讲解生词时一定要让学生根据上下文去理解其含义。二是教师在讲解时通过生动的语言或者创设情境，唤起学生头脑中的表象和经验，将抽象的知识与具体的情境结合起来，加深理解和情感体验。教师可以结合学生的生活经验创设真实的情境,让学生在情境中学习和运用英语知识，增强学习效果。三是教师创设情境，让学生参与其中，形成互动和建构式情境教学模式，在互动中推动问题的解决，加深对知识的理解和体验。

（六）建构性

教师讲解的过程也是与学生协商共进和知识建构生成的过程。教学过程不是预设的、线性的固定模式，而是动态调整和创新生成的过程。教师不仅要善于创设情境，提出问题，而且要善于开展适切性活动，使之相辅相成。另外，要通过练习和适当的竞争机制，提高学习的动机和成就体验。

传统的讲解模式是简单的、线性的、模式化的，而建构性的教学主张教师在讲解过程中要在和学生互动的过程中不断将学习推向深入，讲解的内容和方法都具有"权变性"和"非线性"，是师生之间、生生之间、师生与环境之间自主适应的过程，特别是在新媒体支持下的教学过程更需要考虑多变的场景和动态建构性。教师要善于创设情境和捕捉时机将学生的学习推向深入。

二、小学英语课堂讲解的基本方法

小学英语课堂讲解的基本方法有释义法、辅助说明、体态语辅助讲解、利用直观教学、语言直观、实物直观、多媒体直观、简笔画直观、思维导图直观、猜谜语、歌谣说唱等方法。这里结合中国小学英语教学语境重点分析一下释义法、归纳—演绎法。

（一）释义法

1. 语言释义：直接用简单的英语解释生词的含义，以确保学生理解。这包括简单的定义和同义词对比等方法。

释义法包括语言解释和直观释义两种。语言释义就是直接用简单的英语解释生词的含义。这在小学高年级阶段可以使用，教师需要了解小学生的词汇基础，确保输入的可理解性。这一方法不仅能准确地揭示词义及其差异，而且能扩大学生的词汇量和培养用英语思维的习惯和能力。例如： breakfast ： the first meal of a day.afternoon: between 12:00 and 6:00 in the daytime.exam: an important school test.

2. 直观释义：使用实物、视频、图画、卡片、动作、表情、简笔画、情景等辅助手段解释词汇，帮助学生更好地理解和记忆知识。

3 体态语辅助讲解: 通过教师的体态语言来辅助讲解，例如手势、面部表情等，可以使学生更容易理解和记忆。

4. 简笔画直观：通过简单的图画或漫画来说明词汇或概念，使学生更容易理解和记忆。

5. 思维导图直观：利用思维导图等可视化工具，将知识结构呈现出来，帮助学生更好地理解知识之间的关系。

6. 猜谜语：通过猜谜语等游戏形式，培养学生的思维能力和语言应用能力，激发他们的学习兴趣。

（二）归纳—演绎法

归纳法，是从个别到一般的教学方法。教师先提供丰富的事例让学生分析，学生自己从中发现规则，然后迁移到其他问题的解决中。演绎法，即教师先呈现规则，然后举例分析，学生练习巩固和应用。

三、小学英语课堂提问技能

（一）小学英语课堂提问的类型

在小学英语课堂中，提问是促进学生思维发展和语言能力提高的重要手段。以下是几种常见的提问类型。

1. Yes/No 问题：教师用一般疑问句提问，学生的回答是"Yes"或"No"。例如，"Is this the teacher's office?"这种问题主要用于吸引学生的注意力，但不能培养学生的发散思维能力。

2. 选择性问题：教师提出选择疑问句，学生只需在几个选项中选择一个进行回答。例如，"Do you like playing football or basketball?"这种问题也主要用于吸引学生的注意力。

3. wh 问题

以疑问代词开头的句子进行提问，主要的疑问代词有when（时间）、where（地点）、what（什么）、who（谁）、which（哪一个）、whose（谁的）。例如，What kind of books do you like best? 使用wh型提问方式可以锻炼学生的思维能力，促进学生思维水平的发展。

4. how/why 问题

这类问题学生可以自由作答，这种提问方式体现教学的开放性与包容性。How is the weather? How many? Why do you like winter? 根据回答问题者的自由度可以分为：封闭性问题与开放性问题。封闭性问题需要学生提供明确的相对唯一的答案。对封闭式问题，一般回答很少，比如，Have you had lunch? 你吃午餐了吗？再如，学生生日 When is your birthday? 此时就属于封闭性问题，回答具有唯一的答案。开放性问题要求学生能够根据教学材料发挥个人的想象，然后作出比较有创意的答案。通常这些问题没有固定的或唯一的答案，需要回答者具有较强的抽象思维能力、分析问题和解决问题的能力。例如 What will you do if it begins to rain during the camping? What will happen if the bus is late? 等，都属于开放性问题。

开放式问题是没有明确指向性的问题，学生可以在较广的范围内思考。封闭式问题是有指向性的问题，学生只能按照既定的方向思考。

根据回答问题所需要付出的认知努力程度可以分为低认知水平问题和高认知水平问题。低认知水平问题指教师已知答案的提问，多半是学生在课本中能找到现成答案的提问，所需的思维水平也比较低，学生只需要展示答案即可。其优点是可以让学生展示他们的语言知识，缺点是不利于学生进行交际性的语言实践和思维能力的培养。高认知水平提问指教师尚不知答案，学生要经过独立思考才能知道答案的提问。其优点是同学们可以各抒己见，自由发挥，一般能引发比较真实的语言交际。

（二）布卢姆教育目标分类与问题设计类型

在小学英语课堂教学中，教师可以根据布卢姆（Bloom）教育目标分类，设计不同类型的问题，以促进学生的认知水平和思维发展。

1. 事实型问题：这类问题要求学生了解课文或教材中的具体信息或事实。例如："How many apples are there on the table?" "What color is his shoes?" 这些问题属于信息类问题，有利于帮助学生记忆和理解课文内容。

2. 理解型问题：这类问题要求学生理解课文或教材中的意义、主旨或基本思想。例如："Where does he usually go at the weekend?" "What does the author mean by...?" 这些问题有助于学生理解课文的含义和背景。

3. 应用型问题：这类问题要求学生将所学知识应用到新的情境或问题中。例如：If you have three apples and give one to your friend,how many apples do you have ? How to make a good plan for the summer camp? 这种问题能够帮助学生将所学知识灵活运用到实际生活中。

4. 分析型问题：这类问题要求学生分析、解释或比较课文中的内容或观点。例如："Why do you think the character behaved that way?" "What are the similarities and differences between...?" 这些问题有助于学生深入理解课文并进行

思考分析。

5. 综合型问题：这类问题要求学生整合多种信息或观点，形成新的结论或理解。例如："How would you solve the problem differently?" "Can you think of a new ending for the story?" 这些问题促使学生进行创造性思维和综合性思考。

6. 评价型问题：这类问题要求学生评价、批判或评估课文中的内容或观点。例如："Do you agree with the character's decision? Why or why not?" "What do you think is the most important idea in the passage?" 这些问题有助于学生形成批判性思维和判断能力。

在教学过程中，教师可以根据不同的教学目标和教学阶段，灵活运用各种类型的问题，既包括低认知水平的问题，也包括高认知水平的问题，以促进学生的思维发展和语言能力提高。前面提到的 Yes/No 问题以及 What,when,where,how many 开头的问题多属于低水平认知问题，如 How many apples are there on the table? Where does he usually go at the weekend? What color is his shoes? 等都属于信息类问题，对理解课文能够起到支撑和框架作用，一般能够直接从课文中找到答案，属于记忆类问题。而 Why 和 If....what will happen 此类问题容易激发学生思考，属于高认知类问题。教师在教学过程中，可以根据不同的教学阶段兼顾不同类型的问题，尽可能多使用高认知水平的问题以促进学生思维的发展，为自主阅读打下思维基础。

（三）小学英语课堂提问案例

小学英语课堂教学中教师提问有一些好的案例，但也存在许多不恰当的提问，诸如随意性问题太多，而高质量的问题，能反映本质内容和关键点的问题设计不多；低级认知问题多，而高级认知问题少。

在引领学生学习名词性物主代词时，教师可以结合教材，通过如下提问导入新课——T: What's this? S: It's a book.T: Is it your book? S: Yes,it is. 等学生回答之后，转而问旁边的学生。T: Is it yours? S: Yes,it is. 然后再拿着这本书问另一个学生 T: Is it yours? S: No,it is not my book. 此时教师转述该学生的回答为：No,it's not mine. 从而引出名词性物主代词 mine,yours 等单词的学习。

提高设问质量，优选问点。问题点应选在知识的重点和关键之处，如新旧知识的衔接处、转化处以及容易产生矛盾或疑难之处。这样通过提问复习旧知识导入新课，既符合小学生的年龄和心理特征，也符合"由浅入深、由易到难、由已知到未知、循序渐进"的教学原则。同时，启发了学生思维，使学生积极开动脑筋，主动探索问题的答案，把新旧知识很自然地联系在一起，有助于排除学生理解新语言知识时的障碍，为新语言知识的教学创造了条件。

语篇教学中的问题设计：

My name is Jim. My favorite day is October l8th,because it's my birthday. I am very happy on that day. I eat eggs for breakfast. Then my friends come to my home and play with me. We sing and dance. Someone plays the piano and someone plays the guitar. Lunch is very nice. After lunch,my parents take me to see a movie. My favorite movies are comedies and action movies. After dinner,my parents,my sister and I watch TV. Then I go to bed at ten thirty. I don't do my homework on that day. I am very tired but happy on my birthday.

1. When is Jim's birthday?

2. What does Jim do in the morning of his birthday?

3. What kind of movies does Jim like?

4. How does Jim feel on his birthday?

5. Why doesn't Jim do his homework on his birthday?

这样通过问题将故事中的信息和意义重新串联起来，通过提问使得学生头脑中保持了"警戒点"，有利于深度学习。学生基本能够理解和掌握语篇的内容后，教师再让学生复核内容，或者进行改写。将 Jim 变成第一人称的"我"，然后写一篇介绍自己生日的短文，也可以插入图片制成幻灯片分享。

小学英语语篇教学可以通过设置问题链来深化理解，推动教学顺利展开。问题链的设置可以是特殊疑问句（Wh questions），也可以是正误判断题（True or false questions），或者是材料填空题（Gap filling questions）。教师要充分利用"信息差"制造悬念，激发学生思考。另外，可以通过追问让学生进行深度阅读和思维，或者根据已有图片等辅助信息进行推论。

教授完核心词汇"cake"，出示蛋糕图片，进行快速问答。

T: How is the cake?　S1：The cake is nice.

T: How is the cake?　S2：The cake is sweet.

T: How is the cake?　S3：The cake is yummy.

T: Yes. The cake is nice,sweet and yummy. Now let's chant together：Cake,cake. Nice,nice. Cake,cake. Sweet,sweet. Cake,cake. Yummy,yummy. 在这个教学片段中，教师用快速问答的方式对学生进行提问，让学生在短时间内，快速应答，学生会进行头脑风暴，对蛋糕从视觉、味觉上对蛋糕进行描述。这不仅训练了学生思维的敏捷性，也能提高课堂的效率。

教授完核心词汇"pie"，出示苹果派的图片，进行组词游戏。

T: Look,I have an apple pie. What kind of pie do you have? You can say like this: Pie,pie,pie,apple pie. S1：Pie,pie,pie,orange pie. S2：Pie,pie,pie,banana pie. S3：Pie,pie,pie,peach pie. S4：Pie,pie,pie,pear pie.

组词游戏关于 pie 的问题设计

1. What kind of pie is shown in the picture?

2. What other kinds of pies can you think of?

3. How do we describe the pies in the game?

4. Can you say a complete sentence using the word "pie"?

这个环节可以帮助学生积极思考，唤起学生对所学语言的回忆，正确灵活运用所学的语言，能使学生的思维变得越来越宽广。学生也因为自己能够将之前所学的水果单词结合到新学的词汇中，发言的积极性大大提高，不仅提高了思维的灵活性，更活跃了英语课堂的氛围。

教师在设计 PEP 六年级上册 Unit 3　My weekend plan 时，可以在上课一开始就让学生带着问题看视频。伴随着欢快的音乐，教师播放了带有节假日图片活动的视频，并且提问 What's the video about? 观看完视频后，教师与学生展开了如下关于 Children's Day 的对话。

1. When is Children's Day?

2. What do you usually do on Children's Day?

3. How do you feel on Children's Day?

4. Why do you think Children's Day is important?

5. Can you think of another special day you celebrate?

在学生回答问题的过程中，教师将 Children's Day 及 when,what 板书于黑板之上，要求学生依据范例作出简短的汇报。

通过这些问题的设计，学生将能够更深入地理解课文内容，掌握新学词汇，培养语言应用能力，并且在交流中展示他们所学的知识。

四、小学英语板书设计

（一）板书设计的类型

小学英语教学板书一般表现为 3 种形式：板书、板演和板画。板书是教师在黑（白）板上运用文字、绘画、表格、线条等形式展示教学重点、难点、时间顺序、人物关系及情节变化等情况的教学技能。板演是指教师在黑板上推导公式，演算例题或书写方程式等。板画指教师在黑板上绘画各种图形、符号和表格等。

按格式分类，板书又可分为 4 种。

1. 表格式

表格式板书设计通常用于时间周期性的活动、个人偏好的调查等内容。例如，表 4-1 是有关一周学习和活动的列表；表 4-2 是有关个人爱好的调查；表 4-3 是有关个人最喜欢的季节的列表。其他诸如旅游时乘坐的交通工具的个人偏好，饮食的个人偏好，喜欢阅读的书籍、喜欢的电视剧等等都可以采用表格式板书设计。

表 4-1 一周学习与活动安排表

Week day	Subjects	Activities
Monday	Maths,Chinese,English,Music	Play basketball
Tuesday	Chinese,Maths,Science,Art	Dancing,Play piano
...		

4-2What's your hobby?

Tom	swimming	football	piano	...
Jenny	reading	basketball	dancing	
......				

表 4-3What's your favorite season?

Names	seasons	weather	scenery	activities	food
Tom	spring	warm,sunny	Flowers,birds	travelling,hiking,fly kites	strawberry
Jenny	summer	hot,rainy	tree shadows, heavy rain	swimming,fishing	water-melon, ice-cream
...					

2. 线索式

辅以一定意义的线条、箭头符号等组成某种文字图形的板书，叫作线索式板书。这种板书形象直观，指导性强，能引起学生的注意，便于回忆和记忆。例如，图 4-4、图 4-5 为线索式板书设计示例。

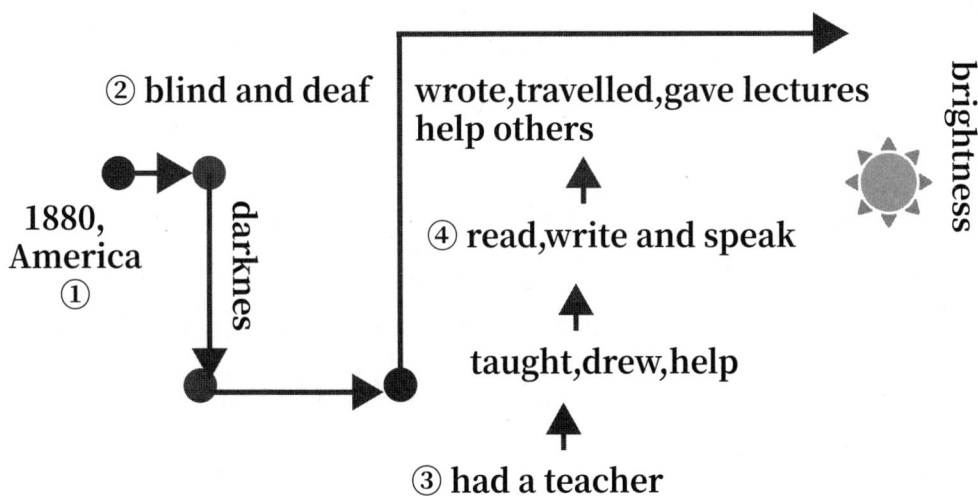

图 4-4 "She can't see or hear" 的线索式板书设计

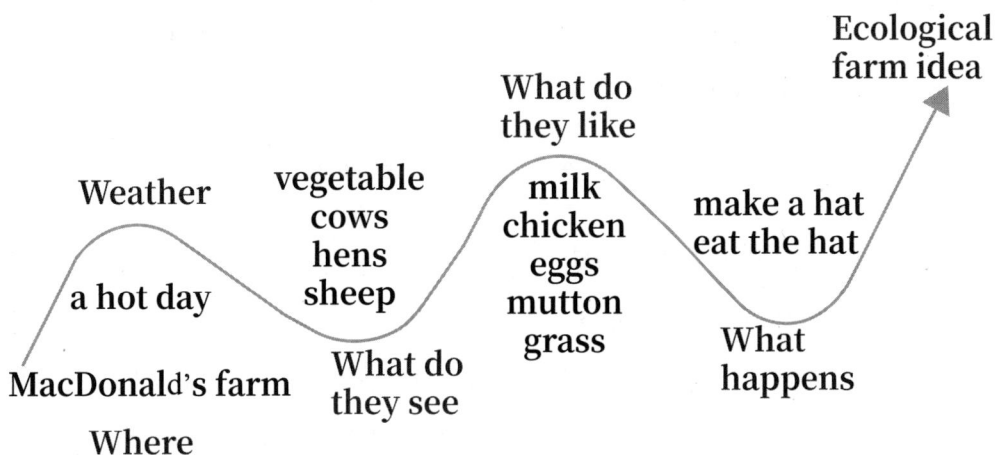

图 4-5 "At the zoo" 的线索式板书设计

3. 板画式

板画式板书是教师边讲边把教学内容所涉及的事物形态、结构等用简笔画的方式呈现，包括模式图，示意图图解和图画等，形象直观地呈现在学生面前。板画在辅助讲解事物或事情的发展变化过程方面，不但优于语言，有时也优于挂图。例如，在学习 In the nature park 单元时，教师可以根据文本顺序绘制一个参观自然公园的线路图，注意空间感的体现，先画一个十字表示东西南北方向，然后根据教学内容出现的顺序填充素材，如由远到近，远处的山—房子—湖—树林—动物园—小河等，然后填写标志性内容和相关活动。

4. 提纲式

提纲式板书是按照教学内容和讲解顺序提纲挈领地编排板书内容的形式。这种形式能突出教学重点，培养学生分析和概括能力，便于学生整体理解教学内容，获得简洁清晰的印象。例如，PEP四年级下册 Unit 3　Weather 的板书设计（图4-6）。

What's the weather like in ___ ？（How about the weather in___ ？）

It's {
sunny
cloudy
rainy
snowy
windy
}
in {
sydney
Singarpore
London
Moscow
Beijing
}

图 4-6　PEP 四年级下册 Unit 3　Weather 的板书设计

（三）板书的基本使用方法

目前多数教师上课都使用 PPT 呈现教学内容，但 PPT 有时呈现太快，学生记不住前面所讲内容，如果教师能够配合恰当的板书就能够弥补这些缺陷。板书要求语言准确有科学性，重点突出有计划性，层次分明有条理性，布局合理有艺术性。

通常的做法是把黑板板书分为两个大部分，即主体板书和辅助板书。主体板书需要事先设计好，在讲解的过程中根据教学顺序呈现在黑板上，一般不随意擦掉，能够体现课堂教学的基本线索和主要内容。辅助板书可相对灵活运用，是教师用来辅助说明教学要点的。也可以把黑板分为三部分来使用：在黑板居中写出醒目的标题等，标题下方的中间部分写教学重难点，为主体板书留用，尤其是重要的知识点，可以用线和不同颜色来突出显示；左边和右边为辅助板书使用部分。辅助板书部分可以较为灵活，并可以随时擦换，左边可以写课前导入，右边可写小组竞争评价或补充相关语言材料。

【作业与产出】

1. 就 PEP 小学英语四年级上册前三个单元 My classroom,My schoolbag,My friends 的内容进行整体设计并重新合理分配教学顺序、学时和内容。

2. 利用思维导图设计 PEP 小学英语四年级上册第四单元 My home 的讲解环节，注意时间、地点、角色、活动之间的关联性和语境创设。

3. 利用情境教学设计 PEP 小学英语四年级上册第五单元 Dinner is ready 的练习环节，注意词—句—情节之间的自然融入。

4. 利用角色扮演设计 PEP 小学英语四年级上册第六单元 Meet my family 的作业环节，可以利用钉钉会议模式进行排练和录制，作品可以分享到相关学习社区。熟悉词汇和关键句型，注意角色体验。

5. 参考以下问题及评价标准对 PEP 小学英语教材中的某一单元的 Story time 进行循证教学设计。

· What happened in the story?

· Why do you think it's interesting?

· What kind of information can you get from it?

· Do you have the same experience? Can you share with us?

· Where did it happen?

· What do you mean by...?

· What is the main point?

· Is that always the case?

· Why do you think so?

· But,if that happened,what else would happen as a result? Why?

· What effect would that have?

6. 评价标准

项目合作	写作	★ ★ ★
correctly	capital letters and punctuation	★ ★ ★
fluently	spelling and grammar	★ ★ ★
emotionally	meaningful and interesting	★ ★ ★
cooperatively	logic and clarity	★ ★ ★

CHAPTER 5

内容提要

　　语音、词汇和语法三者共同构成语言的基本要素。语音教学是小学英语学习的基础，根据小学英语新课程标准，小学生需要掌握 26 个字母的发音和拼写，了解单元音、双元音、字母组合、重读、连读、爆破等基本的语音知识，能够根据自然拼读法进行拼写，培养对英语语音的兴趣和对英语学习的兴趣。词汇是学习语言的核心，小学生的词汇量应该在 1000 个左右，单词的学习融入句子和语篇中，辅助儿歌、游戏、谜语等多种形式，同时引导小学生领悟一些简单的构词法，如前后缀、词性转换规则以及语块等。小学阶段的语法教学注重在对话和语篇中渗透和感知，而不是专门的规则介绍。本章分析小学英语语音、词汇、语法教学中存在的问题，介绍实用性方法与技巧，为启蒙教育奠定良好的兴趣和知识基础。

小学英语语音教学

　　小学英语教材每单元都有 Let's spell，Let's talk，Let's sing，Let's chant 等涉及语音学习的版块，语音知识的学习由浅入深，循序渐进。小学语音教学的目标应该是使学生能够掌握一定的发音规则，并且能够在具体语境中听懂单词和句子的意思，自己还能够比较准确和连贯地表达一定的意义和情感。

　　小学生刚刚接触英语有一种好奇心，但真正开始学习发音时又会遇到一些困难，如某些读音比较困难，同一字母有不同发音，还有字母组合的发音。小学英语启蒙阶段不主张单独讲授发音规则，而是要结合具体的词汇、句子教学，在一定的语境中学习发音，并且通过比较让小学生辨别不同字母或者字母组合的发音。另外还要结合具体语境让小学生感受到不同语调、连读、重读、爆破等规则的运用。

　　小学英语语音教学的目标首先是克服小学生的畏难情绪，增强自信心。其次是结合小学英语课程标准设计不同阶段的发音教学目标。再次是教师要利用适宜的教学方法进行语音教学，例如自然拼读法，真人示范法，录音跟读法等，增强小学生的语感，克服母语对英语发音的影响，密切结合词汇和听说读写教学，为小学生语音素养提升，提供良好的方法、奠定良好的心理基础。

一、小学英语语音教学的意义

　　英语语音学习是词汇和听说读写等技能学习的基础，小学生学习英语属于启蒙学习阶段，需要打好语音基础。

（一）语音是词汇学习的基础

　　好的发音是词汇学习的基础。通过正确的发音，小学生可以更轻松地拼读和拼写单词，从而促进对词汇规律的感知以及词汇量的积累。例如，当学生掌握了

cat,cake,take 等单词的发音规则时，会迁移到 fat,make,late 等单词的学习中；掌握了 sir,bird,shirt 的发音规则，就能够正确地念出 skirt,birthday,thirsty 等单词的发音，并且很容易记住拼写规则，扩大词汇量。

（二）促进听说能力的提升

正确的语音和语调能够提高听力的准确性和口语的流畅性。在英语学习中，语音不仅是学习词汇的基础，也是听力和口语的基础。通过正确的语音学习，小学生可以更容易地理解他人的讲话，并且自己的口语表达也会更加流畅清晰。

（三）促进交际能力的提高

良好的发音是交际的基础。通过准确的发音，小学生可以更清晰地表达自己的意思，增强交际的准确性和流畅性，提高自信心。例如，如果一个学生能够正确地发音并流利地向外国人进行问候和介绍自己和家乡的情况，那么他就能够更自信地进行跨文化交际，开阔视野，增进理解。

（四）促进阅读和写作能力的提升

良好的语音能力可以直接影响到阅读和写作能力的提升。在当前新媒体环境下，许多阅读文本都配有音像资源，小学生可以通过听力理解与阅读相结合，加深对内容的理解和印象，提高阅读和写作的能力。

二、小学英语语音教学内容与方法

（一）小学生语音教学的内容

小学生语音教学涵盖了音素、音节、重音、语调和节奏等各个方面。不同的发音可以组成不同的单词。单词中的重音位置可以表示不同的词性。在句子中，不同的重音和语调可以传达不同的意义、情感和态度。语音是由呼吸系统、声道、喉头、鼻腔和口腔等发音器官产生的。国际音标是语音学习的基础，但也要结合自然拼读法进行教学。

表 5-1 是英语中的一些常见元音，它们在不同的单词中以不同形式出现。

表 5-1　英语中的元音

1. /iː/, 如 "sheep" 中的 /iː/	14. /eə/, 如 "pair" 中的 /eə/
2. /ɪ/, 如 "sit" 中的 /ɪ/	15. /ʊə/, 如 "tour" 中的 /ʊə/
3. /e/, 如 "bed" 中的 /e/	16. /aɪ/, 如 "time" 中的 /aɪ/
4. /æ/, 如 "cat" 中的 /æ/	17. /ɔɪ/, 如 "boy" 中的 /ɔɪ/
5. /ɑː/, 如 "father" 中的 /ɑː/	18. /aʊ/, 如 "house" 中的 /aʊ/
6. /ɒ/, 如 "hot" 中的 /ɒ/	19. /əʊ/, 如 "go" 中的 /əʊ/
7. /ʌ/, 如 "cup" 中的 /ʌ/	20. /eɪ/, 如 "say" 中的 /eɪ/
8. /ʊ/, 如 "book" 中的 /ʊ/	21. /aɪə/, 如 "fire" 中的 /aɪə/
9. /uː/, 如 "blue" 中的 /uː/	22. /aʊə/, 如 "hour" 中的 /aʊə/
10. /ə/, 如 "banana" 中的 /ə/	23. /ɪə/, 如 "near" 中的 /ɪə/
11. /ɜː/, 如 "nurse" 中的 /ɜː/	
12. /ɔː/, 如 "law" 中的 /ɔː/	
13. /ɪə/, 如 "here" 中的 /ɪə/	

表 5-2 是一个简单的英语常见音素表，英语中的音素有更多的变体和调音。

表 5-2　英语常见音素表

辅音音素		元音音素	
/p/ pen	/z/ zoo	/iː/ see	/ə/ about
/b/ bat	/ʃ/ shop	/ɪ/ sit	/ɜː/ bird
/t/ top	/ʒ/ vision	/e/ bed	/ɪə/ here
/d/ dog	/h/ hat	/æ/ cat	/eə/ hair
/k/ cat	/m/ man	/ɑː/ car	/ʊə/ tour
/g/ go	/n/ nose	/ʌ/ cup	/aɪ/ sky
/f/ fish	/ŋ/ sing	/ɒ/ hot	/ɔɪ/ boy
/v/ van	/l/ lamp	/ɔː/ saw	/aʊ/house
/θ/ think	/r/ rat	/ʊ/ put	
/ð/ this	/w/ wet	/uː/ foot	
/s/ sun	/j/ yes		

（三）小学英语语音教学的方法

1. 教师示范：教师展示正确的发音和语音，为学生提供清晰完整的听觉感知。

2. 歌谣和童谣：学生通过歌谣、童谣或吟唱重复语音，以有趣的方式提高发音技巧。

3. 同伴模仿：学生模仿同伴或老师的发音，通过同伴学习促进正确的发音。

4. 简单解释：老师用简单的词语解释语音，确保学生理解每个音素是如何发音的。

5. 最小配对法：英语语音中除了字母组合，还有一些最小配对，例如，小学生掌握了这些最小配对的发音就能大大提高发音的准确力，增强语感。

以字母 t 开头的最小配对，例如，th /θ/（清辅音） as in thin,thick,think,tooth,mouth,or /ð/（浊辅音） as in this,that,these,those,they,then；

tr /tr/ as in train tree,trousers,tractor,treat,trunk；

ts /ts/ as in cats,wants,lets,its,eats,gets；

ture /tʃər/ as in nature,adventure,future,picture,culture,creature,structure,furniture,lecture；

tion /ʃən/ as in action,nation,education,station,motion,solution,attention,revolution,direction,caution.

两个辅音配对，其中一个不发音的，例如：

mb: lamb,tomb,comb；

wr: write,wrong,wrap,wrist,wreck,wrestle,wrinkle,wretch,write；

wh: why,where,what,when,while；

kn: knot,know,knowledge,knight；

tw: twin,twig,twice,twenty,twist,twirl.

6. 找出发音相同和不同的单词：老师读出一对单词，要求学生说出这些单词中发音相同或者不同的单词。例如，sit /seat；soap /soup；cap /cat；list /least；part /yard；ship /sheep；bed/ bad；hat/ had．老师读出一对单词，要求学生说出这些单词中哪些是发音不同的单词。

7.宾果游戏：老师给学生看下面表格中的一组单词，然后随机阅读表格中的单词，要求学生划掉他们听到的单词。当单词从一行或一列中划掉时，学生应该说"Bingo"。如下表所示。

bad	boot	pet	beat
part	bed	fat	paid
food	feet	boat	bird
bit	but	fit	put

三、母语对英语发音的影响

母语对中国小学生的英语发音产生了显著的影响。以下是几种主要影响。

（一）迁移现象

学生会将母语的语音规则迁移到英语学习中。如果母语与英语有相似但不同的音节，学生可能会使用母语的发音而不是英语的发音，导致发音错误。例如，汉语中不存在英语的一些音素，如 [ð] 和 [θ]，因此学生可能会将单词"thank"错误地发音为 [sæŋk]，将"this"错误地发音为 [zis]。

（二）方言影响

某些地方方言的发音特点也会影响学生的英语发音。例如，一些地方方言中不存在英语中的唇齿音 [w] 和 [v]，导致学生将这两个音混淆。如，可能导致学生将单词"five"错误地发音为 [faiw]，将"very"错误地发音为 [weri]。

（二）后鼻音困难

一些方言中缺乏后鼻音 [ŋ]，这使得学生难以区分英语中的后鼻音并正确发音。例如，学生可能会将"something"和"think"中的 [ŋ] 错误地发音为 [n]。

母语对英语发音学习的影响是双重的，既有积极的方面，也有消极的方面。在教学中，需要特别注意这些影响，通过针对性的训练和练习帮助学生克服母语对英语发音学习的负面影响，同时利用母语对英语学习的积极影响，促进学生的发音准确性和流利度。

四、小学英语自然拼读法

小学英语语音教学可以利用自然拼读法。该方法注重通过直接学习字母及字母组合在单词中的发音规则，让学生在轻松愉快的氛围中建立对字母及字母组合与发音的感知，从而达到看到单词就会读，听到单词就会拼写的学习目的。

（一）自然拼读法的实施规则

1.掌握字母发音规则：学生首先需要掌握 26 个英文字母的读音，包括每个元音字母（a,e,i,o,u）发出的长音和短音。此外，还需了解一些辅音字母和元音字母的组合发音规则，如 ch,sh 等。

字母 y 不在单词开头时，一般被看作元音。如果一个英语单词或音节里只有一个元音，且元音不在末尾，这个元音一般发短音，如，sam,cat,mat 等。一个单词或音节里有两个元音时，一般来说，前边一个元音发长音（其字母音），后边一个元音不发音。例如，make,mail,may,hay,say,see,sea,meet,meat,key,five,nine,tie,road,coat,toe,cute 等。

2.单音节单词拼读：学生学习单音节单词的拼读，如 bat,cat 等。这些单词通常遵循元音在单词中发出短音的规律。

3.双元音单词拼读：学生学习含有双元音的单词，如 make,say 等。这些单词的拼读规律是前一个元音发长音，后一个元音不发音。

4.辅音混合发音：学生学习辅音字母在一起时的连读规律，包括起始辅音混合和尾辅音混合。起始辅音混合，如 bl,br,cl,cr,dr,fl,fr,gl,fr,pl,pr,sc,sk,sl,sm,sn,sp,st,sw,tr,tw,scr,spl,str. 辅音合体字母，如 ch,th,sh,wh.

还有一些特殊读法，例如带元音的特殊读法，igh,ing,ind,ild,ar,or,oi,oy,alt,alk

,ost,old,er,ir,ur,ew,sion,tion,eigh,all,ow,ow,ou,ay,ous,ed,aw,au,oo 等字母组合,作为整体音节发音。

5. 固定读音的单词：学生学习一些不遵守发音规则的固定读音单词,如 is,are 等。这些单词需要通过死记硬背来掌握。

6. 多音节单词和复合词：学生学习多音节单词和复合词的拼读规则,如 "homework" "sidewalk" 等。

（二）自然拼读法举例

1. 带元音的最小配对

ar（car 汽车, far 远）; au,augh（caught 被抓到）; aw（hawk 鹰）。

al,all（all 所有, tall 高的, mall 购物中心, hall 大厅）; alk（talk 谈话, walk 步行）; alt（halt 停顿, salt 盐）; ay（may 可以, play 玩）。

ew（new 新的, few 很少的）; eigh（eight 八, weight 重量）。

er（sister 姐妹, brother 兄弟）; ir（girl 女孩, fir 冷杉, firm 坚定）; ur（burn 烧伤, hurt 受伤）。

oi（oil 油, boil 煮沸）; oy（boy 男孩, toy 玩具）; old（old 老的, cold 冷的）; ost（most 大多数, host 主人）。

oo（book 书）,（tool 工具, school 学校）; or（or 或者, for 为, horn 喇叭）。

ow（读音1: cow 奶牛, now 现在, how 怎样, bow 鞠躬; 读音2: low 低的, blow 吹, snow 雪）。

ie（field 田野）; ing（king 国王, sing 唱歌, dancing 跳舞）; ind（find 发现, kind 种类, behind 后面）; ild（mild 温和, wild 狂野, child 儿童）; igh（high 高, night 夜晚, light 光）。

tion（attention 注意力, fiction 小说）; sion（passion 激情, expression 表达）。

2. 元音在末尾的发音：单词中只有一个元音且在末尾,元音一般发长音（其字母音）, 如 me,hi,go,we,so,no 等。字母 y 在末尾,单音节词里 y 发 /ai/:

why,sky；多音节词里 y 发 /i:/：daddy,crazy.

3. 固定读音的单词：is,are,the,a,to,here,hey,have,son,love,come,give,field 等。它们不遵守前边的发音规则，需要死记硬背。

4. 辅音不发音：如，b 不发音：comb 梳子，lamb 羔羊；h 不发音：ghost 灵魂；k 不发音：knife 刀子，knock 敲门，knob 把手，know 知道；w 不发音：write 书写，wrist 手腕，wreck 破坏；c 和 k 在一起时，发一个音：quick 快，black 黑色；q 总和 u 在一起：quite 很，quick 快，quit 退出，quilt 被子；p 和 h 在一起，发 /f/ 的音：phone 手机，photo 照片。

5. 多音节单词和复合词：多音节单词如 believe 相信，multiple 倍数，syllable 音节；复合词如 homework 家庭作业，highway 公路，sidewalk 人行道，inside 里面，outside 外面。

自然拼读法的优势在于简单易学、耗时短、见效快，能够培养学生对英语发音的兴趣，促进学习效率。教师可以结合具体的教学内容渗透自然拼读法。人教版小学英语第一册第二单元 Unit 2　Colors 的单词：red [red] 红色的，yellow[jelau] 黄色的, green [gri: n] 绿色的, blue [blu:]蓝色的, purple [pə: pl]紫色的, white [wait] 白色的, black [blæk] 黑色的, orange [ɔrindʒ] 橙色的, pink [pink] 粉色的, brown [braun] 棕色的。教师使用自然拼读法教小学生以上单词的发音和拼读，需要特别强调以下几个方面。

（1）重音规律：强调单词中的重音，让学生明白哪些音节应该更强调。

例如，yellow: /'jeləʊ/ 重读在第一个音节上。

（2）辅音规律：解释辅音字母或字母组合在单词中的发音规律。

例如，c 在 e,i,y 前读 /s/: cell,city,cycle；在 delicious 中读 /ʃ/；其他读 /k/。

（3）元音规律：解释元音字母或字母组合在单词中的发音规律。

例如，green 中，ee 发 /i:/ 的音；tea 中 ea 也发 /i:/。

（4）发音连贯性：帮助学生理解字母或字母组合的连续发音，并练习流畅拼读单词。常见的连贯发音（connected speech）特征有：intrusion （加音）、

plosion（爆破）、elision（吞音）、catenation（连读）、assimilation（同化）。

以下是学习本单元单词的例句（选学内容）：

red: /red/，红色的。

This apple is red.（这个苹果是红色的。）

yellow: /'jeləʊ/，黄色的。

The sunflower is yellow.（向日葵是黄色的。）

green: /griːn/，绿色的。

Grass is green.（草是绿色的。）

blue: /bluː/，蓝色的。

The sky is blue.（天空是蓝色的。）

purple: /'pɜːpl/，紫色的。

She likes to wear purple dresses.（她喜欢穿紫色的裙子。）

white: /waɪt/，白色的。

The snow is white.（雪是白色的。）

black: /blæk/，黑色的。

The cat is black.（猫是黑色的。）

orange: /'ɔːrɪndʒ/，橙色的。

Oranges are orange.（橙子是橙色的。）

pink: /pɪŋk/，粉色的。

She has a pink dress.（她有一件粉色的裙子。）

brown: /braʊn/，棕色的。

Chocolate is brown.（巧克力是棕色的。）

通过与色彩相关的例句，学生能够更直观地理解这些单词的意义，并记忆它们的拼写和发音。

人教版第一册第三单元 Look at me【词汇与发音】

（1）重音规律：强调单词中的重音，让学生明白哪些音节应该更强调。

例如，在单词 father 中，重音在第一个音节，所以读作 /'fɑːðər/。

（2）辅音规律：解释辅音字母或字母组合在单词中的发音规律。

例如，单词 father 中的 th 发 /ð/ 的音，英音不带 r，美音读作 /'fɑːðər/。

英音：mother: /'mʌðə（r）/, sister: /'sɪstə（r）/, brother: /'brʌðə（r）/。

（3）元音规律：解释元音字母或字母组合在单词中的发音规律。

例如，单词 face 中的 a 发 /eɪ/ 的音，所以读作 /feɪs/。

（4）dad: /dæd/, man: /mæn/ 中的 a 发 /æ/ 的音。

woman: /'wʊmən/, a 发 [ə] 音；grandmother: /'ɡræn͵mʌðə（r）/, grandfather: /'ɡræn͵fɑːðər/, d 不发音。

教师应该通过示范、反复练习和游戏等多种方式，帮助学生掌握这些单词的发音和拼读规律，并鼓励他们在实际交流中运用所学的知识。

当使用自然拼读法进行语音教学时，我们可以利用英语中的常规拼写规则和音节强弱规律来帮助学生正确发音。下面是本单元词汇中的元音发音规则举例。

1. duck [dʌk] 中的 u 发 [ʌ] 的音，类似于中文中的"阿"的发音。

2. pig [pɪɡ] 中的 i 发 [ɪ] 的音，类似于中文中的"咦"的发音。

3. cat [kæt] 中的 a 发 [æ] 的音。

4. bear [bɛər] 中的 ear 通常发 [ɛər] 的音，类似于中文中的"耶"的发音。

5. dog [dɒɡ] 中的 o 发 [ɒ] 的音。

6. elephant ['ɛlɪfənt] 中的第一个 e 发 [ɛ] 的音，第二个 e 发 [i]；ph 发 [f]

7. monkey ['mʌŋki] 中的 o 发 [ʌ] 的音。

8. bird [bəːrd] 中的 ir 发 [əː] 的音。

9. tiger ['taɪɡər] 中的 i 发 [aɪ] 的音。

10. panda ['pændə] 中的第一个 a 发 [æ] 的音，第二个 a 发 [ə]

11. zoo [zuː] 中的 oo 发 [uː] 的音，类似于中文中的"呜"的发音。

12. funny ['fʌni] 中的 u 发 [ʌ] 的音。

13. under ['ʌndər] 中的 u 发 [ʌ] 的音。

14. chair [tʃɛər] 中的 air 通常发 [ɛər] 的音。

15. desk [dɛsk] 中的 e 发 [ɛ] 的音。

16. cap [kæp] 中的 a 发 [æ] 的音。

17. ball [bɔːl] 中的 a 发 [ɔː] 的音。

18. car [kɑːr] 中的 a 发 [ɑː] 的音，类似于中文中的"啊"的发音。

19. boat [bəʊt] 中的 oa 通常发 [əʊ] 的音，类似于中文中的"欧"的发音。

20. map [mæp] 中的 a 发 [æ] 的音。

21. toy [tɔɪ] 中的 oy 通常发 [ɔɪ] 的音。

22. box 中的 o 发 [ɒ] 的音，x 发 [ks]。

另外，教师还可以利用顺口溜（tongue twisters）激发小学生的学习兴趣，例如：1. A pig in a wig did a jig on a fig,With a big,pink rig and a giggling twig.

2. A cat with a hat sat on a mat,With a fat,black bat that went pat,pat,pat.

3. A bear in a chair with a pear in its lair,Shared a rare stare with a hare who did care.

4. A dog on a log with a foggy frog,Jogged in the bog,through the smog,in a clog.

再者，教师还可以通过儿歌进行自然拼读教学。通过儿歌可以很好地教小学生学习英语发音，同时增强他们的语感和记忆力。

以下是一个简单的儿歌，可以帮助小学生学习一些基本的动物名称和位置关系，并配有简单的句子来帮助他们练习发音和语感：

第一首

Look at the cat.It is fat.看这只猫，它很胖。

Look at the pig.It is big. 看这头猪，它很大。

Look at the dog.It's on the log. 看这条狗，

它在圆木上。

Look at the duck.It's in the truck. 看这只鸭

子，它在卡车里。

Look at the bear.It's on the pear.看这头熊，

它在梨上。

第二首

It's a duck,quack quack quack，

这是只鸭子，嘎嘎嘎，

Waddling through the park,one by one.

摇摇摆摆地在公园里，排成一排。

Learning about animals is so much fun,

学习动物知识是如此有趣，

From the rising of the morning sun.

从早晨的阳光升起开始。

Animals here and there,everywhere，

到处都是动物，

Learning with fun,without a care.

愉快地学习，无忧无虑。

第三首

Look at the cat,meow meow meow，

看看那只猫，喵喵喵，

Chasing after a little mouse,so proud.

追着小老鼠，显得多么自豪。

Animals here and there,everywhere，

到处都是动物，

Gentle bear,big and strong，

温柔的熊，又大又强，

Roaming in the forest all day long.

整天在森林里游荡。

Friendly dog,bark bark bark，

友好的狗，汪汪汪，

Playing with a ball till it gets dark.

一直玩接球直到天黑。

第四首

Old MacDonald

Old MacDonald had a farm,EIEIO.

And on that farm he had some ducks,EIEIO.

With a quack quack here and a quack quack

there，

Here a quack,there a quack,everywhere

a quack quack. Old MacDonald had a

farm,EIEIO.

小学英语词汇教学

一、小学英语词汇教学的意义

（一）构建语言基础

词汇是语言的基本组成单位，掌握词汇是学习语言的基础。通过学习词汇，学生可以建立起阅读、听力、口语和写作等方面的语言基础，为进一步学习提供坚实的基础。

（二）增强交际能力

词汇是进行语言交流的工具，掌握更多的词汇可以丰富学生的表达方式，增强交际能力。学生通过学习词汇，可以更准确地表达自己的意思和情感，与他人进行更加流畅的交流。

（三）拓展语言能力

词汇教学不仅包括单词的意义和拼写，还涉及词性、词形变化、词组搭配、习惯用法等方面。通过学习词汇，学生可以逐步掌握语法规则和语言的使用技巧，提高整体的语言能力。

（四）促进阅读理解

在阅读理解中，词汇是理解文章意思的基础。学生掌握了越多的词汇，就越能够独立地理解和分析英语文章，提高阅读理解能力。

（五）培养学习兴趣和自信心

通过生动有趣的词汇教学，可以激发学生学习英语的兴趣，增加学习的乐趣和交际的自信心。精心设计的词汇教学活动，能够吸引学生的注意力，让他们掌握词汇的意义及读音和拼写规则，英语学习变得更加丰满和有吸引力。

（六）促进跨文化交流

通过学习词汇，学生可以了解不同文化背景下的词汇用法和含义，特别是与人类的生存结合起来，例如，Turkey,Christmas Day,Thanks Giving Day 等与节日有关的单词以及与交通工具、服饰、餐饮、问候语等有关的词汇都与文化息息相关，学生在学习词汇时也要注意从历史的演变和人类生存的视角去领会其含义，增进对英语文化和生存方式的理解。

（七）提高学习效率

词汇是学习语言的基础，掌握了越多的词汇，学生学习语言的效率就越高。词汇教学应当注重扩充学生的词汇量，同时注重培养学生的词汇运用能力，使他们能够在实践中灵活运用所学词汇。

总之，小学英语词汇教学对于学生的语言学习和发展具有重要的意义，不仅可以帮助学生打好语言基础，提高语言能力，还能够增强学生的交际能力、阅读理解能力和跨文化交流能力，为他们今后的学习和生活奠定良好的基础。

二、小学英语词汇教学常用方法

（一）实物或图片联系法

将单词与相应的实物或图片联系起来，帮助学生掌握单词的含义、读音和拼写，并在简单的对话和情境中应用这些单词。

（二）分类和比较法

通过分类和比较的方法让学生进行深度加工，牢固地掌握一些核心词汇，以便于同化更多的新词汇。

（三）语篇教学

结合语篇教学让学生掌握更多的新单词并能够生成、创新有生命力的词汇，形成词汇学习的增值模式。

（四）创设情境教学

通过创设一定的故事情节和语境让学生去掌握和应用词汇，特别是通过具体语境掌握真实的生活化、时代性的词语。

（五）单词搭配形式和词性的解释

教师讲解单词搭配形式，并讲解词性。

1. play the piano: 动词短语，演奏钢琴。

2. play the guitar: 动词短语，弹吉他。

3. play football: 动词短语，踢足球。

4. play basketball: 动词短语，打篮球。

5. careful: 形容词，小心的或仔细的，由词根"care"和后缀"ful"构成。

6. teacher: 名词，老师，由动词"teach"和名词后缀"er"构成。

7. football: 名词，足球，由词根"foot"和后缀"ball"构成。

8. basketball: 名词，篮球，由词根"basket"和后缀"ball"构成。

9. volleyball: 名词，排球，由词根"volley"和后缀"ball"构成。

（六）一词多义

一词多义指一个单词在不同语境中具有不同的意思。例如，"book"可以是名词，表示"书"，也可以是动词，表示"预订"。在不同的句子中，上下文和交际语境可以帮助确定单词的准确含义。

（七）构词法

教授词根、词缀及合成词的构成规则，帮助学生理解词汇的内在结构和生成规律。例如，teacher是由词根"teach"和后缀"er"构成的合成词，意为"教师"；"classroom"是由词根"class"和后缀"room"构成的合成词，意为"教室"。fresh 新，freshman 新手，refresh 提神，refreshed 恢复精神的。

带"tion"的后缀在英语中通常是名词的标志。例如，action /ˈækʃən/，行动：The activist called for immediate action to address climate change.

nation /'neɪ.ʃən/，国家：October the first is the National Day of China. We celebrate the National Day at school.

education /ˌɛdʒ.ʊ'keɪ.ʃən/，教育：We have the opportunity to receive a good education.

station /'steɪ.ʃən/，车站：We arrived at the train station just in time to catch the last train.

motion /'moʊ.ʃən/，运动：The car moved in a slow,steady motion along the winding road.

solution /sə'lu:.ʃən/，解决方案：After hours of brainstorming,they finally found a solution to the problem.

attention /ə'tɛn.ʃən/，注意力：The teacher asked the students to pay attention to the instructions.

revolution /ˌrɛv.ə'lu:.ʃən/，革命：The industrial revolution had a great impact on the course of history.

direction /dɪ'rɛk.ʃən/，方向：Can you give me the direction to the nearest gas station?

caution /'kɔ:.ʃən/，谨慎：He proceeded with caution,aware of the potential dangers ahead.

通过教授这些单词的正确搭配形式和词性，以及构词法的规则，可以帮助学生更好地理解和运用英语单词，提高他们的语言水平和表达能力。

（八）同义词、反义词、近义词的区分

帮助学生理解词汇之间的差异和联系，提高他们的语言表达能力。例如，question 和 problem,answer 与 reply；ask 与 answer,cold 与 hot；hot 与 warm,cold 与 cool; 同义词：game（运动会），match（比赛，竞赛）；近义词：cap（hat），eraser（rubber），table（desk），near（next to）。还要理解美国英语和英国英语的区别，如 football 与 soccer 等。能够将所学单词活化，自觉地运用已有单词进行对话和写作。

（九）读音与拼写相对应

教授单词的发音和拼写，帮助学生建立正确的发音和拼写习惯。将发音与拼写相对应，找到一些规律可以迁移应用，例如 smart,artist,mark,garden 中都有 [a:]；uncle[ʌ]，until[ʌ]，full[u:]，music[ju:]，truth[u] 中相同的字母在不同的单词中发音不同。小学生要学会分类，可以按事物的属性如颜色、动物、文具等类别进行分类。例如，按读音和拼写规则分类，含有相同的发音的 shirt-skirt,June-July,red-dress,chicken-fish-milk-pizza 等可以采用直观法进行教学，但 head,bread 含有相同的读音和类似的拼写，选用分类法也便于操作。可由 head 引出 bread,效果会更好。有一些单词同音异形，如 see-sea；meat-meet；son-sun 等。还有的一词多义：miss（想念），miss（错过，没有记住，没有抓住）；有的重读不同，意义也不同：record ['rekɔ:d]（记录 n.），record[ri'kɔ:d]（录制 v.）。

一些形容词，小学高年级学生可以找到它们的一些规律。教师在教学过程中可以逐渐渗透，一次渗透 1~2 个单词或者一条规则即可。例如，dis,un,in,ir,im 和 il 是表达相反意义的前缀；ous（famous,dangerous,generous），able,ible（eatable,accessible），ful（useful,doubtful,resentful），ary,ory（elementary,contradictory），ic（patriotic,heroic,historic），ant,ent（important,different），ive（comparative,progressive,passive）是形容词的后缀。

在单词中有些字母容易"碰见"，有些字母从来不见面，还有一些字母在单词中的顺序是不可以颠倒的。小学生还要善于辨别一些单词的细微区别，有时拼写非常相似的单词，意义却没有联系，如 dessert [dɪ'zɜ:t] 是餐后的甜点心；desert ['dezət] 当名词是沙漠、不毛之地；当动词讲是"抛弃"，读 [dɪ'zɜ:t]。

（十）利用游戏辅助词汇教学

采用各种游戏形式进行词汇教学，如单词接龙、猜字游戏、记忆游戏等，增强学生的学习兴趣和参与度。下面以谜语为例猜单词。

Riddle 1	Answer: Desert
I am green with many trees,	Riddle 4
Giraffes freely roam inside	I am a land covered in snow,
Lions and tigers also live here,	Polar bears find shelter in me.
Where am I,can you guess?	A cold but beautiful place,
	Do you know where this is?
Answer: Forest	
Riddle 2	Answer: Arctic/Polar Region
I am a vast space with rippling waters,	These riddles aim to spark interest in
Turtles and whales swim in me.	different animal habitats while encouraging
Crabs and seagulls grace my shores,	students to use their English language skills
Can you guess where this is?	to guess the answers
Answer: Ocean	
Riddle 3	
I am hot,making one gasp for air,	
Sandstorms sweep across me.	
Camels and lizards play here,	
Do you know where this is?	

（十一）故事法

利用故事情节串联起不同的单词，使学生在故事中接触到这些单词，更容易记忆。比如，编写一个关于一个家庭成员的日常生活的故事，教学 father,mother,sister,brother 等单词，可以这样说：

In my family,I have a dad,

And a mom who makes us glad.

With a sister and a brother,

We love and care for each other.

Grandpa is old,but strong as ever,

Grandma is sweet,like a soft candy.

Together we make a family tree,

Strong and tall,like you and me!

（十二）利用歌曲和顺口溜

创作简单易记的歌曲或者顺口溜，将单词和韵律结合起来，增加趣味性。比如，为了教学家庭成员的单词，可以编写一个简单的歌曲或者顺口溜，让学生跟着节奏一起唱。

Head,shoulders,knees,and toes,

With eyes and ears,our body grows.

From our mouth to our feet,

Every part,we can't be beat!

...

We have five senses,

Touch,taste,sight,smell,and hearing.

With our hands,we feel and touch,

With the tongue,we taste food.

Our eyes can see the world so bright,

Colors,shapes,and things in sight.

With our nose,we smell the air,

Flowers,cookies,everywhere.

Ears can hear the sounds around,

Music,laughter,a joyful sound.

These senses help us every day,

To experience life in every way.

...

这个顺口溜可以帮助学生记忆五种感官，并且通过对每一种感官的描述来加深理解。

以上方法结合了视觉、听觉、口语、动手等多种感知方式，使得词汇教学更加生动有趣，有助于提高学生的学习效果和语言表达能力。

音、形、义是词汇的三要素。在词汇的音和形的教学中，要注意音和形的统一与结合，使学生把一定的音同可能对应的一定的形联系起来，又把一定的形同可能对应的一定的音联系起来，并经过反复练习，在大脑高级神经活动系统中建立起牢固的条件联系，其中包括各个具体的词的音和形的联系，以及一类又一类词的音和形的模式等。学生既能见形知音，又能因音而记形。另外，要注意习惯用法，如 boiling water（沸水），iced water（冰水），mineral water（矿泉水），water treatment 水处理，waste water 废水。

学生在学习单词时，需要听字母的发音和观察字母发音组合。比如，教学单词 park 时，教师引导学生分析单词里每个字母和字母组合的发音。在此基础上，教师引导学生说出类似单词，如 car,dark,yard,farm,supermarket,party,arm,art,bar,far,mark,park, 让学生自己拼读。也可以利用儿歌让学生掌握和应用单词。例如，An elephant can walk. Walk,walk,walk.//A frog can jump.Jump,jump,jump.//A fish can swim. Swim,swim,swim.//An egg can roll. Roll,roll,roll.//It is a farm. The farm has a yard.// There is a car. The car is dark.// We are going to the supermarket. We go shopping for my birthday party.

（十三）图文归纳法

图文归纳的方法（pictureword inductive model,PWIM）是由 Bruce Joyce 提出来的，介绍到我国后，深受小学生和教师的喜爱。图文归纳模型是一种有效的英语初学者识记单词的教学策略。图文归纳法通过归纳过程来教学，让学生在其中寻找模式。如 5WH: Who are in the picture? What are they doing? Where is it?When is it happening? Why...? How...? What next? What...if...? 并使用它们来确定更广泛的内涵和意义，而不是演绎过程，即给出意义或规则，然后学生必须应用它们。

（一）图文归纳法的基本步骤

1.选择一张图片，让学生识别他们在图片中看到的东西，并对识别出的图片部分贴上标签。

2. 阅读 / 复习图片单词表，让学生把单词分成不同的组，并找出单词中的共同概念，面向全班同学加以强调。

3. 让学生为他们的图片单词表想出一个标题，并生成一个句子或一段与图片词表直接相关的话。

4. 教师提供一些句型供学生练习对话，并在对话中内化词汇。

图文归纳法模式的优点在于它能够促进综合语言能力的发展和思维的发展，学生在具体的语境中追踪学习词汇，通过观察图片中的熟悉场景来记忆单词、句子和段落，加深对语言的理解和运用能力。

图文归纳法适用于各种课堂活动，并可以根据不同年级和水平的学生采用不同的教学策略。它不仅可以提高学生的读写能力，还可以激发学生的学习兴趣，促进他们的主动学习。

（二）图文归纳法举例

教师在讲授六年级上册 Unit 2　Ways to go to school 时，使用名为 "waiting for the school bus" 的图像。教师让学生到黑板上找出他们知道的英语单词并回答问题 "图片里有什么"。教师写下每个单词的字母，同时让学生大声说出每个字母，然后添加新单词标签。学生可能会找到这些单词，并创造如下句子：How to go to school? by bike,on feet,by school bus,by car,by ship,by plane. 教师启发学生说明原因，学会决策，例如，距离远近、气候情况、学生人数等，教学生学会基于证据进行分析和推论。这相当于让学生在具体语境中追踪学习词汇。然后学生们会回到他们的座位上，把单词粘贴到图片的复制品上。当天或第二天，他们会为这些单词分类，然后利用字典再扩充几个同类的新单词。这种方法非常有利于初学者词汇量的增长。我们小时候也经常在家里给物品贴上英语标签，但没有进行深层加工和分类，并且缺少真实的情境支撑，所以学习效果不是很明显。

学生们在进行描述时可能会写出与 "How to go to school" 相关的方式，以及原因：

（1）By bike — Distance: "It's close to my home."

（2）On foot — Distance: "It's just a short walk away."

（3）By school bus — Distance and Safety: "It's far from my home,and It's safer to go by bus."

（4）By car — Distance and Convenience: "It's too far to walk,and my parents drive me."

（5）By ship — Distance and Location: "I live on an island,so I have to take a ship to school."

在讨论这些方式和原因时，教师可以鼓励学生根据证据进行分析和推论。例如，对于选择骑自行车或步行的学生，可以讨论距离和时间的因素，而对于选择乘坐校车或汽车的学生，则可以考虑到安全性、便利性以及家庭交通方式的因素。

通过这样的讨论，学生不仅能够学会如何用英语表达不同的交通方式和原因，还能够培养学生基于证据进行分析和推论的能力，这对于他们的思维发展和语言运用能力都具有重要意义。

再如，在讲授四年级下册第六单元 Unit 6 Shopping 时，标题设计好后，教师可以提供一些句型供学生练习对话，并在对话中内化词汇。例如，T: What's this in the picture? S: It's a basket. T: What do you see in the picture? S: I see a box/some people/many fruits/... in the picture. T: Where are the people? S: They are in a supermarket. T: What are they doing? S: They are shopping. 学生通过对话掌握语言支架，并且内化。

第二天，学生们将进行一系列的填空游戏，用词来描述这些图像。学生们将对句子进行分类，并在那些能够准确描述照片的分类中添加新的句子。

第三天，学生们将把每一类的句子变成段落。根据学生的英语水平，可以添加主题句、简介和结论。最后,全班同学将利用头脑风暴集体讨论选择合适的标题。

PWIM 模式可以运用到许多课堂活动中，其中心装饰品（centerpiece）可以反复使用。每周一张不同的照片可以连接到一个适当的主题（食物、运动、房子等），教学过程可以变得越来越复杂且富有挑战性。例如，后来的完形填空句可以有多个空格，而不只是图片下面写有单词供学生选择。

图片本身可以个性化。可以使用当地特色的图片和以学生为特色的图片，也可以自己使用简单的"混合拼图"工具自动生成新的图片。例如，除了把房子作为课堂的中心照片外，每个学生还可以带一张自己房子的照片，用来辅助词汇教学。学生可以用手机拍下照片，让老师打印出来。照片也可以很容易地在网上搜索。在这个活动使用的最好的图片包含一个场景和许多不同的对象，通常包括人物等。当然，有些主题需要一周以上的时间和/或需要多张照片。例如，关于食物的单元可以包括健康饮食、餐馆吃饭、商店购物、农场生活、水果、蔬菜、肉类和奶制品。

例如，四年级下册 Unit 4　At the farm 利用图文归纳法学习词汇，选择一个典型的农场场景作为图片，以展示各种农场生活中的元素。

图片描述：图片展示了一个美丽的农场场景，太阳正从天空升起，照耀着广阔的绿色草地。在草地上，有一些农场动物正在自由地吃草，还有一些农民正在忙碌地工作。远处可以看到一座小山丘，上面长满了茂密的绿树。

活动步骤：

1. 教师在黑板上列出学生可能会在图片中看到的东西，并询问学生："在这张图片里，你们看到了什么？"学生可能会回答看到了动物、农民、草地、天空、树木等。

2. 教师在黑板上为每个类别的单词添加标签，并让学生大声说出每个单词的字母。例如，动物（animal）ANIMAL, 农民（farmer）FARMER, 草地（grassland）GRASSLAND。

3. 教师引导学生对于每个类别的单词进行联想和创设语境。例如：

动物联想：cow,pig,chicken,sheep,horse.

学生创设语境：在农场上，我们可以看到很多不同的动物，比如奶牛、猪、鸡、羊和马。它们吃草、喝水，为我们提供奶 milk、肉 meat 和蛋 eggs。

农民联想：farmer,tractor,barn,field,crop

学生创设语境：农民是农场的主人，他们使用拖拉机耕种田地，把庄稼种在土地里。他们还照顾着农场上的动物，并收集他们生产的农产品。

草地联想：grass,flowers,trees,pond,sky

学生创设语境：在农场上，有很多美丽的草地和花朵。天空湛蓝，阳光明媚。有时我们可以在池塘边看到一些鸭子 duck 和鱼 fish。

4. 教师引导学生将单词分类并添加到他们的类别中，并为每个类别的单词编写一个标题。例如：动物世界、农民的工作、生态农场（植物 / 粮食，动物 / 奶类、蛋类、肉类反哺人类，形成良性生态模式）。

5. 最后，教师鼓励学生生成与图片相关的句子或段落，并将它们分类组合成一个有意义的短篇故事。学生可以一起讨论并选择一个合适的标题。

【范例】The Beginning of Green Life

In a beautiful countryside town,there is a special farm called "Green Eco Farm". This farm is different from other farms,because its philosophy is to respect nature,protect the environment,and provide healthy organic food.

The owner of the farm is called David,who is a farmer who loves nature. David grew up on his grandfather's farm,and he knows well the impact of agriculture on the environment. Therefore,he decided to create a green eco farm to change the traditional agricultural model.

At the Green Eco Farm,there are no chemical fertilizers and pesticides used. David adopts organic farming and natural fertilizers,allowing the land to regain vitality. The crops in the fields grow vigorously,emitting a fresh scent,attracting many people to visit.

In addition to organic vegetables and fruits,the farm also raises some healthy poultry,such as chickens,ducks,and turkeys. These animals run freely on spacious grasslands,eating pure grass,and growing healthy and lively. David also built a small bird sanctuary in a corner of the farm,attracting various wild birds to roost.

The ecological environment of the farm is also protected and restored. David planted a green tree in a corner of the farm,forming a small forest,providing a safe habitat for surrounding creatures. He also built a small pond for wild animals to drink and play

Every day,people from nearby towns come to the Green Eco Farm to buy fresh organic vegetables and fruits. They pick their favorite products in the farm shop,enjoying a pure and healthy lifestyle. Some families even bring their children to visit the farm on weekends,letting them understand nature and feel the beauty of the farm.

The Green Eco Farm has become the pride of this small town and the beginning of green life in people's hearts. David and his team will continue to work hard to protect the environment,spread the concept of healthy living,and bring more joy and hope to the community.

通过这样的活动，学生不仅可以学习到与农场相关的词汇，还可以培养联想和创造力，以及语言表达能力。同时，通过图文归纳法的学习，学生能够更加深入地理解词汇，并在实际语境中应用所学知识。

小学英语语法教学

词汇能够帮助我们传递意义，而语法则能够保证我们的表达更加准确和适切。语法学习有助于促进小学生思维的发展和学习效率的提高。尽管新教材弱化了小学英语语法教学，主张将语法教学有机融入知识和技能教学中，但是鼓励小学生自己去发现语法规则并进行适当的归纳总结和迁移应用也是非常有必要的。

一、小学英语语法教学的意义

小学英语语法教学的意义是多方面的，尽管它应该与其他语言技能相结合，但它在学生语言习得过程中仍然扮演着重要角色。

（一）准确性和表达能力

语法规则可以帮助学生更准确地表达自己的想法和意图。通过学习语法，学生可以学会如何构造句子、使用正确的时态、语态和语气，提高语言准确性。

（二）语言理解和解释能力

语法教学可以帮助学生理解语言结构和语言规则，更好地理解英语文本和对话。通过掌握语法知识，学生能够更好地解释文本中的句子结构和意思。

（三）学习新知识的工具

语法教学不仅可以帮助学生理解已经学过的知识，还可以帮助他们吸收新的语言知识。通过掌握语法规则，学生可以更容易地理解新的词汇和句型，扩展语言能力。

（四）提高英语学习效率

尽管语法教学不能改变语言习得的顺序，但它可以加快语言习得的过程。学习者通过注意到语言形式和目标形式之间的差异，更容易接受语言输入，并更快地将其应用于语言输出中。

（五）帮助同化新知识

语法知识可以帮助学生更好地同化新的语言知识。通过掌握语法规则，学生可以更好地理解和应用新的词汇和句型，加深对语言的理解和掌握。

二、小学英语语法教学的主要原则

（一）重视情境教学

语法教学应该置于一定的情境中进行，关注话语的意义、社会文化等因素。小学生需要明白语法规则，并能够将其运用到实际的交流过程中，从而使得语言的表达更加准确、精致，促进正向迁移和自主生成。

在教学时，老师可以选择一个日常生活情境，比如描述学生们的日常活动。通过这个情境，学生可以更好地理解一般现在时的用法，并将其应用到实际交流中。

（二）循序渐进

语法教学应按照语言形成和使用的规律，以及小学生二语习得的规律循序渐进。教学内容应从简单到复杂，紧密结合发音、词汇和故事教学进行，促进小学生对英语知识的学习和技能的提高。

例如，讲授进行时，老师可以从简单的动词时态开始，如动词的基本形式。然后逐步引入动词时态的概念，以及一般现在时的构成和用法。例如，学生可以先学习动词"play"的基本形式，然后学习如何在句子中使用"I play football every day." "They are playing on the playground this afternoon."这样的句子。

（三）归纳与演绎相结合

语法教学可以采用归纳法和演绎法相结合的方式进行。归纳法有利于提高学生的自主学习能力，激发学生积极思维和学习兴趣；而演绎法则可以增强学生的语法意识。例如，在讲动词的一般现在时时，老师可以先讲解一般现在时的基本规则和例句，然后让学生通过观察和分析例句找出规律，并归纳出一般现在时的用法。例如，通过展示几个常见的一般现在时的句子——"He eats breakfast every morning." "She goes to school by bus." 让学生发现动词第三人称单数的变化规律。

（四）形式、含义和用途相结合

教学新的语法结构时，可以首先提供结构模型，并在易于理解的情境中解释其含义和用途，以便学生能够理解该结构的形成方式，并能够自己构造句子、生成新句子。例如，在教学动词的一般现在时时，老师可以结合具体的情境和实际生活中的例子，让学生理解该时态的含义和用途。比如，老师可以描述一位学生的日常活动："Tom gets up at 7 o'clock every morning. He brushes his teeth,eats breakfast,and goes to school." 学生通过这个情境可以理解一般现在时的用法，并能够运用到自己的生活中。再比如，教师创设情境：Daming and Chenjie are playing basketball on the playground. They are running,jumping and defending.It is raining now. They are running home... 教师让学生自己观察发现一般进行时的规则及表达的情感色彩，最后布置作业让学生用一般进行时写一写自己的一次类似经历。

总之，小学英语语法教学的基本规律和原则是在情境教学的基础上，循序渐进地进行，采用归纳与演绎相结合的教学方法，并注重结合形式、含义和用途进行教学。

三、小学英语语法教学的方法

（一）直观教学法

直观教学法是指教师通过实物直观、语言直观、多媒体直观等手段唤起学生头脑中的表象，更好地理解抽象概念，使得学习成为有意义的活动。通过直观的物体比较，学生能够直观地理解语法规则，增强记忆和理解。例如，在教学比较级时，老师可以展示不同大小的物体，如大篮球和小乒乓球，让学生比较它们的大小，并引出比较级的用法和规则。

（二）归纳法

教师不直接告诉学生结论，而是提供案例或者素材让学生自己去对比、分析、判断，然后归纳出本质特征的教学方法。例如，老师列举一系列句子，如"I like apples.""She likes oranges.""They like bananas."让学生观察句子中的共同点，并归纳出动词的一般现在时态的构成规则。让学生自主观察和归纳，可以增加学习兴趣和自主学习能力。

（三）演绎法

老师先讲解一般现在时态的构成规则，然后给出一些句子让学生练习。这是一个由一般到具体的过程。例如，"I play football every day.""She reads books in the library."通过先导入语法规则，然后让学生应用到实际句子中，可以提高学习效率，但忽视了学习过程。归纳法和演绎法可以配合使用。

（四）知识导图法

利用知识树、网状图等形式展示知识之间的相互关系。例如，老师利用知识导图展示名词、动词、形容词等词性的分类，并结合例句和图片进行说明。将知识可视化的方式呈现知识生成的网络图景，能够帮助学生更直观地理解和记忆知识。下面是名词的功能、分类、所有格和数的知识导图（图 5-1）。

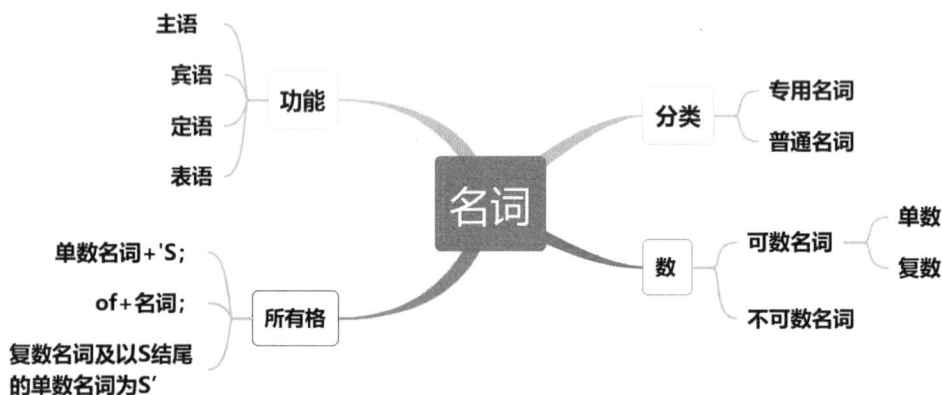

图 5-1　小学英语语法知识导图举例

其他语法知识也可以做成知识导图。例如，比较级用于表示两个事物之间的差异，表示其中一个在某个方面超过或不及另一个。比较级通常由形容词或副词构成，并通过在词尾加上"-er"或在词前加上"more"或"less"来形成。

形容词的比较级（Comparative adjectives）如，bigger,smaller,taller

副词的比较级（Comparative adverbs），如，faster,slower,more slowly

动词时态（Verb Tenses）是指动词形式的变化，用来表示动作或状态发生的时间和持续情况。英语动词时态主要分为三大类：现在时（Present Tense）、过去时（Past Tense）和将来时（Future Tense），每类时态又有多种形式，用以表示不同的时间和动作特征。

1. 现在时（Present Tense）

一般现在时（Simple Present），如，She reads books every day.（她每天读书。）

现在进行时（Present Continuous），如，She is reading a book right now.（她正在读一本书。）

2. 过去时（Past Tense）

一般过去时（Simple Past），如，She read book yesterday.（她昨天读书了。）

过去进行时（Past Continuous），如，She was reading book when I called.（我打电话的时候她正在读书。）

3. 将来时（Future Tense）

一般将来时（Simple Future），如，She will read book tomorrow.（她明天将读书。）

英语中的介词（Prepositions）是用来表示名词、代词或短语与句子其他部分之间关系的词。这些关系可以是时间、地点、方向、方式、原因等。

1. 表示时间的介词

at: 用于具体的时间点。如，I will meet you at 3 p.m.（我会在下午三点见你。）

on: 用于具体的日期和特定的日子。如，My birthday ison July 4th.（我的生日是七月四日。）

in: 用于较长的时间段，如月份、季节、年份、世纪等。如，She was bornin1990.（她出生于 1990 年。）

2. 表示地点的介词

at: 用于具体地点或事件。如，She is at the door.

in: 用于较大的地点，如城市、国家、地区等。如，They livein New York.

on: 用于表示物体在平面上的位置。如，The book is on the table.

（五）小学英语语法练习

学生在课堂上进行语法练习，如填空、连线、改写句子、自编故事等活动，以巩固所学的语法知识。通过练习活动，帮助学生巩固语法知识，提高语用能力。例如，利用方位介词（Prepositions of place ） 如，in,on,under 编写一个场景：

Underneath the big tree near the hill,Timmy and Sally are playing happily with their ball. They kick it to each other,laughing and giggling all the while. Suddenly,the ball rolls down the hill,and they chase after it. Timmy shouts, "Look! It's in the bushes!" Sally exclaims, "Oh no,it's above the hill now!" They race around,trying to catch the ball as it rolls from place to place. Eventually,they get it and go on with their game,full of joy and excitement.

这些方法可以根据具体的教学内容和学生的实际情况进行灵活运用，以达到更好的教学效果。

【知识拓展：人工智能辅助英语词汇学习技术】

人工智能辅助英语词汇学习技术是利用人工智能技术来帮助学习者更有效地学习和掌握英语词汇的方法。这些技术包括利用智能化的学习系统和工具，提供个性化的学习体验、词汇练习和反馈。

1. 智能化学习平台：利用人工智能技术来个性化地推荐学习内容，根据学习者的水平、兴趣和学习需求提供定制化的词汇学习计划。例如，一些在线学习平台会根据学习者的学习历史和表现，推荐适合他们的词汇练习课程。

2. 自适应练习：利用人工智能技术根据学习者的表现动态调整练习内容和难度。这种技术能够帮助学习者集中精力在他们最需要提高的词汇上，提高学习效率。例如，一些应用程序会根据学习者的错误和弱点，自动调整练习题目的难度。

3. 语义分析和联想：人工智能技术可以进行语义分析，帮助学习者理解词汇的含义和用法。一些词汇学习应用程序利用语义分析技术提供词汇的同义词、反义词和相关词汇，帮助学习者扩展词汇量并提高词汇的应用能力。例如，学生正在使用一款名为"Vocab Master"的词汇学习应用程序。这个应用程序利用人工智能技术进行语义分析，帮助学习者理解词汇的含义和用法。学生正在学习单词"abundant"。在 Vocab Master 应用中，学生点击单词"abundant"后，应用程序会提供以下信息：

含义：丰富的、大量的、充足的

同义词：plentiful,ample,plentiful

反义词：scarce,limited,insufficient

相关词汇：abundance,abundant,abundantly

通过这些信息，学生可以更全面地理解"abundant"这个单词的含义。他们还可以通过查看同义词、反义词和相关词汇来进一步扩展词汇量，并提高对该词的应用能力。

再比如，小学生学习单词 cat（猫），关联语境。

故事情节：一天，小明在公园里玩耍。突然，他听到了一声"喵喵"的叫声。他转过头，看到了一只可爱的小猫在树下玩耍。小明立刻跑过去,想要抚摸那只小猫。

There is a cat in the park. （公园里有一只猫。）

The cat is playing under the tree. （那只猫在树下玩耍。）

The cat is cute and fluffy. （那只猫很可爱，毛茸茸的。）

I want to pet the cat. （我想摸摸那只猫。）

通过这个简单的故事和句子，学生可以在一个具体的情境中学习词汇"cat"以及相关的句子。这种学习方法可以帮助学生更好地理解和记忆词汇，同时提高他们的语言表达能力。

4.个性化反馈：人工智能辅助学习系统可以根据学习者的表现提供个性化的反馈，帮助他们发现和纠正词汇学习中的错误和不足。这种反馈可以是有针对性的提示、解释或建议，有助于学习者加深对词汇的理解。

5.游戏化学习：利用游戏设计原则和机制，激发学习者的兴趣和动机。人工智能技术可以为词汇学习应用程序提供个性化的游戏化体验，包括挑战、奖励和竞争，增强学习者的参与度和学习效果。

这些是人工智能辅助英语词汇学习的一些技术和示例。通过利用这些技术，学习者可以更高效地学习和掌握英语词汇，提高语言能力。

【作业与产出】

1.结合 PEP 小学英语不同年级的教材内容和课程目标设计单元音发音教学，可以运用图片、示范以及微视频辅助教学。此设计内容为每册书的复习单元，对前面所学单词进行总结，让小学生明确其中的基本发音规则及变化规律。

2.运用课堂观察法、访谈法、问卷法等研究小学英语词汇教学中存在的问题并基于二语习得理论以及所学词汇教学的知识提出对策建议。

3.利用图文归纳模型对小学英语整册书的教学进行设计，可以打破教材已有顺序，根据小学生的知识经验，借助网络学习资源和图片素材，师生共同制作教学故事和场景，通过个体自主学习和创作—小组合作学习—班级合作学习—几个班级合作学习等方式不断扩展学习内容，体现小学生全员参与和趣味性、专注力、生成性、创造性等特征。教师要将练习和问题设计融入其中，为学生提供支架，使学习走向深入，提高学生的综合语言运用能力，培养专注力、想象力和创造力。

CHAPTER 6

内容提要

　　小学英语听说读写技能相互联系,相互促进。小学英语听说教学是英语技能教学的基础,需要培养学生的听说兴趣,掌握听说技巧,积累听说语料,提高听说能力。本章介绍了英语听力教学的文本驱动模式、图式驱动模式、PWP 技能教学模式,先行组织者策略在小学英语技能训练中的应用,保证学生听说前充分的语言和心理准备,以及教学过程中精细的讲解、有价值的提问和充分的活动,讲解后通过适当的综合活动提升相关技能和核心素养。结合小学生英语听说技能学习中存在的典型问题,分析了小学英语口语障碍、听力障碍形成的原因,并提出了教学帮助对策。有效的听力材料涵盖了多种内容,包括教科书音频、教育应用程序、电视节目和反映真实交流的真实材料。鼓励学生接触真实的英语故事、新闻和戏剧互动,创造出沉浸式的听说环境,促进听说水平的提高。

小学英语听力教学

一、小学英语听力教学的意义

通过各种因素，我们可以理解小学英语听力教学的重要性。我们必须认识到，交流在我们的清醒时间中占据了重要的一部分，大约有 70% 的时间用于各种形式的交流互动，其中听力至少占据了 42%（Copper,1988）。

许多人面临着各种挑战，比如很快忘记所听到的内容，遇到不熟悉的单词阻碍理解，能理解单个词语但难以理解整个句子，或者因为说话者说得太快而跟不上。这些问题通常来自词汇限制、不同的听力技能、发音知识、心理状态、兴趣和背景知识。

传统上，由于应试教育的影响，英语教学忽视了听力技能。然而，自从 2001 年开始广泛实施小学英语教育以来，教材已经包括了听力部分，在提高学生口语、听力、理解和记忆能力方面发挥了重要作用。随着多媒体技术的应用，学生可以通过教科书、视频、在线平台和应用程序获取多样化的听力资源。

将听力练习融入课堂活动中至关重要，须提供与学生水平相匹配且具有一定挑战性的材料。课后听力练习，基于教师教授的技巧，有助于巩固学习并促进持续改进。此外，学生的口语水平、词汇量、语法知识、阅读理解、写作能力和批判性思维能力深刻影响着听力水平。

有效的听力材料涵盖了多种内容，包括教科书音频、教育应用程序、电视节目和反映日常交流的真实材料。鼓励学生接触真实的英语故事、新闻题材，参与戏剧互动，创造出沉浸式的听力环境，促进听力水平的提高。

了解听力的性质、影响因素和基本的听力模式，如自下而上的模式，对于有效的教学至关重要。识别声音、识别句子结构、重音、从语境中猜测未知单词、进行推理和预测事件等技巧在锻炼听力技能中发挥着重要作用。

例如，学生在听力练习中可以播放一个有趣的动物园探险故事。通过这个故事，学生不仅可以听到各种动物的名称，还可以了解它们的生活习性和特点。这种听力练习不仅帮助学生提高了他们的听力技能，还增加了他们对动物世界的了解。

另外，教师还可以使用英语新闻报道来进行听力训练。比如，播放一则简单的天气预报，学生可以通过听取天气状况的描述来学习有关天气的词汇和表达方式。这样的听力练习不仅有助于学生提高他们的听力水平，还能够增加他们的实用英语知识。

二、小学英语听力教学的目标

听力教学的目标在不同的学习阶段是不同的。小学英语国家课程标准列出了每个级别的具体要求。表6-1介绍了小学英语二级听力目标。

表6-1　小学英语二级听力目标

Level	Goal description
Two	1.Can understand simple words and recorded materials with the help of pictures,images and gestures. 2.Can understand simple stories with pictures. 3.Can understand simple questions in classroom activities. 4.Can understand general instructions and requirements and respond appropriately.

三、小学英语听力教学模式

（一）文本驱动模型

此模式也称为自下而上模型。该模型认为听力是一个以线性方式从最小的有意义的单位到复杂的文本解码声音的过程。听者首先解码音素单位，将其连接在一起形成单词，然后是短语、句子，最后是有意义的文本。教学内容主要集中在语音练习、语音解码、从单词到短语的构建、词汇和句法结构等方面，但整篇文章的意义尚未完全理解。教师可以引导学生利用知识导图从关键词、关键句、语篇、文法、修辞等方面进行整理，帮助学生理解和掌握听力内容。

（二）图式驱动模型

此模式也称为自上而下模型。在重构过程中，听者利用先前的语境知识来理解所听到的内容。这些先前的知识被认知心理学家奥苏贝尔称为"先行组织者"。该模型的理论假设源于认知心理学家皮亚杰的图式理论，即我们的头脑中的知识被组织成相互关联的模式，这些模式是由大量类似事件的经历构建起来的。这种模式强调激活听者已有的知识结构，引导学生预测听力内容，理解整个听力过程的重要性。教师要让学生平时多积累一些听力范文，精听并掌握文章结构，用以同化新的听力内容。

（三）PWP 模式

PWP 是 prelistening,while listening,post listening 的缩写，包括听前、听中和听后阶段。教师在听前阶段的主要任务是通过激活背景知识、建立听力期望、提高学习动机，帮助学生做好语音、词汇、句子、背景知识等方面的准备。听中环节重视信息理解和听力技能训练；而听后环节则是巩固阶段，教师可以明确学生理解的程度，为进一步提高听力提供支持，并将听力与其他语言技能结合起来。

（四）任务驱动模式

此模式强调利用听力任务的真实性来提高听力理解。它包括前任务阶段、任务活动中阶段和任务完成后阶段。在任务前阶段，教师可以设置与教材相关的任务；在听中阶段，学生以个人或小组形式准备听力作业，并将听力结果呈现给全班同学；在后任务阶段，语法、词汇等方面的常见问题是听力教学的重点。

这些听力教学模式各有优点和缺点，教师在教学过程中应根据教学内容和任务重点采用适合的模式，并充分利用各种模式的优势，提高学生的听力水平。

四、小学英语听力教学活动

小学英语听力活动形式多样，教师可以根据具体课型有针对性地加以应用。

（一）辨别技能（Discrimination）

最小配对对比（Contrasting minimal pairs）；

标记重音、节奏、语义组（Marking stress,rhythm,and semantic groups）；

比较音素或单词（Comparing phonemes or words）。

（二）整体理解（Global Understanding）

选择适当的主题（Selecting appropriate topics）；

匹配主题句（Matching topic sentences）；

找出主旨（Identifying the main idea）。

（三）获取具体或详细信息（Specific or Detailed Information Retrieval）

真假题；回答问题（True/false questions；answering questions）；

重新排列句子；听后整理图片顺序（Rearranging sentences；sequencing pictures）；

填空、填写图表、表格、图示（Filling in blanks； completing charts,tables,diagrams）；

表演或绘制故事情节；做笔记（Performing or illustrating storylines； taking notes）。

（四）语言活动（Linguistic Activities）

辨认特定单词（Recognizing specific words）；

分析句子结构、话语、社会语言特征（Analyzing sentence structure,discourse, sociolinguistic features）；

完成填空题型；将单词与它们的解释配对（Completing clozetype questions； matching words with explanations）。

（五）综合技能听力（Integrated Skills Listening）

听后重复；听后回答问题（Listening and repeating; listening and answering questions）；

听写或听写游戏；角色扮演；辩论；讨论（Dictation or dictogloss; roleplay; debate; discussion）；

重述或回写；听音乐欣赏（Rewriting or writing back; listening and enjoying music）。

五、小学生英语听力困难的主要问题及原因分析

（一）缺乏英语交流的语言环境

在中国，英语并不是母语，很多小学生在日常生活中接触到的语言环境都是中文，缺乏英语语言环境会导致他们在听力方面的发展不足。

（二）小学生发音存在困难

英语和汉语有很大的差异，特别是在发音上。例如，英语中的一些辅音、元音及语调可能与汉语不同，这使得学生们在听时难以准确辨别。

1. 辅音的发音差异：英语中的一些辅音与汉语中的发音有较大差异，如，[θ] 和 [ð] 这样的辅音，在汉语中并没有对应的发音。因此，学生可能会发生语音混淆，如将 "think" 读成 [sink]；plates[pleits] 发成 [pleis]；fish[fiʃ] 读成 [fis]；

2. 元音的发音难度：英语中的元音数量较多，而且有时候同一个字母可能对应多种发音。例如，"a" 在 "cat" 中发音为 /æ/，而在 "father" 中发音为 /ɑ:/。这种变化会增加学生的学习难度，而且容易导致发音错误。如，red,leg,guess 中的 e 发 [e]，有些地方的学生受家乡音影响将 [e] 发成 [ai]。

3. 双元音混淆：在一些字母组合中时常出现混淆情况，如 bear[ber] 与 beer[bɪə（r）]/[bɪr] 不分；但 dear[dɪə（r）] 与 deer[dɪə（r）] 发音却相同；leaf[li: f:] 与 deaf[def] 混淆；weather,sweater,sweat 中 [e] 与 wheat[i:] 混淆。

4. 语调和节奏的差异：英语语调与汉语语调有很大的不同。例如，英语中的

强弱重音和语调的升降起伏方式与汉语不同，这可能导致学生在句子的语调和重音上出现偏差，影响到对英语语音的准确理解和表达。

5.连读和弱读：英语中存在许多连读和弱读现象，而这在汉语中较少见。例如，"I am"中的"am"可能会被弱读或者连读成 [əm]，而不是清晰地发音为 [æm]；umbrella[ʌm'brelə]，uncle['ʌŋkl] 中的 [ʌ] 错误地读成 [a]。这种连读和弱读对于学生来说可能是一个挑战。

这些例子展示了中国小学生在学习英语发音时可能面临的困难。这些差异性会导致他们在语音的准确理解和表达方面遇到困难。

（三）词汇量和语块不足

小学生的词汇量和语块、语料通常有限，他们可能无法理解听到的生词或生词组，导致对整个句子或篇章的理解受阻，也难以根据语境推测意义。

（四）语速问题

英语语速通常比中文快，对于小学生来说，快速的语速可能超出他们的听力能力范围，导致理解困难。

（五）缺乏听力训练

中国的英语教育往往注重读写，而忽视了听说。因此，许多小学生在英语听力方面缺乏足够的训练，导致听力水平相对较低。

（六）文化差异

英语作为一门外语，常常会涉及不同的文化背景和习惯。这些文化差异可能会增加小学生对听力内容的理解难度。

针对这些问题和原因，可以采取一系列措施来提高小学生的英语听力水平，包括增加与英语语言环境的接触机会、加强发音训练、扩大词汇量、提供听力材料并进行适当的语速控制、加强听力训练等。

六、改善小学生英语听力教学的对策

（一）创造英语语言环境

学校可以通过组织英语角、英语戏剧表演、英语歌曲比赛等活动，创造英语语言环境，让学生更多地接触和使用英语。

（二）加强发音训练

教师可以针对常见的发音难点，设计相关的练习和活动，引导学生正确发音，可以利用语音软件或者多媒体资源进行听力模仿练习。

1. 发音示范和模仿：教师应该经常进行发音示范，带领学生准确模仿英语的发音，特别是一些汉语中不存在的辅音和元音。可以利用多媒体资源或者语音软件进行发音示范，让学生跟着模仿。

2. 练习发音差异：设计针对性的练习活动，让学生重点练习英语中与汉语不同的辅音和元音。可以通过口型练习、发音游戏等方式，帮助学生克服发音难度。

3. 反复训练和巩固：发音的学习需要反复训练和巩固。教师可以设计系统性的发音训练课程，每周安排一定时间进行发音练习，通过反复练习来巩固学生的发音技能。

4. 个性化指导：针对学生个别发音问题，进行个性化的指导和辅导。教师可以采用一对一或小组指导的方式，有针对性地帮助学生纠正发音错误，提高发音准确度。

5. 强化听力训练：良好的听力能力是发音准确的基础，因此加强听力训练也是提高发音水平的重要途径。通过听力材料，让学生不断接触和理解正确的发音，提高发音准确度。

6. 鼓励口语表达：在课堂教学中，鼓励学生积极参与口语表达，让他们有更多的机会使用英语，锻炼口语技能，提高发音的准确度和流利度。

（三）拓展词汇量和语块

学校可以组织单词竞赛、词汇卡片游戏等活动，帮助学生扩展词汇量。同时，教师在教学中应该注重语块和语料的积累和应用，特别是一些常用的短语和固定搭配以及不同主题的语料学生应该善于积累，教师创设情境或者布置任务让学生应用。

（四）控制语速

在教学过程中，教师应该根据学生的听力水平和理解能力，适当调整语速，让学生能够更好地理解。

（五）增加听力训练

学校可以安排每周一定的时间进行听力训练，提供与学生年龄和水平相适应的听力材料，如英语短片、英语故事、英语广播剧等，帮助学生提高听力技能。

（六）跨文化交流

通过引入英语国家的文化、习惯和风俗等内容，让学生更好地了解英语国家的文化背景，有助于提高他们对英语听力内容的理解能力。

以上对策，可以有效地帮助中国小学生提高英语听力水平，使他们能够更好地应对英语学习中的听力挑战。

小学英语口语教学

一、小学英语口语教学的意义

（一）提高日常交流能力

口语是日常交流的主要方式，通过口语教学，小学生可以提高在日常生活中使用英语进行交流的能力。这对于他们将来在国际社会中的交流、学习和生活都至关重要。

（二）增强语言自信心

通过口语训练，学生可以逐渐克服说英语时的紧张和羞怯，建立起自信心。这不仅对提高他们在英语学习中的积极性和主动性有所帮助，也有利于日后参与各种英语交流活动时的表现。

（三）培养语用能力

口语教学注重实际应用，通过模拟真实情景，让学生在课堂上进行口语交流，帮助他们更好地应对日常生活中的各种交际场景，提高实际应用能力。

（四）促进跨文化交流

口语教学不仅仅是语言技能的学习，更是对文化交流的培养。通过口语教学，学生可以了解英语国家的文化、习俗和社会背景，促进跨文化交流和理解。

（五）提高学习动机和兴趣

口语教学可以使学生更直观地感受到英语的实际运用和交流效果，从而增强学习动机和兴趣。学生通过口语交流，可以更加深入地参与到英语学习中，提高学习的积极性。

小学生口语教学在中国教育中的重要性不言而喻。针对性的口语训练和活动设计，可以帮助学生有效地提高口语表达能力，为他们未来的学习和生活打下良好的基础。

二、小学生口语教学存在的主要问题和障碍

（一）缺乏相应的英语交际语言环境

多数小学生只有在学校才有说英语的机会，在日常生活中很少接触到英语语言环境，课堂英语缺少生活语境支持，这限制了中国学生口语能力的发展。

（二）课堂时间不足

由于英语课程时间有限，课堂教学往往更加注重阅读和写作能力的培养，而口语教学往往受到忽视。学生缺乏足够的时间进行口语练习和表达。

（三）师资水平不足

部分小学英语教师的口语水平不够高，无法为学生提供优质的口语示范和指导，这限制了学生在口语表达方面的进步。

1. 语音准确性不足：部分小学英语教师的语音准确性不高，他们可能存在发音错误或者口音较重的情况。这会影响到学生对正确发音的模仿和学习。

2. 语调和语速不自然：部分教师的语调和语速不够自然，不能够给学生提供良好的语言模型。学生难以从教师的口语示范中学习到自然、流畅的语言表达，也影响了学生表达时的自信心。

3. 语法和词汇运用不规范：一些教师在口语表达中存在语法错误或者词汇使用不当的情况，这会影响到学生对语言规范的学习和理解。

4. 缺乏口语教学经验：有些教师缺乏口语教学经验，不知道如何设计有效的口语活动，或者如何引导学生进行口语练习。教师掌握的学生口语典型错误和技巧不足会限制学生在口语表达方面的进步。

5. 自信心不足：部分教师对自己的口语能力缺乏自信心，因此在课堂上不够

积极地展示口语技能，也无法激发学生的学习兴趣和信心。

（四）学生自信心不足

由于缺乏实际的语言环境和口语练习机会，有些小学英语教师的口语能力不足，发音存在一定缺陷，课堂用语缺乏专业性和自信心，影响了学生表达时的自信心和流畅性。另外，学校评价体系偏重读写而轻视听说，中国学生的英语口语能力普遍偏低，一些学生对自己的口语能力缺乏信心，不愿意积极参与口语活动，形成恶性循环。

（五）缺乏实践机会

学生缺乏在真实情境下使用英语进行交流的机会，大班授课往往难以满足学生的实际需求，教学难以照顾到个体差异，学生的实际参与度低。

（六）文化差异和语感不足

英语作为一门外语，涉及不同的文化背景和语感。学生缺乏对英语语言背后文化含义的理解，加上语音教学基础没有打好，忽视了自然拼读法和语音、语调的学习，导致口语表达时可能会出现理解和表达的障碍。

解决这些问题和障碍需要学校、教师和家长共同努力，提供更多的语言环境，增加口语教学的时间，提高教师的口语水平，鼓励学生自信地参与口语活动，争取更多的实践机会，并加强对英语文化的了解。

三、改进小学英语口语教学的对策

（一）为教师提供专业培训

学校可以组织针对口语教学的专业培训，帮助教师提高语音、语调、语速等口语表达能力，并学习如何设计有效的口语教学活动。

（二）提供优质资源支持

学校可以提供丰富的口语教学资源，包括录音、视频、口语练习软件等，供教师使用和参考，以提升教学效果。

（三）创设语言环境

学校可以创造英语语言环境，例如建立英语角、举办英语演讲比赛等活动，为教师和学生提供更多的英语交流机会，提高口语表达能力。

（四）鼓励自主学习

教师应该积极主动地进行口语教学方面的自主学习，通过阅读相关书籍、参加口语培训班、在线练习等方式，不断提升自己的口语水平和教学能力。

（五）加强反馈和指导

学校可以加强对口语教学的反馈和指导，定期组织口语教学观摩和交流，让教师相互学习、借鉴经验，共同提升口语教学水平。

（六）建立评价体系

学校可以建立完善的口语教学评价体系，充分考虑口语表达能力在评价中的权重，为教师提供更有针对性的反馈，促进教学水平的提升。

（七）激励积极展示，增强自信心

教师不断提升自身的口语技能，以身作则，为学生提供榜样示范；另外，提供充足的知识和语料准备，要教给学生一些实用的口语交际技巧，激发学生的学习兴趣，增强其口语表达的自信心，促进学生口语表达能力的提高。一方面教师自身要提高专业化水平，教师的发音应尽量标准，表达要流利，给学生树立正确的发音和表达榜样，并让学生跟读和练习。在讲解某个语法点时，教师可以准备一些实际应用的例句和练习题，以便学生理解和掌握。另一方面，要鼓励学生从小养成认真的学习态度，不断提升英语水平，要将自信心建立在自身能力的基础上。

（八）加强教师的实践机会

学校可以增加教师参与口语教学实践的机会，例如组织口语教学工作坊、学习社区、学术研讨、编制口语教学教材等，让教师能在实践中不断提升口语教学水平。

（九）有效开展口语教学活动

1. 前交际活动：

句型练习：教师可以给学生提供一些常用句型的练习，让他们进行句型替换或填空，帮助学生熟悉基本的口语表达结构。

词汇练习：通过图片或实物等展示不同的词汇，让学生模仿教师的发音并跟读，帮助他们扩展词汇量、提高发音准确度。

2. 准交际活动：

角色扮演：教师可以设计一些简单的角色扮演情景，让学生分角色进行对话，如买东西、问路等，以培养学生的口语表达能力和情景交际能力。

情景演练：通过教师引导，学生可以模拟真实生活中的情景，如家庭聚餐、生日派对等，进行口语表达练习，锻炼学生的交际能力和语言运用能力。

3. 功能性交际活动：

小组讨论：教师可以组织学生进行小组讨论，讨论一些与日常生活相关的话题，如喜好、家庭、学校生活等，以促进学生之间的互动和口语交流。

情景任务：教师给学生提供一个具体的任务或情景，让学生在小组或者一对一的情况下合作完成，如制作海报、演讲、编写对话等，以提高学生的合作能力和口语表达能力。

教师要注意口语交际的语用特点，例如，不同的说话风格，与说话者的身份地位以及场合有关，一是宏大的政治话语风格，例如阅读 *China daily* 时可以熟悉其文体风格；二是中间风格，如专业性发言、学术报告等，学生学习科学类内容可以熟悉相关的术语和句子特点；第三种是低位风格，如口头交际、地方话等。学生需要在掌握标准英语的基础上通过生活化的语境和相关短语的学习从正式语言向交际语言风格转换。

4. 交际活动：

角色扮演游戏：教师设计一些角色扮演游戏，让学生扮演不同的角色进行对话交流，如在超市购物、在医院看病等，以增强学生的情景交际能力和口语表达能力。

真实情景对话：教师安排真实的情景对话活动，例如模拟电话交流、模拟面试等，让学生在真实的情境中进行口语交流，提高口语表达能力和应变能力。

（十）注重因材施教

1. 加强个性化评估：教师应该对学生进行个性化评估，了解每个学生的口语水平、兴趣爱好、学习风格等。通过观察和评估，可以更好地了解学生的口语表达能力和需求。

2. 采用灵活的教学方法：根据学生的个性和口语水平，教师可以灵活运用不同的教学方法和策略。例如，对于口语能力较强的学生，可以采用更具挑战性的口语活动；对于口语能力较弱的学生，可以采用更加简单和亲近的口语活动。

3. 进行个性化指导：针对每个学生的口语需求和学习风格，教师可以提供个性化的口语指导和辅导。例如，针对性地指导学生克服发音障碍、提高语感、增加词汇量等。教师也可以提供适合不同水平和兴趣的口语学习资源，如有趣的口语游戏、英语歌曲、口语练习软件等，让学生根据自己的需求和兴趣进行学习。

下面重点分析一下小学生英语口语障碍的表现及其成因。

（1）发音不准确：学生发音模糊、错误，常常难以被听懂。这可能是由于学生缺乏对英语语音的准确理解，或者受到母语音素的影响。此外，缺乏口语练习和指导也是发音不准确的原因之一。

（2）词汇量和语料不足：学生在口语交流中词汇匮乏，词不达意，言语贫乏，缺少变换，表达能力受限。可能是由于学生缺乏对英语词汇和相关主题语料的积累和应用，或者缺乏语言输入和实践机会。另外，学生可能缺乏对词汇的深层理解和运用。

（3）语法错误：学生在口语表达中常常犯语法错误，句子结构不够准确。这可能是由于学生对英语语法规则的理解不够透彻，或者缺乏语法训练和练习所致。此外，学生可能受到母语语法的干扰，影响英语语法的正确运用。

（4）语言焦虑：学生在口语交流中感到紧张、不自信，甚至出现口吃、结巴等现象。可能是由于学生对口语交流的压力和焦虑过大，缺乏自信心。此外，学生可能害怕犯错或被他人嘲笑，导致口语表达受阻。

（5）缺乏实际交流经验：学生在口语交流中缺乏流畅性和自然性，表达显得生硬和僵硬。可能是由于学生缺乏实际的语言交流经验，没有机会在真实情境中运用英语进行交流。缺乏实践机会限制了学生口语能力的发展。

（6）文化差异和语感不足：学生在口语交流中无法理解和运用英语的文化背景和语感，表达不够地道和自然。可能是由于学生缺乏对英语国家文化的了解，或者缺乏对英语语境的敏感度。此外，学生可能受到自己母语文化的影响，难以融入英语语境。

针对小学生英语口语障碍的表现及其成因，教师需要综合考虑学生的语言水平、学习环境、心理因素等方面因素，有针对性地采取措施。

以上对策的综合实施，可以有效解决中国小学英语教师口语教学中存在的问题，提高教师的口语表达能力和教学水平，从而更好地为学生提供优质的口语示范和指导，促进学生口语能力的全面发展。

【知识拓展：AI 辅助英语口语学习】

"AI 辅助英语口语学习"是指利用人工智能（AI）技术来帮助学习者提高口语英语水平的方法。这种方法利用 AI 技术驱动的工具，如虚拟导师或语言学习应用程序，为学习者提供个性化的反馈、练习机会和互动对话。其工作原理如下。

1. 个性化反馈：AI 系统可以实时分析学习者的发音、语调、流利度和语法，并提供个性化的反馈。这种反馈帮助学习者识别需要改进的方面，并跟踪他们的学习进度。

2. 练习机会：AI 助教为学习者提供了充足的口语练习机会。通过互动练习、对话、角色扮演和口语提示等方式，学习者可以与 AI 导师或虚拟伙伴进行模拟对话，以便在支持性的环境中进行口语练习。

3. 语言纠正：AI 助教可以检测和纠正学习者口语中的错误，帮助学习者提高准确性和流利度。通过指出错误并提供解释，学习者可以从错误中学习，并对发音和语法做出必要的调整。

4. 语言模型和自然语言处理：先进的 AI 技术，比如自然语言处理（NLP）和语言模型，使 AI 助教能够像人类一样理解和回应学习者的语音。这提升了对话体验，鼓励学习者更积极地参与口语练习。

5. 自适应学习：AI 助教可以根据学习者的水平、学习风格和学习偏好提供个性化的学习体验。通过自适应算法，AI 系统可以推荐个性化的学习材料、练习和活动，以满足个体的学习需求。

以下是一些 AI 辅助英语口语学习的软件。

1. Duolingo（多邻国）：Duolingo 是一个流行的语言学习平台，提供各种互动练习，包括口语练习，学习者可以在其中练习发音和口语技能。口语练习主要是利用语音识别技术来提供学习者的发音反馈，以提高技能训练的精准度。

2. Rosetta Stone（罗塞塔石）：Rosetta Stone 是一款语言学习软件，利用语音识别技术来提供学习者的发音反馈。它提供互动课程和活动，重点放在口语、听力、阅读和写作技能上。

3. Pronunciation Power（发音大师）：Pronunciation Power 是一个专门设计帮助学习者提高发音技能的软件程序。它提供互动练习、音频示例和视觉辅助，帮助学习者练习和提高他们的发音。

4. Speech Ace（语音王）：Speech Ace 是一个在线平台，为学习英语的人提供口语练习。它利用语音识别技术来评估学习者的发音，并提供有关口语技能的反馈。

5. Elsa Speak（Elsa 发音）：ELSA Speak 是一个移动应用程序，通过互动课程和口语练习帮助学习者提高英语发音。它利用 AI 技术来分析学习者的语音，并针对性地提供发音反馈。

6. Lingo Champ（语言冠军）：Lingo Champ 是一款语言学习应用程序，提供互动口语练习和针对学习者发音的个性化反馈。它利用 AI 技术来评估学习者的语音，并提供有针对性的反馈，帮助他们提高发音技能。

这些只是市场上可用的一些 AI 助教口语英语学习软件的示例。每个软件都以不同的方式利用 AI 技术，为学习者提供练习和提高口语技能的机会。

总的来说，AI 助教英语口语学习利用人工智能的力量为学习者提供了有效而有趣的口语练习和提高的机会。通过提供个性化的反馈、练习机会、语言纠正和自适应学习体验，AI 在支持学习者的语言习得过程中发挥了重要作用。

【作业产出】

1. 请利用听力教学不同的模式进行小学英语的听说教学循证设计。

2. 请尝试应用 AI 辅助软件进行口语训练并记录一周的学习情况（包括发音的错误和改进，成绩的变动情况等），并完成循证学习分析报告。

CHAPTER 7

内容提要

　　阅读和写作教学是小学英语技能教学的重要内容。阅读属于信息的输入环节，而写作属于信息的输出。小学生阅读内容比较简单，目前使用的部编版小学英语教材的阅读内容主要是故事，2024 版教材中的故事教学替换成 projects，另外增加了泛读内容（extended reading）。它通常指的是在学习过程中，为了更深入地理解和学习某一特定主题或概念而进行的额外阅读活动。这些阅读材料可能是相关的书籍、文章、报告、论文等。通过扩展阅读，学生可以进一步巩固所学知识，提高阅读理解能力，并丰富自己的知识储备。此外，还有课外绘本阅读、简单的新闻和海报阅读等。小学英语阅读教学一是激发阅读兴趣，二是教授阅读模式和技巧，诸如 PWP 模式以及略读、寻读、品读等阅读技巧。小学英语写作教学也需要提供支架和结构，让学生掌握不同类型语体的写作框架和常用语词和句型，关键的是还要与生活相结合，表达一定的情感和态度。写作不仅有利于小学生知识的掌握和技能的提升，而且有利于心理健康和潜能开发。

第一节 小学英语阅读教学

一、小学英语阅读教学的意义

小学生英语阅读教学的意义是多方面的，它不仅仅是为了提高学生的英语阅读水平，更重要的是促进他们的全面发展和思维品质的培养。

（一）激发兴趣和好奇心

阅读故事、文章等内容，可以激发学生的兴趣和好奇心，提高他们学习英语的积极性。例如，一些富有趣味性的故事或者引人入胜的情节能够吸引学生的注意力，让他们更愿意投入到英语学习中。

（二）促进知识和技能学习

阅读是获取知识的重要途径之一。通过阅读不同主题的文章，学生可以学习到丰富的词汇、语法结构以及相关的文化知识。比如，阅读关于动物、自然、科学等方面的文章，可以帮助学生拓展知识面。

1.词汇学习：阅读不同主题的文章可以帮助学生接触到丰富的词汇，扩展他们的词汇量。在阅读过程中，学生会逐渐掌握并记忆新单词，通过上下文的语境理解词汇的意思和用法。

2.语法学习：阅读故事、文章时，学生可以接触到各种语法结构的应用，例如句型、时态、语态等。通过阅读，学生可以在语境中理解和掌握这些语法知识，提高语法水平。

3.文化知识学习：阅读不同主题的文章，尤其是文化、历史、地理等方面的内容，可以帮助学生了解相关的文化知识。例如，通过阅读关于动物、自然、科学等方面的文章，学生可以了解到有关这些主题的相关知识，拓展知识面。

4.阅读技能的培养：阅读教学不仅仅是为了传授知识，还包括培养学生的阅读技能如理解、分析、推断等。学生在阅读过程中通过对文章的理解和思考，逐渐提高阅读理解能力和批判性思维能力。

5.跨学科学习：阅读教学可以促进跨学科的学习，例如通过阅读关于科学、历史、文学等不同学科的文章，学生可以在阅读中获得跨学科的知识，丰富自己的学科知识面。

（三）发展社会道德感

通过阅读故事中的人物形象和情节，学生可以了解到不同的人物行为和价值观，培养自己的社会道德感，学会区分善恶。例如，阅读关于友谊、正义等主题的故事，可以引导学生树立正确的人生观和价值观。

小学生正处于道德发展的外在参照阶段，需要正确的价值引导。阅读故事中的人物形象和情节可以帮助他们理解并感受到善良、正义等价值观念的重要性。通过故事中的正面角色和负面角色的对比，学生可以更清晰地认识到什么是正确的行为，什么是错误的行为，从而形成正确的道德判断。

例如，当学生阅读到一个故事中描述了一个人物为了帮助他人而勇敢地克服困难的情节时，他们可能会被这种善良和正义的行为所感动，并从中领悟到帮助他人、助人为乐的道德价值。当学生阅读到一个故事中描述了一个人物因为自私和欺骗而受到惩罚的情节时，他们可能会意识到自私和欺骗所带来的不良后果，从而警惕自己不要做出类似的行为。

因此，通过阅读故事，学生可以在情感和认知上体验和理解道德价值观念，逐步形成内在的道德评判标准和行为习惯。这有助于他们在日常生活中树立正确的人生观和价值观，培养出积极向上的社会道德观。

（四）促进情感和态度的发展

阅读教学不仅仅是传授英语和技能，更重要的是引导学生品读其中蕴含的情感、态度和价值观。阅读不同主题的故事，如人与人之间的关系、人与自然的关系、人与动物的关系等，可以建立一种互惠友好的积极情感。

阅读能够触发学生的情感共鸣，引发他们对故事中人物的情感反应，从而促进情感和态度的发展。比如，阅读描写友情、家庭关系等主题的故事，可以培养学生的情感表达能力和情感交流能力。例如，当学生阅读到一篇描写友情的故事时，他们可能会感受到故事中人物之间的深厚情谊，体会到友情的重要性。这种情感共鸣可以引发学生对自己身边友情的反思和感悟，进而促使他们培养出积极向上的友情态度，更加珍惜身边的友谊。

阅读有利于学生的社会情绪学习，例如学生在学习 How do you feel 单元时可以学会控制自己的情绪——Don't worry! Everything will be all right.No angry!Maybe the traffic is too heavy. Count to ten and have a deep breath. 遇事多向积极方面考虑，例如在讲 Weather 单元时，有的学生说自己的情绪经常会受到天气的影响，特别是下雨天，情绪比较低沉。教师引导学生背诵诗歌"好雨知时节，当春乃发生。随风潜入夜，润物细无声"。

教师还可以在拓展提升环节用故事教会学生积极思维。例如，一位老太太有两个儿子，大儿子卖雨伞，小儿子卖草鞋。一到了下雨天，老太太就担心小儿子的草鞋卖不出去；一到了有太阳的天气，老太太又担心大儿子的雨伞卖不出去。有位邻居对老太太说：你为什么不反过来想想，下雨天大儿子的雨伞容易卖出去，有太阳的天气小儿子的草鞋容易卖出去，这样每天心情都会愉快。

在讲到冬天时，教师可以和学生一起情不自禁地哼唱起《雪绒花》 Edelweiss: Every morning you greet me. Small and white. Clean and bright.You look happy to meet me.Blossom of snow may you bloom and grow.Bloom and grow forever.Edelweiss,edelweiss.Bless my homeland forever. 激发学生对和平和美好生活的向往。

小学英语教材中有关于节日的素材，诸如"My favorite festival is spring festival." 教师可以拓展中西节日的对照，如" Christmas"" Thanks Giving Day"等。教师也可以通过节日文化内涵的教学，让学生进行社会情绪学习，诸如学会感恩，感受亲情、友情的美好等。教师可以出示一些心理学的证据：Benefits of Gratitude（懂得感恩的益处）：Improved sleep；Improve your social relationships；Improve your immune system to defense against viruses；Reduces your stress levels；Improves decision making；Fewer aches and pains.

另外，阅读描写人与自然、人与动物之间关系的故事，学生可以感受到人类与自然界的亲密联系，体会到对自然和动物的尊重和保护的重要性。这种体验有助于培养学生的环保意识和动物保护意识，促使他们养成爱护自然、爱护动物的良好态度和行为习惯。

总之，阅读教学通过情感共鸣和情感体验，不仅可以促进学生情感和态度的发展，还能够引导他们培养积极向上的情感态度，建立良好的人际关系，促进社会情感和谐。

（五）培养小学生的文化意识

阅读不同文化背景下的文学作品和故事，学生可以了解到不同文化之间的差异和共通之处，培养自己的跨文化意识。

1. 了解不同文化背景：阅读来自不同文化背景的文学作品和故事，学生可以了解不同国家、民族或社会群体的文化传统、价值观念、习俗和生活方式。这有助于拓宽学生的视野，促使他们更加开放地去接纳和尊重不同文化的存在。

2. 培养跨文化意识：阅读教学可以培养学生的跨文化意识，使他们能够超越自身的文化背景，理解和尊重他人的文化差异。通过比较和对比不同文化之间的相似性和差异性，学生可以逐渐形成包容性和开放性的思维方式，从而更好地融入多元文化的社会环境。

3. 增进理解和交流：阅读来自不同文化背景的作品，学生可以深入了解不同文化间的交流和互动，增进对他人的理解和沟通能力。阅读他人的文化故事和体验，学生可以更好地理解他人的想法和情感，促进跨文化交流和友谊的发展。

4. 促进友谊的形成：阅读和分享不同文化背景的故事，学生可以建立起共同的语言和情感纽带，促进彼此之间的情感交流和友谊的形成。在共同阅读和讨论的过程中，学生可以互相启发、借鉴和支持，从而建立起良好的人际关系和友谊关系。

小学英语阅读教学有利于小学生的文化意识培养，通过了解多元文化、增进理解和交流、发展友谊等途径，帮助学生拓宽视野、培养包容性思维，促进跨文化交流和友谊的形成。

（六）培养小学生良好的思维品质

小学生英语阅读教学对思维发展的意义重大，因为阅读不仅仅是获取信息的过程，更是一个启发思维、培养思维品质的过程。

1.促进批判性思维的培养：阅读教学可以培养学生的批判性思维，使他们能够对所阅读的内容进行深入思考、分析和评价。阅读不同题材和风格的文章，学生可以学会提出问题、分辨信息的可信度，形成独立的判断。例如，教师可以引导学生思考文章中的逻辑关系、作者的立场和观点，并提出自己的见解和论据。

2.激发创造性思维的发展：阅读教学也能够激发学生的创造性思维，使他们能够从不同角度去理解和解释所阅读的内容。阅读具有想象力和创造性的文学作品，学生可以培养自己的想象力和创造力。例如，教师可以引导学生进行角色扮演、创作故事或者设计新的结局，激发他们的创造性思维。

3.提升推理、推断和预测能力：阅读教学可以提升学生的推理、推断和预测能力，使他们能够通过已有的信息来做出合理的推测和预测。阅读文学作品和科普文章，可以培养逻辑思维和推理能力。例如，教师可以组织学生进行情景推断、角色心理揣摩等活动，让他们通过文字间的线索进行推理和预测。

4.培养博弈性思维和策略性思维：阅读教学也可以培养学生的博弈性思维和策略性思维，使他们能够灵活运用所学知识解决问题。阅读不同类型的文章和解决文中的问题，学生可以培养自己解决问题的能力和应变能力。例如，教师可以引导学生进行阅读理解游戏或者解密活动，让他们通过合作和竞争的方式进行思维训练。

小学生英语阅读教学在培养学生思维品质方面发挥着重要作用。要提升阅读教学的效果，教师需要重新审视批判性思维的本质，并结合具体的教学案例，从阅读技巧、提问方法、情景创设、文化融入以及读写结合等多个方面进行综合分析和整合，以促进学生思维品质的全面发展。

综上所述，小学生英语阅读教学对学生的英语学习和发展具有重要意义，不仅可以提高他们的语言水平，还可以促进他们的全面发展和思维品质的培养。

二、小学英语阅读教学的主要内容

（一）绘本故事

绘本故事是小学生阅读的重要内容之一，它们以图画为主，文字简单易懂，配以生动的插图，能够吸引学生的注意力，增强阅读的趣味性。例如，一些经典的绘本故事如《小王子》《猫和老鼠》等。下面是《毛毛虫》绘本里的一个故事。

The Very Hungry Caterpillar

Eric Carle

"The Very Hungry Caterpillar" is a beloved children's book that tells the story of a caterpillar's journey from hatching out of an egg to transforming into a beautiful butterfly.

The story begins with the introduction of a tiny egg laid on a leaf,which eventually hatches into a hungry caterpillar. On the first day,the caterpillar eats through one apple,but he's still hungry. The following day,he munches through two pears,but he's still not satisfied. As the week progresses,the caterpillar consumes an array of fruits including plums,strawberries,oranges,and more.

With each passing day,the caterpillar eats larger quantities of food until he experiences an upset stomach. Realizing he's overeaten,the caterpillar retreats to a leaf and forms a cocoon around himself. After a period of rest and transformation,the caterpillar emerges from the cocoon as a beautiful butterfly.

Key Themes:

Growth and Transformation: The story follows the caterpillar's journey of growth and transformation from a tiny egg to a vibrant butterfly,symbolizing the stages of life and personal development.

Healthy Eating: Through the caterpillar's voracious appetite for fruits and subsequent stomachache,the book subtly conveys the importance of healthy eating and moderation.

Numbers and Days of the Week: The story incorporates basic numerical concepts as the caterpillar eats through different quantities of food each day of the week,providing a simple and engaging introduction to counting and days of the week for young readers.

Nature and Life Cycle: "The Very Hungry Caterpillar" introduces children to the wonders of nature and the life cycle of a butterfly,offering opportunities for learning about science and the natural world.

Colors and Shapes: Eric Carle's distinctive collage illustrations feature bold and vibrant colors,as well as various shapes and patterns,enhancing children's visual perception and recognition of colors and shapes.

Overall, "The Very Hungry Caterpillar" is a timeless classic that not only entertains children with its engaging story and colorful illustrations but also provides valuable educational opportunities across various themes and concepts.

（二）电子书

随着科技的发展，电子书成了小学生阅读的另一种形式。电子书通常具有动画效果、音频朗读等功能，可以提供更丰富的阅读体验，吸引学生的兴趣。例如，一些交互式的英语学习应用程序或网站提供了丰富的英语电子书资源。

（三）童话故事

童话故事是小学英语阅读教学中常见的内容，这些故事通常包含简单明了的情节和生动的人物形象，适合小学生的阅读水平和心理需求。童话故事具有丰富的想象，采用夸张和拟人的手法，情节生动离奇，引人入胜，语言通俗易懂并且具有画面感和动态体验。下面是一些中外儿童喜闻乐见的童话故事举例。

1.Cinderella（灰姑娘）：This timeless tale teaches lessons about kindness, perseverance,and the power of believing in oneself. Pupils can learn about the importance of inner beauty and overcoming adversity.

2.Snow White and the Seven Dwarfs（白雪公主和 7 个小矮人）：This story highlights themes of jealousy,friendship,and the triumph of good over evil. It can spark discussions about the consequences of vanity and the value of loyalty.

3.Beauty and the Beast（美女与野兽）：This enchanting tale emphasizes the importance of looking beyond appearances and finding beauty within. Pupils can explore themes of acceptance,empathy,and the transformative power of love.

4.The Little Mermaid（海的女儿）：This underwater adventure teaches lessons about sacrifice,bravery,and the pursuit of one's dreams. It encourages pupils to reflect on the importance of staying true to oneself and making selfless choices.

5.The Three Little Pigs（三只小猪）：This humorous tale teaches valuable lessons about planning,hard work,and resilience. Pupils can learn about the importance of being prepared and the consequences of taking shortcuts.

6.Jack and the Beanstalk（杰克与魔豆）：This magical story is filled with adventure and imagination. It teaches lessons about resourcefulness,courage,and the rewards of facing challenges head-on.

7.Hansel and GretelGretel（汉塞尔和格雷特）: This cautionary tale explores themes of greed,survival,and the importance of family. Pupils can learn about making wise choices and trusting their instincts.

这些童话故事为学生提供了接触丰富语言、不同人物和普遍主题的机会。它们可以激发学生的创造力、批判性思维和同理心，是青少年学习者的宝贵资源。

（四）科学幻想读物

科学幻想读物可以激发学生的想象力和探索精神，同时也能够拓展他们的科学知识。这些读物可能涉及未来科技、外太空探险等主题，既有趣，又富有教育意义。

在教材方面，不同省份小学英语教材可能会有所不同，但一般都包括了一些常见的模块，如 Let's learn,Let's talk,Let's do 和 Story time,新版的 Story time 模块替换成项目和泛读材料，扩大了阅读的范围和容量。阅读的内容和题材也更加多样。通常围绕着一些生动有趣的故事展开，通过故事帮助学生学习词汇、语法，并培养阅读理解能力。教材中的故事教学通常具有生活化和趣味性，同时融入了跨文化元素，有助于学生的文化意识和跨文化交际能力的培养。

三、小学英语阅读教学模式

小学英语阅读教学通常采用 PWP 模式，每个阶段都有特定的目的，旨在增强学生的阅读理解和语言习得能力。

（一）读前阶段

介绍和热身：预读阶段旨在引起学生的兴趣，激活他们的先前知识，并为即将进行的阅读活动做好知识和经验准备。活动可能包括头脑风暴、思维导图、预测练习或基于阅读材料相关主题的讨论。教师可以利用各种刺激因素，如图像、故事、问题、歌曲或视频等，介绍阅读材料的主题和关键概念。鼓励学生提出问题或表达对主题的期望，培养他们的好奇心和对阅读活动的期待。

（二）读中阶段

核心阅读活动：阅读时阶段侧重于实际的阅读过程，学生积极参与文本以理解其内容并提取相关信息。教师提供支持，通过提出引导性问题或词汇框架（如5W问题：谁、什么、何时、何地、为什么），帮助学生关注文本中的关键信息和关系。学生通过略读和寻读，快速找到特定细节或主要观点。教师可以在阅读过程中进行理解检查和互动学习，设置问题链，组织相关活动，确保学生理解并促进认知和情感发展。

（三）阅读后阶段

巩固和拓展：阅读后阶段旨在巩固学生对阅读材料的理解，反思学习经验，并通过各种活动扩展他们的学习。教师可以引导学生讨论或提出开放性问题，促使学生反思文本中的事件、人物、情感和潜在主题。

活动可以包括总结、写作练习、角色扮演或创建视觉表达（如概念地图、故事板），以加强学习，并促进语言产出。教师可能引导学生分析文学手法、语言特点和作者的语言运用，以加深他们对文本的理解和欣赏。

总之，小学英语阅读教学的 PWP 模式强调系统的预读准备、阅读过程中的积极参与以及阅读后的有意义的反思和拓展。通过结合多样的教学策略和互动式学习体验，旨在增强学生的阅读理解能力、批判性思维能力和语言技能。

四、小学英语阅读教学中存在的问题

（一）缺少立体感和问题空间

教学过程中，思维训练通常表现得浅显、形式主义。教师在情景创设、角色分析和扮演方面缺乏创新，导致教学缺乏立体感。导入环节的设计常流于形式，缺乏对教材的全面把握和学生知识经验的全景理解。在阅读过程中，学生的阅读技巧和思维方式训练不够精细，教师提出的问题往往是预设的，这限制了学生的思维空间和自主探究能力。

（二）阅读体验不深刻

教学内容单薄，缺乏对教材和学生的全面把握能力。教师对意义的挖掘往往牵强附会，学生自己的感受和体验得不到充分尊重，更多是跟随教师的体验。阅读教学追求表面的活跃，但难以创设真实的情境，让学生沉浸其中，形成持久的阅读兴趣和专注力。

（三）对学生个体差异关注不足

一些教师由于学生人数多或者受教师考评标准的影响，往往忽视了为不同阅读能力的学生提供针对性的评估和支持。例如，一些小学生存在英语阅读困难现象，诸如阅读速度和流畅性不够，可能在阅读时遇到困难，表现为阅读速度慢、停顿频繁或阅读时缺乏流畅性。他们可能会反复跳读或回读，以弄清楚句子的含义；理解能力差、阅读困难的学生可能会在理解文本方面遇到困难。他们可能难以提取关键信息、理解上下文或推断词义，导致对文本的整体意思理解不清；小学生词汇和句子水平准备不足，理解受限，可能会遇到词汇困难，无法理解或准确解释文本中的生词或复杂词汇。这可能导致他们的理解受到限制，因为他们无法理解文本中的关键词语；音标和拼写困难、阅读困难的学生可能会在识字和拼写方面遇到困难，无法准确地识别单词的音标或正确拼写单词；部分学生可能因为注意力不集中或分心而在阅读时遇到困难。他们可能无法持续集中注意力，导致阅读效率低下或理解能力受到影响。阅读困难可能是由多种因素的复杂交互影响所致，而教师很少能够提供有针对性的支持。

五、小学英语阅读教学改进策略

（一）创设问题情境

通过提出引人深思的问题，激发学生的思考和探索欲望。教师可以在教学中引导学生提出问题、展开讨论，鼓励他们通过推理、推测、猜测和预测等策略来解决问题，从而增强阅读理解能力。

培养证据思维：通过引导学生根据文本提供的证据进行推断和判断，培养他们的逻辑思维和批判性思维能力。教师可以通过教学活动或游戏的形式，让学生自主分析和评估信息，帮助他们逐渐形成比较理性、周到的判断能力。

建立立体性语意网络：将语言、文本、世界和学习者之间的关系联系起来，帮助学生更好地理解文本，构建丰富的语境。教师可以引导学生将文本中的语言与他们自己的生活经验联系起来，进行情境化的阅读理解，提高他们对文本的理解和应用能力。

唤起情感体验：通过创设生动的故事情境或情感体验，引发学生的情感共鸣，增强他们的阅读兴趣和参与度。教师可以使用多媒体资源或真实情境来呈现故事内容，让学生在情感上与文本产生共鸣，从而更深入地理解和感受文本所传达的信息。

（二）掌握阅读技巧

1. 掌握认知策略和阅读技巧：帮助学生掌握各种认知策略和阅读技巧，如比较、归纳、猜测、推理等。通过实际案例和练习，让学生熟练运用这些技巧，提高阅读效率。

2. 分阶段教学：将阅读过程分为略读、寻读和品读三个阶段，并针对不同阶段的阅读目标进行教学。教师可以通过示范、引导和练习，帮助学生掌握不同阶段的阅读技巧和策略。

3. 引导阅读任务：设计具体的阅读任务，如填表格、回答问题、概括故事情节等，帮助学生集中注意力，提高阅读效率。同时，通过任务的设置，培养学生的批判性思维和逻辑思维能力。

4. 多媒体辅助：结合图文并茂、音像与文本结合等方式，利用多媒体资源辅助教学。通过图片、视频等形式呈现故事情境，帮助学生更直观地理解和掌握故事内容，提高阅读效率。

5. 开放式思维训练：鼓励学生采用开放式思维，从多角度探究问题，并提出自己的观点和解决方案。教师可以引导学生进行探究式阅读，创设问题情境，激发学生的思维，培养他们解决复杂问题的能力。

6.个性化教学：根据学生的不同特点和需求，采取个性化的教学方法和策略。灵活运用各种教学资源和手段，满足学生的学习需求，提高他们的阅读效率和技巧水平。

（三）关注文化背景知识和增强体验

1.引导学生理解不同文化背景：教师要引导学生理解不同文化背景下的故事内容和人物形象，帮助他们摆脱自我中心，培养同理心。通过对不同文化背景故事进行解读和比较，让学生了解和尊重不同文化差异，增强跨文化交流能力。

例如，人教版三年级起点第一册第五单元 Let's eat 拓展性知识可以渗透中西餐饮文化的内容。

【知识拓展：不同国家和地区的餐饮文化】

不同国家和地区的餐饮文化是由当地的地理、历史、宗教信仰、社会习俗等因素共同塑造而成的。下面列举几个国家的餐饮文化特点。

中国： In China,we love to eat with our families. We have many different dishes on the table,like rice,noodles,vegetables,and meat. We use chopsticks to eat,and it's polite to share food with others.

日本： In Japan,people enjoy simple and delicious food. They eat a lot of rice,fish, and vegetables. They use chopsticks to eat and often sit on the floor at low tables. Japanese food is very fresh and healthy!

意大利： In Italy,people love pasta and pizza! They also use a lot of tomatoes, cheese,and olive oil in their cooking. Italian meals usually have several courses,including appetizers,main dishes,and desserts.

法国： In France,they have fancy meals called French cuisine. French people enjoy eating bread,cheese,and wine. They take their time eating and love to chat with friends and family at the table.

美国：In America, you can find all kinds of food! Americans love burgers, fried chicken, and pizza. They also enjoy fast food like fries and soda. In America, you can eat anywhere, from restaurants to food trucks on the street.

【颜色与文化】

Colors	Chinese	Examples	Westerners	Examples
red	喜庆成功	红娘、火红、红利、红榜、红军、红二代	恐怖、流血；放荡、暴力；生气	a red battle; red figure 赤字；I will see red 我会生气的 red hot campaign 暴力政治运动
blue	恬淡宁静开阔深远	蓝色梦想	抑郁	in a blue mood 情绪低落；blue Monday 倒霉的星期一
yellow	尊贵荣耀	黄榜、黄袍；淫秽、下流	正义、智慧；胆小、低俗	yellow dog 胆小的人；yellow press 低俗报刊
green	和平生机	绿色和平组织；绿色家园	春天和生命；嫉妒；生手	Breezes green the Thames with a kiss; green with envy; green hand
white	死亡贫困	红白喜事，一穷二白	纯洁无瑕；幸福吉利	a white lie 善意的谎言；a white day 吉日
black	黑暗邪恶	黑帮、黑店	非法交易；诈骗；抑郁	black market 黑市；black hand 黑手党；black dog 抑郁；black eye 丑闻；black hat 反面人物 black mail 诈骗

2. 拓展阅读内容：在教学中增加一些反映不同文化背景和价值观的故事，如西方经典童话和中国传统寓言等。通过这些故事，让学生了解不同文化之间的差异和共通之处，拓宽他们的文化视野。

3. 结合学生经验和情感：教师应该结合学生的个人经验和情感，引导他们与故事中的人物进行情感共鸣和身份认同。通过角色扮演、讨论和写作等方式，让学生深入体验故事情境，增强情感体验和内化成长。

4. 关注故事背后的文化内涵：教师要引导学生关注故事背后的文化内涵和时代背景，帮助他们理解故事中的人物行为和情感变化。通过分析故事背景和人物形象，让学生深入理解故事内容，增强对文化的认知和理解能力。

5.创设生活化教学情境：在教学中创设真实生活的教学情境，让学生在真实的生活场景中体验语言和文化的应用。通过观察、体验和对话，让学生感受到语言和文化与生活的紧密联系，增强学习的真实性和有效性。

例如，PEP 小学英语四年级下册 Unit 5　My clothes,Part B Read and write 讲的是小学生参加夏令营需要收拾自己的衣物。教师除了让学生掌握词汇、句型、读音外（Summer camp is over.It's time to pack clothes. This is Sarah's T-shirt. These are Sarah's pants.Those are Sarah's shoes. Is this yours? It's Amy's.），还需要通过教学促进学生语言能力和文化意识的提升。例如，启发学生：当我们去野营时需要穿什么衣服？我们需要考虑哪些因素？启发学生回答 Where and when to go?What to do?How about the weather？等因素，学会自主决策，接着创设情境：The summer vocation is coming and discuss what clothes you will wear.学生小组讨论，重点汇报；最后让学生明白，穿着要与特定的情境及身份相匹配，例如 school uniform for school,suit for office,skirt for birthday party,pants for camp and swimming suit for swim. 在总结环节，除了重点知识技能外，还加上情感态度和文化意识的培养：① Make a good preparation without worry later.（有备无患）② Wear proper clothes in different situation.（不同场合穿不同衣服）③ Clothes not only provide warmth but also reflect your aesthetics.（衣服不仅能保暖，还能体现人的审美）

在本单元 Part C　Story time 环节让学生回家找一些旧衣服，自己做一些垃圾袋，出入教室将一些废纸等垃圾随手带到垃圾箱里。另外，教师创设情境：六一儿童节马上就要到了，请同学们根据本单元所学内容自己用旧衣服制作一身"服装秀"，六一期间到舞台上展示。要求体现儿童性和时代特色、环保理念并且用英语标明服装的种类及环保口号。例如：① Reduce,Reuse,Recycle: Be a Hero for the Planet!　② Save the Earth,Love Your Planet! ③ Think Green,Act Green: Make Every Day Earth Day! ④ Join the Green Team: Protect Our Earth for Future Generations! ⑤ Go Green,Live Clean: Eco-Friendly Fashion for a Sustainable

Future! ⑥ Reuse Fashion,Reduce Pollution: Wear Your Eco-Consciousness! ⑦ Fashion with a Purpose,Style with a Conscience! ⑧ Wear Recycled,Be Rewarded! ⑨ Fashion Forward,Planet Friendly: Dressing for a Greener Tomorrow! ⑩ Sustainable Style,Dressing Up for a Cleaner Planet!

6. 多元化阅读体验：提供多样化的阅读材料和活动，满足学生不同的阅读需求和兴趣。引导学生选择自己感兴趣的阅读内容，并通过阅读理解、讨论和写作等方式进行深度学习和体验。

（四）将阅读与写作相结合

1. 小组合作研讨：教师可以引导学生在小组内合作进行阅读故事、讨论故事内容，并通过小组讨论的方式进行深入理解和探讨。学生可以一起分析故事中的人物、情节和主题，增强对故事的理解和感受。

Unit 5　My clothes,Part B Read and write 作业环节将阅读与写作结合起来。结合前面讲的"汉堡写作风格"，让学生写一写周末野餐你打算穿什么衣服的说篇。Make a weekend camp plan and tell us what clothes you will wear?

Here is an example:

① I am Shanshan. I am going on a weekend camp. It's time to pack my clothes.

② The weather will be sunny and windy,so I want to wear my jacket,pants and sports shoes.

③ This is my pink jacket and these are my black pants. I don't have black shoes,but I have white shoes.

④ I am excited. I am looking forward to the weekend camp.

2. 写读后感：教师可以布置作业要求学生写读后感，让他们对故事内容进行理解和反思，并通过写作表达自己的想法和感受。这有助于学生提升语言表达能力和文学素养。

3. 创编故事：鼓励学生创编自己的故事，可以是对已读故事的改编或完全原创的故事。学生可以通过写作来表达自己的想象力和创造力，同时也可以提升语言组织和逻辑思维能力。

4.绘画表达：引导学生利用绘画来表达故事情节和人物形象，让他们通过绘画展示自己对故事的理解和想象。这不仅可以提高学生的艺术表达能力，还可以加深对故事内容的记忆和理解。

5.制作虚拟游戏：有条件的学校，可以让学生根据故事内容自己制作虚拟游戏，并与同学进行交互。这样的活动不仅能够增强学生对故事情节的理解和记忆，还可以培养学生的创新能力和团队合作精神。

6.家庭交流：鼓励学生将所学内容回家讲给家人听，促进学校、家庭和社会的联系。这样的交流不仅可以加深学生对故事的理解和记忆，还可以增强家庭成员之间的沟通和互动。

将阅读与写作和制作结合起来，可以更好地促进学生综合语言能力的提升，同时也可以激发学生的学习兴趣和创造力。

（五）有效利用思维导图

1.概念串联：使用思维导图将故事中的关键概念和事件串联起来，帮助学生理清故事的主线和支线。通过图像化的呈现方式，学生更容易理解故事情节，记忆和理解能力得到提升。

2.关键词和句型提示：在思维导图中标注故事中的关键词和重要句型，帮助学生抓住故事的要点。这样的提示可以引导学生更加专注地阅读和理解故事，提高阅读效率。

3.交互式学习：利用思维导图进行交互式学习，让学生参与思维导图的绘制和完善过程。学生可以根据教师提供的框架，自己填充相关内容，或者在教师的指导下进行思维导图的修改和补充，增强学生的参与感和学习积极性。

4.表达和讨论：在思维导图中设置相关问题或讨论话题，引导学生进行口头表达和交流。通过思维导图的呈现，学生可以更清晰地表达自己的想法和观点，同时也可以借助思维导图展开有意义的讨论，促进学生之间思维碰撞和交流。

5. 自主学习：鼓励学生使用思维导图进行自主学习和复习。教师可以在课堂上引导学生绘制思维导图，然后让他们在课后通过复习思维导图来巩固所学知识。这样的自主学习方式有助于学生更好地掌握知识，提高学习效率。

6. 扩展故事：学生可以根据故事内容自行绘制思维导图，并在思维导图中添加自己的想法和观点，拓展故事的内容。这样的拓展性学习方式可以激发学生的想象力和创造力，促进他们对故事内容的深入理解。

在实际教学中，教师应根据学生的实际情况和教学内容灵活运用思维导图，结合课堂教学活动设计，充分发挥思维导图在小学英语语篇教学中的作用，提升学生的学习效果和学习兴趣。

【案例 1】

Little Bear's Adventure

One day,little bear Tom decided to go on an adventure. He went through the forest,crossed a small river,and arrived at a strange place. He saw many different animals like birds,rabbits,and squirrels. He also met a friendly kitten,and they explored the mysterious place together.

During their adventure,Tom and the kitten discovered a hidden cave. They went inside to explore and found lots of treasures and delicious food. They were very happy and had a hearty dinner together. Then,they decided to tell their friends about this secret and invite them to join the adventure too.

When Tom and the kitten got back home,they excitedly told their friends about their adventure. All the animals were amazed,and they decided to go on an adventure together to find more treasures and have more fun. From that day on,they became the best of friends and spent many joyful moments together.

【案例2】

美国小学英语分级阅读《科学》第一册 [1]Part 1 Life Science, Lesson 01　Parts of Plant 循证教学设计

Text analysis

The different parts of plants serve various functions for humans,providing essential resources and contributing to our wellbeing. Here's a breakdown of the functions of different plant parts for humans:

1. Roots

Food: Some plant roots are edible and serve as a source of nutrition,such as carrots,potatoes,and sweet potatoes.

Medicine: Certain roots,like those of medicinal herbs,are used in traditional medicine for their therapeutic properties.

2. Stems

Food: Stems of certain plants are consumed as food,for example,celery（芹菜）, asparagus（芦笋幼苗）, and bamboo shoots（竹笋）.

Building Materials: Some plant stems,like bamboo,are used in construction for their strength and flexibility.

3. Leaves

Food: Many plant leaves are edible and form a significant part of the human diet,including various vegetables and herbs.

Medicine: Leaves of certain plants are used in traditional medicine for their medicinal properties.

4. Flowers

---

[1] American Textbook Reading，Science1[M].WorldCom.Edu:10-15.

Food: Some flowers are edible and used in culinary applications, such as chamomile, nasturtium, and hibiscus.

Aesthetic and Cultural Uses: Flowers are often used for aesthetic purposes, as decorations, and play a role in cultural and ceremonial practices.

5. Fruits

Food: Fruits are a major component of the human diet, providing essential vitamins, minerals, and fiber. Examples include apples, berries, and oranges.

Seeds: Many fruits contain seeds, which are valuable for human consumption, used in cooking, and for oil extraction.

6. Trees

Wood and Building Materials: Trees provide wood for construction and manufacturing of furniture.

Fuel: Wood and charcoal from trees are used as a source of energy for cooking and heating.

7. Fibers

Textiles: Plant fibers, such as cotton and linen, are used to make textiles and clothing.

Paper Manufacturing: Plant fibers are a crucial component in the production of paper.

有关植物的不同部分循证教学

Teaching the parts of a plant to pupils can be an interactive and enjoyable experience. Here's a step by step guide on how to teach the different parts of a plant:

1. Introduction

Begin with a brief discussion on the importance of plants for life on Earth. Talk about how plants provide us with oxygen, food, and materials.

Introduce the idea that, like humans and animals, plants also have different parts that serve specific functions.

2. Visual Aids

Use visual aids such as posters,charts,or multimedia presentations to display and label the different parts of a plant.These include clear and colorful images to make it visually engaging for pupils.

3. Real Plants

If possible,bring real plants into the classroom. Show different types of plants and point out their various parts.

Encourage pupils to touch and examine the plants,tostering a Handson learning experience.

4. Interactive Activities

Conduct interactive activities to reinforce learning.

Labeling: Provide worksheets or diagrams where pupils can label the different parts of a plant.

Matching Games: Create a game where pupils match the name of the plant part to its corresponding image.

5. Hands-On Exploration

Allow pupils to dissect a flower or examine plant parts under a magnifying glass. Use flowers that are easy to disassemble,such as lilies.

Discuss the purpose of each part as they explore.

6. Planting Activities

Engage pupils in planting activities to connect theoretical knowledge with real life experiences:

Seed Planting: Allow pupils to plant seeds and observe the growth of roots,stems,and leaves.

Grow a Bean: Grow a bean in a clear cup to observe the development of roots and shoots.

7. Story telling

Share a story or create a narrative that revolves around a plant's life and its different parts. This can make the information more relatable and memorable.

8. Discussion and Questions

Encourage questions and discussions:

Ask Questions: "Why do plants have roots?" "What do leaves do for a plant?"

Class Discussions: Allow pupils to share their observations and thoughts about different plant parts.

9. Art and Crafts

Incorporate art and craft activities:

Drawing and Coloring: Have pupils draw and color pictures of plants,labeling each part.

Craft Projects: Create simple crafts representing plant parts,such as a paper plate flower with labeled parts.

10. Songs and Mnemonics[nɪ'mɒnɪks]

Introduce catchy songs or mnemonics to help pupils remember the names and functions of different plant parts.

11. Field Trip or Outdoor Exploration:

Take pupils on a field trip to a garden or park where they can observe a variety of plants and identify their different parts in a natural setting.

By combining these various teaching methods,you can make the learning experience engaging and informative,helping pupils understand and remember the different parts of a plant.

Using evidence-based methods to teach the parts of a plant to pupils involves incorporating teaching strategies that are grounded in research and have been shown to be effective. Here are evidence-based approaches to teach the parts of a plant:

1. Visual Aids and Multimedia

Evidence: Research indicates that visual aids enhance learning and retention.

Application: Use visuals like diagrams,charts,and multimedia presentations to illustrate the parts of a plant. Ensure that visuals are clear,labeled,and visually engaging.

2. Hands-on Learning

Evidence: Hands-on learning experiences promote active engagement and deeper understanding.

Application: Conduct activities where pupils can physically interact with plants,such as dissecting flowers,planting seeds,or observing plant growth. Handson exploration helps solidify theoretical knowledge.

3. Real World Context

Evidence: Connecting learning to Real World contexts improves understanding and application.

Application: Discuss the practical importance of plants and how each part contributes to the survival and function of the plant. Relate the concepts to everyday life,emphasizing the roles plants play in providing food,oxygen,and materials.

4. Interactive Discussions

Evidence: Collaborative and interactive discussions enhance comprehension.

Application: Encourage class discussions about plant parts. Ask open-ended questions to stimulate critical thinking and allow pupils to share their observations. This fosters a collaborative learning environment.

5. Storytelling and Narrative

Evidence: Narrative-based teaching enhances memory retention.

Application: Tell a story or create a narrative that revolves around a plant's life cycle and the functions of its parts. A narrative approach can make information more memorable and relatable.

6. Inquiry Based Learning

Evidence: Inquiry based learning fosters curiosity and problemsolving skills.

Application: Encourage pupils to ask questions about plant parts,guiding them to explore and discover answers through observation and research. This cultivates a sense of curiosity and critical thinking.

7. Formative Assessment

Evidence: Formative assessment supports ongoing feedback and learning.

Application: Use formative assessment techniques,such as quizzes,discussions,or quick reflections,to gauge pupils'understanding. Adjust teaching strategies based on the feedback to address misconceptions and reinforce key concepts.

8. Memory Techniques

Evidence: Mnemonics and memory aids improve recall.

Application: Introduce mnemonics,songs,or rhymes to help pupils remember the names and functions of different plant parts. Repetition and mnemonic devices enhance memory retention.

9. Differentiated Instruction

Evidence: Tailoring instruction to individual needs enhances learning outcomes.

Application: Recognize diverse learning styles and adapt your teaching methods accordingly. Provide opportunities for visual,auditory,and kinesthetic learners to engage with the material.

10. Reflection and Meta-cognition

Evidence: Reflective practices improve meta-cognition and understanding.

Application: Encourage pupils to reflect on what they have learned about plant parts. Ask them to express their understanding through writing,drawing,or discussions. This reflection aids in consolidating knowledge.

By incorporating these evidence-based methods,educators can create a comprehensive and effective learning experience for pupils as they explore the parts of a plant.

使用循证教学方法教授植物部分的具体步骤可以包括以下几个阶段。

1. 引入和概述

证据：兴趣引导学习，提供背景信息有助于学习。

步骤：通过引发学生对植物的兴趣，引入主题。可以通过简短的故事、问题或图片来激发学生的好奇心，创造一个学习植物的愉快氛围。

2. 视觉辅助教材

证据：视觉辅助教材有助于提高学习效果。

步骤：使用图表、图片或多媒体演示，清晰地展示和标注植物的各个部分。确保这些视觉辅助教材直观、有趣，能够激发学生的兴趣。

3. 实际植物观察

证据：实地观察有助于深化理解植物的不同组成部分及各部分的功能（包括对植物自身生长的功能以及对人类的功能）。

步骤：将真实的植物带入教室，让学生观察植物的不同部分。通过触摸、闻味、观察，让学生亲身体验植物的特征，以促进深层次的理解。

4. 小组合作

步骤：将学生分成小组，进行小组合作活动。这可以包括小组讨论、合作解决问题，或共同完成某些任务，以促进学生之间的交流和理解。

5. 教学游戏

证据：互动游戏有助于学生通过参与活动提高记忆。

步骤：创设互动游戏，如记忆卡片游戏、植物部分拼图游戏等，以帮助学生记忆植物的不同部分。

6. 问答与互动

证据：提问与互动有助于促进思考和深层次理解。

步骤：提出开放性问题，引导学生思考。通过互动式问答，激发学生对植物部分的兴趣，并促使他们更深入地理解。

7. 英语角活动

证据：创设英语角有助于提高英语口语能力。

步骤：安排英语角活动，让学生在英语环境中讨论和分享关于植物部分的知识。这有助于提高他们的口语表达能力。

8. 故事讲解

证据：通过叙事促进学习记忆。

步骤：通过讲述或共同创作一个关于植物部分的小故事，帮助学生更好地记忆和理解相关英语词汇。

9. 任务驱动学习

证据：任务型学习有助于学生将知识应用到实际情境。

步骤：设计一些与植物相关的任务，如制作英语海报、介绍家庭植物等，以促使学生运用所学知识。

10. 定期反馈

证据：提供定期的反馈，促进学生学习。

步骤：评估学生的学习进展，提供具体的反馈，鼓励他们改进和深化对植物部分的理解。

这些步骤基于教育研究的成果，旨在通过多种方式满足学生的不同学习需求，提高他们对植物部分英语知识的理解和记忆，培养探索精神和对自然的热爱。

小学英语写作教学

一、小学英语写作教学的意义

小学英语写作教学的意义在于培养学生的综合语言能力，提升他们的语言表达水平和思维方式。

（一）提高语言表达能力

写作是一种有效的语言表达方式，属于语言的输出环节。经过一定的输入准备，小学生可以通过写作进行语言的输出。通过写作，学生可以锻炼语言组织能力、提高词汇运用能力和语法准确性，更准确、更生动地表达自己的想法和感受。

（二）促进语言学习

写作是语言学习的重要环节之一。通过写作，学生可以获得反馈信息，加深和巩固所学的词汇、语法知识，并将其应用到实际情境中，描述所见所闻，表达真实的思想和情感，在语境中进行深度学习，加深理解，提高记忆，活学活用。

（三）培养思维能力

写作过程中需要学生清晰地思考、组织和表达自己的观点，这有助于培养他们的逻辑思维能力、批判性思维能力和创造性思维能力。

（四）增强自信心

通过写作，学生可以逐渐建立起对自己语言能力的信心，提高自我表达的勇气和能力，增强学习动力，从而更积极地参与到英语学习中来。另外，通过写作，学生也可以更好地投射自己的心理，更好地了解自己，促进心理健康。

（五）促进跨学科学习

写作是一种跨学科的学习活动，它不仅可以帮助学生掌握英语知识，还可以促进其他学科的学习，如提高学生的观察力、分析能力和批判性思维能力。

小学英语写作教学在英语教学中具有重要的意义，教师应该注重培养学生的写作兴趣，引导他们进行有效的写作实践，全面提升学生的语言能力和综合素质。

二、小学英语写作教学活动类型

小学英语写作教学活动类型多种多样，可以根据学生的年龄、水平和兴趣进行选择。以下是一些常见的小学英语写作教学活动类型。

（一）低中学段写作教学活动类型

1. 抄写英文好词好句：让学生抄写一些优美的英文句子或诗句，帮助他们熟悉英文的表达方式和语言结构。

2. 制作购物清单：让学生编写购物清单，锻炼他们使用常见商品名称和动词短语的能力。

3. 完成句子：提供部分句子，让学生根据语境和语法规则完成句子，培养他们的语言组织和语法运用能力。

4. 写邀请信、问候：让学生练习写邀请信或问候信，培养他们的书面交际能力。

（二）高学段写作教学活动类型

1. 制作海报：让学生根据指定主题制作海报，锻炼写作能力和创造力。

2. 拼写游戏：提供一些单词或句子，让学生通过拼写游戏来巩固所学的拼写知识。

3. 卡通故事：让学生根据提供的图片或情节创作卡通故事，激发他们的想象力和创造力。

4. 写诗歌、歌曲、歌谣：让学生尝试用英文写诗歌、歌曲或歌谣，培养他们的审美能力和文学素养。

5.写日记、总结：鼓励学生写日记，记录生活点滴或总结学习心得，促进他们的思维反思和自我表达能力。

6.写故事、广告、短文：让学生根据指定的主题或情境写故事、广告或短文，培养他们的叙事能力和逻辑思维能力。

7.用英语进行聊天：教师可以引导学生与学生之间、师生之间用英语进行简单的交流对话，培养他们的口语表达能力和语言应用能力，锻炼他们的语用能力和口语化表达能力，提高表达的流畅性。

通过这些写作教学活动，学生不仅可以提高英语写作水平，还可以培养语言应用能力、创造力和跨学科学习能力，全面提升语言素养。

三、小学英语写作教学原则和方法

小学英语写作教学应当遵循一系列原则和方法，以确保教学的有效性和学生的学习效果。

（一）小学英语写作教学的基本原则

1.趣味性：教学内容应当具有趣味性，能够吸引学生的注意力和兴趣，激发他们的写作欲望。教师可以通过引人入胜的故事、趣味性的题材和活动来增加课堂的趣味性。

2.生活化：教学内容应当与学生的日常生活紧密相关，让学生能够将所学的知识和技能运用到实际生活中去，增强学习的实用性和可操作性。

3.真实性：教学内容应当贴近学生的实际经验和认知水平，让他们能够理解和接受所学知识，并能够将其运用到实际写作中去，增强写作的真实性和可信度。

4.情感性：教学内容应当具有一定的情感色彩，能够激发学生的情感共鸣和情感表达，让他们能够在写作中表达自己的情感和思想。

5.多样性：教学内容应当多样化，涵盖不同主题、不同文体和不同语境，让学生能够接触到不同类型的写作，拓展他们的写作能力，拓宽视野。

（二）小学英语写作教学的主要方法与模式

1. 掌握语块快速组织语篇内容。丁言仁、戚焱分析了在英语口头复述故事和限时写作中，词块知识、语法知识与口语和写作水平之间的关系。结果表明："相对于语法而言，学习者运用词块的能力与英语口语成绩和写作成绩具有更加显著的相关性"[1]。学生在学习过程中要有语块意识，多积累一些短语或者不同文体风格、不同类型的语料，这些都是写作的重要组成部分，也是提高写作质量的途径。

2. 阅读与写作有机整合。教师可以通过教材中的语篇教学进行写作迁移训练，也可以通过课外阅读激发学生的写作灵感，让他们在阅读的基础上进行写作，并通过模仿和借鉴阅读内容来提高自己的写作水平。例如，PEP 四年级下册第五单元 Clothes 的单元教学内容，教师在讲完 Read and write 部分后可以引导学生进行课后写作练习。下面是两篇范文。

Choose Proper Clothes for the Camp

Summer vocation is coming and we want to go to Qingdao for the camp. It's good for us to choose the proper clothes for the camp. It's sunny and hot in Qingdao and I want to wear the short T-shirt,shorts,sport socks and shoes. It is hot.So I have to wear sunglasses and straw hat. We will go to the seashore. So I will take my swimming suit,swimming glasses and sandals. Be prepared and we will not worry.We will have a great summer camp in Qingdao!

Choose Proper Clothes for the Camp

Summer vocation is coming and we want to go to Harbin for the camp. It's good for us to choose the proper clothes for the camp. It's sunny and cool in Harbin and I want to wear the long T-shirt,pants,sport socks and shoes. It is cool and windy.So I have to take my jacket. I will take the raincoat for the rainy day. Harbin is cool and

[1] 丁言仁，戚焱. 词块运用与英语口语和写作水平的相关性研究 [J]. 解放军外国语学院学报，2005（03）:49–53.

beautiful in summer.We will enjoy our summer camp in Harbin!

教师教学生在写作时充分考虑 Where to go,When to go,How about the weather there,What will you do and how long will you stay there 等元素，让学生学会自主决策，形成决策思维模式，关键时刻能够当机立断，有备无患。

3. 开展适切性活动，设计写作任务。教师可以设计一些适合学生水平和兴趣的写作任务，如写信、日记、写故事等，让学生在实践中提高写作技能。

4. 充分的知识和技能准备。教师应当在教学前对所要教授的知识和技能进行充分的准备，确保教学内容的质量和有效性。

5. 利用情景教学。教师可以通过创设情景来引导学生进行写作，如利用图片、视频等多媒体资源来呈现情境，激发学生的写作兴趣和想象力。

6. 提供典型范例和模式。教师可以提供一些优秀的写作范例供学生参考，让他们了解优秀作品的特点和写作技巧，从而提高自己的写作水平。

下面的一篇小学生作文用了 1+N+1 模式，即一个主题句 + 多个证据 +1 个结论。

My Family

I have a happy family. There are four people in my family: my father,my mother,my sister,and me.My father is a doctor. He works hard every day to help people who are sick. My mother is a teacher. She teaches English in a primary school. She is very kind to her students. My sister is in middle school. She is very smart and always helps me with my homework.

In my family,we love each other. After dinner,we often sit together and talk about our day. Sometimes,we watch TV or play games together. On weekends,we go out for a picnic or visit our grandparents.

I love my family very much and I will do my best for the happiness of my family.

这篇作文有清晰的结构，作文以"我爱我家"为主题，介绍了家庭成员的情况，然后描述了家庭的日常生活和大家所付出的辛勤和爱，最后表达了对家人的爱和行动表态。作文运用了丰富的词汇来描述家庭成员的职业和性格特点，如doctor,teacher,kind,smart 等。整篇作文语言流畅，没有明显的语法错误，表达清晰，逻辑连贯。

采用"汉堡写作技巧"（Hamburger Writing）。该技巧可以让小学生学会循证式写作思路，让自己的作文主题明确，有根有据。教师根据教材内容出一个作文题目，如有关人物的主题：My family,My school,My friend；有关自然的主题：Weather,Seasons,In the nature park,At the zoo,Space travel；有关文化的主题：Clothes,Dinner,Festival，然后让学生独立提出自己的观点或者表达自己的感受，为自己的观点和感受寻找充分的理由和证据支撑。这个模式就像一个汉堡包，在前后两个观点或感受之间包括了营养丰富的内容，也是作文的主体部分，有不同的配料，诸如蔬菜和肉饼等。正文从不同视角进行描述或者提供事实和证据，使得文章有血有肉，充实而且有意义，正如汉堡一样有营养并且不单调。

汉堡分层写作模式：引言部分 + 主体段落 1+ 主体段落 2+ 主体段落 3+ 结论部分。或者主题句 + 证据支持句子（ 至少三个细节） + 总结句。下面是一篇应用汉堡模式的小学生作文。

Cats Are Popular Among Kids

Cats hold a special place in the hearts of many kids. They are good companions for children all around the world.（Topic Sentence）

Cats are cute with their soft fur and expressive eyes. Just a simple purr or a gentle nuzzle can melt any child's heart. Unlike some other pets,cats are relatively low-maintenance. Kids can enjoy their company without the need for walks. Cats can always find new ways to amuse themselves and their human companions. Whether It's chasing a toy mouse or playing with a ball in a sunny spot,they bring joy and laughter into the lives of children.（Supporting Sentences）

In conclusion,cats are popular among kids because of their playful nature,soft fur,and smart character to bring happiness into any home and catch the hearts of children everywhere. As beloved companions,they teach kids about responsibility,empathy,and love.（Concluding Sentence）

（三）小学英语写作教学的基本要求

1.增加相关写作主题的积累：教师应当让学生积累与写作主题相关的词汇和句式，为写作做好准备。

2.明确主题，选题主题词和主题句：教师应当帮助学生明确写作的主题，并选取合适的主题词和主题句，以确保写作的准确性和连贯性。

3.谋篇布局：教师可以教导学生几种典型的语篇结构，并帮助他们合理安排文章结构，确保写作的逻辑性和条理性。

4.进行头脑风暴、思维导图等活动：教师可以引导学生进行头脑风暴和思维导图等活动，帮助他们构思和组织写作内容。

5.完成写作和润色：学生完成写作后，教师可以指导他们进行润色和修改，提出建设性的意见和建议，以提高写作的质量和水平。

运用以上原则和方法，教师可以有效指导小学生进行英语写作，帮助他们提高写作水平，丰富写作经验，提升语言表达能力。

下表是小学英语写作的评价标准。

评价内容	得分
Meaningful	20
Creative and imaginative.Have new views of things	15
Readable（有可读性），clarity,without spelling mistakes,punctuation,capital letters	20
Convincing.Makes sure it s true.Evidence–based.Speaks truth appropriately	15
Relevance and logic.Structured and cohesive	15
Fairness.To be hedge.Considers others'feelings.Have empathy	15

四、小学生英语习作范文

My School

My school is a wonderful place where I spend most of my time. It's not just a place for learning but also a place for making friends and having fun.

The school is quite big with a beautiful playground where we play after class. There are colorful flowers and tall trees around the playground. We also have a big library with all kinds of books. I love reading my favorite stories and learning new things in the library.

In my school,we have many classrooms where we learn different subjects like English,math,science,and art. Our teachers are very kind and helpful. They always encourage us to do our best and never give up.

One of my favorite places in school is the cafeteria. It's where we have lunch together with our classmates. We share our food,talk about our day,and laugh together. It's a time I always look forward to.

I feel lucky to be a student at such a wonderful school. I have learned so much and made so many friends here. My school is like a second home to me,and I will always cherish the memories I have made here.

【译析】这篇作文采用了以下结构和修辞手法。

1.叙述结构：作文首先介绍了学校的整体情况，包括校园环境和设施，然后描述了学校里的日常生活，最后表达了对学校的感情。

2.形容词描述：作者使用了形容词来描绘学校的环境，如"beautiful playground""colorful flowers"等，增强了读者对学校的美好印象。

3.感叹句：作者在结尾处使用了感叹句"My school is like a second home to me"，表达了对学校的热爱之情。

4.过渡词语：作者使用了一些过渡词语如 also,but,and 等，使得文章结构清晰，段落之间连接自然流畅。

这篇作文生动地展现了学生对学校的喜爱和对学校生活的热情，同时也展示了学生的英语表达能力和写作技巧。

The Magical Forest Adventure

Once upon a time,in a small village nestled between rolling hills and lush meadows,there lived a curious young girl named Lily. Lily had heard many tales of a mystical forest beyond the village,where strange creatures and magical beings dwelled. Determined to uncover the secrets of the forest,Lily set out one sunny morning with her loyal companion,a mischievous fox named Rusty.

As they ventured deeper into the forest,the air grew thick with the scent of pine and the sound of rustling leaves. Suddenly,they stumbled upon a hidden pathway carpeted with emerald moss,leading them further into the heart of the forest.

As they walked,they encountered a friendly group of talking animals—a wise old owl,a playful squirrel,and a graceful deer—who welcomed them with open arms. The animals led Lily and Rusty to a sparkling waterfall hidden behind a curtain of vines,where they discovered a magical portal shimmering with otherworldly light.

With trepidation and excitement,Lily and Rusty stepped through the portal and found themselves in a wondrous realm filled with towering trees adorned with glowing fireflies and colorful flowers that sang with each gentle breeze.

Exploring this enchanting land,they encountered fantastical creatures—a gentle unicorn with a shimmering mane,a mischievous sprite with sparkling wings,and a wise old dragon who guarded the secrets of the forest.

But their adventure took a perilous turn when they stumbled upon a dark and ominous cave guarded by a fearsome creature known as the Shadow Beast. With courage and cunning,Lily and Rusty faced the Shadow Beast and discovered that it was merely a lonely creature longing for friendship and light.

With kindness and compassion,they befriended the Shadow Beast and together,they embarked on one final quest—to restore the balance of light and darkness in the forest and ensure harmony for all its inhabitants.

And so,with hearts full of wonder and joy,Lily,Rusty,and their newfound friends returned to the village,forever changed by their magical forest adventure.

【知识拓展：人工智能辅助英语写作举例】（供教师参考）

Here are some examples of how AI can aid students in various aspects of English writing,including structuring essays,improving grammar and writing style,and providing feedback.

Automated Essay Evaluation

Topic Sentence: "Online Education vs. Traditional Education"

Evidence: "Online education offers flexibility in scheduling and accessibility to a wide range of courses. In contrast,traditional education provides face-to-face interaction with instructors and peers."

Conclusion: "While both online and traditional education have their advantages and disadvantages,the choice ultimately depends on individual preferences and learning goals."

AI Feedback: "Your essay effectively compares online and traditional education,providing clear evidence to support your arguments. However,consider elaborating more on the drawbacks of each mode of education to provide a more balanced analysis."

Grammar and Style Correction

Original Sentence: "The student were went to the library for research,but they founded it closed."

AI Correction: "The students went to the library for research,but they found it closed."

Language Enhancement

Original Sentence: "The movie was good."

AI Enhancement: "The film was exciting,audiences were excited with its interesting and surprising storyline."

Explanation: "Enhanced vocabulary and added descriptive language to make the sentence more engaging and informative."

Individualized Learning Paths

Student A: Struggles with organizing ideas in essays.

AI Recommendation: Provide templates or outlines for structuring essays,such as introduction-body-conclusion format,to help organize thoughts effectively.

Student B: Needs to improve vocabulary and writing style.

AI Recommendation: Suggests vocabulary-building exercises and provides examples of well-written passages to emulate（模仿）, focusing on descriptive language and varied sentence structures.

Feedback and Progress Tracking

AI Feedback: "Your essay demonstrates improvement in sentence structure and coherence compared to your previous submissions. Continue to focus on developing your argument with clear topic sentences and supporting evidence to strengthen your writing."

These examples illustrate how AI can assist students at different stages of the writing process,from generating ideas and organizing thoughts to refining writing style and structure. By providing personalized feedback and guidance,AI can help students improve their English writing skills effectively.

在写作中，修辞用法可以帮助他们增加文章的生动性和表现力。例如：

1. 比喻（Metaphor）：隐喻是不用"像"或"如"来直接比较两件事物的一种修辞手法。例如，她是一朵盛开的花，充满了活力和生气。（She is a blooming fower, full of vitality and vigor.）

2. 拟人（Personification）：拟人是将人类的特征或行为赋予非人类事物的一种修辞手法。例如，风轻轻拂过树梢，向大地低语春天的到来。（The wind gently brushes the treetops, whispering to the earth about the arrival of spring.）

3. 明喻（Simile）：明喻是使用 like 或 as 进行两个事物比较的一种修辞手法。如，他工作勤奋得像一只忙碌的蜜蜂。（He works diligently like a busy bee.）

4. 意象（Imagery）：意象是使用生动的语言在读者中唤起感官体验。例如：一轮明月悬挂在天空，像一只银盘悬挂在黑夜的帷幕中。（A bright moon hangs in the sky,like a silver plate suspended in the black canopy of the night.）

5. 排比（Parallelism）：排比是指使用具有相似或平行结构的连续句子或短语以增强表达效果。例如，她爱读书，她爱写作，她爱探索。（She loves to read,she loves to write,she loves to explore.）

6. 重复（Repetition）：重复是指重复使用相同的词语、短语或句子结构以强调或产生效果。例如，我能做到，我相信自己，我永不放弃。I can, I believe in myself, I never give up.）

7. 拟声（Onomatopoeia）: 拟声词是指使用模仿声音的词语来传达感官或场景。下面是一篇小学生使用修辞手法作文的例子。

The Four Seasons of My Hometown

My hometown is a beautiful town nestled at the foot of lush green mountains. A clear stream meanders through,like a silver ribbon,adding vitality to the entire town.

In spring,my hometown becomes a sea of flowers. Cherry blossoms bloom under the trees,emitting a faint fragrance. Butterflies dance among the flowers,as if welcoming the arrival of spring.

In summer,my hometown transforms into a green forest,with lush trees providing shade and shelter. In the afternoon,sunlight filters through the leaves,casting colorful shadows and shimmering with golden light,creating a serene and delightful atmosphere.

In autumn,my hometown is a colorful painting,with leaves turning various shades of red,yellow,and orange,as if adorning the earth with a magnificent coat. People walk on paths paved with fallen leaves,enjoying the tranquility and beauty of autumn.

In winter,my hometown becomes a world dressed in silver,with white snow covering the ground and tree branches adorned with sparkling icicles. Children play in the snow,building snowmen and having snowball fights,joyfully embracing the pleasures of winter.

【作业产出】

1. 利用 5WH 问题以及 what...if... 等问题对 PEP 小学英语教材中某一单元的 Story time 进行循证教学设计。

2. 利用主题句 +What I can see（hear,touch,do,feel）+ 结论的结构，并且运用适当的修辞手法，写一篇有关四季中你最喜欢哪个季节的作文。

CHAPTER 8

内容提要

儿歌简洁生动，富有节奏感、韵律感和趣味性、形象性，能够激活大脑适当的兴奋水平，愉悦身心，增强学习效果，激发小学生的学习兴趣，培养语感，增强自信心，提高语言运用能力。儿歌教学是达成课程目标的重要内容。我国小学英语教材中有丰富的儿歌资源，需要教师认真挖掘并有效地加以应用。游戏教学也是小学英语教学常用的教学活动，游戏包括中外深受儿童喜欢的各类户内、户外游戏，也包括与教学相关的各类电子游戏。有效利用游戏辅助小学英语教学，可以激发小学生的学习兴趣，增强学习效果，为英语语言学习创设真实的情境，培养学生的合作意识。英语教材中有许多故事情节可以改编成戏剧，通过排练和表演增强学生的角色体验，加深对学习内容的理解，同时提高英语语言综合能力和艺术素养，培养学生活泼开朗的性格和积极向上的心态。

第一节

小学英语儿歌教学

小学英语教材中编排了各种类型的儿歌，是教材内容重要的组成部分。教师要充分发挥儿歌在促进小学生学习和身心发展中的作用，并结合课程目标，对儿歌加以合理应用。

一、小学英语儿歌教学的意义

儿歌是指具有民俗气息，篇幅短小，富有一定节奏、韵律的歌谣、歌曲和短诗等。通常我们将节奏感强的称为说唱（chant），将以韵脚和谐为主的称为诗文（poem），将配有简单音乐可以边说边唱的称为歌谣（rhyme），还有儿童喜闻乐见的节奏明快、欢乐、有趣的歌曲。儿歌语句精练，结构简单，韵律优美，节奏分明，朗朗上口，便于儿童学唱和记忆，使儿童自觉不自觉地沉浸到学习过程中。儿歌具有具体可感的形象，能够给人和事物的形态和动作赋予生命，把抽象的事物具体化。在吟诵儿歌时，儿童能够产生身临其境的感觉，加深了对内容的理解；其明快的节奏也便于学生演唱。在教材中，将歌曲和诗歌、舞蹈、戏剧、美术等在内的其他艺术形式相结合可以增强内容的易读性和教育性[1]。

（一）提高语言听力和模仿能力

儿歌通常具有明快的节奏和清晰的音韵，有利于培养学生的语言听力和模仿能力。通过反复听唱，学生能够模仿歌曲中的语音语调，提高口语表达能力。如，
In the morning,when I wake up,

---

[1] 王耀华，郭小利. 新课标音乐课程教材编撰的七大关系 [J]. 课程·教材·教法，2014（10）：72-78.

I say hello to my little pup.

He wags his tail and gives a bark,

We start the day with a cheerful spark.

In the evening,before I sleep,

I say hello to the stars so deep.

They twinkle bright up in the sky,

Saying hello as they passing by.

这个说唱歌曲旋律简单易唱，歌词朗朗上口，适合小学生学唱，同时表达了人与动物、人与自然界互相问候的友好情感。

（二）丰富词汇积累

儿歌中常包含丰富的词汇，涉及生活中的各个领域，如动物、植物、食物、颜色等。学生在学唱儿歌的过程中，可以通过上下文来理解词汇的意义，并逐渐扩大词汇量。

（三）培养语感和韵律感

儿歌的语言通常简洁明了，韵律感强，有助于培养学生的语感和韵律感。学生在学唱儿歌时，可以感受到歌曲的节奏和韵律，提高对语言音韵的敏感度。例如，

Dickety tackety tack.

I just saw a cat.

Dickety tackety toe.

It's twelve o'clock,you know.

Dickety tackety tack.

I just heard a snap.

Dickety tackety toe.

He caught a mouse,you know!

这首歌谣节奏明快，适合用于教学英语的时间概念，同时也带有一定的趣味性，能够吸引学生的注意力，帮助他们学习和记忆时间相关的英语表达。

（四）增强记忆力和注意力

儿歌的语言简单易记，重复性强，有利于增强学生的记忆力。通过反复学唱儿歌，学生能够牢固记住歌词和曲调，培养他们的注意力。

（五）激发学习兴趣

儿歌的内容通常贴近学生的生活和兴趣，具有很强的趣味性和亲和力。学生在欣赏和学唱儿歌的过程中，能够感受到乐趣，激发学习兴趣，增强学习的主动性和积极性。例如，

At school,with friends around,

We say hello with a joyful sound.

We learn and play all the day,

With a friendly hello,in every way.

（六）激发积极的情感体验

通过学唱儿歌，小学生可以在欢快的音乐中感受到快乐和愉悦，激发积极的情绪体验。以下是一些有利于激发小学生积极情绪体验和潜能开发的方法。

1. 欢快的音乐节奏：儿歌通常都有欢快的音乐节奏，能够让小学生跟随节奏舞动身体，感受到快乐和活力。

2. 歌词中的具体形象：儿歌的歌词通常表达具体的形象和情境，通过这些形象化的歌词，可以唤起小学生的情绪记忆，让他们更容易理解和记忆歌词内容。

3. 身体语言配合：教师可以引导学生使用身体语言，如手势、动作等配合歌词，增强学习的趣味性，同时促进大脑两半球的协调和潜能激活。

4. 创造性表达：鼓励学生在学唱儿歌时展现自己的创造性，可以让他们进行音乐表演或编排简单舞蹈，以培养他们的表达能力和自信心。

5. 情感交流和共享：在学唱儿歌的过程中，学生可以与同伴一起分享快乐，进行情感交流，增强团队合作意识和集体荣誉感。

借助以上方法，儿歌教学不仅可以提高小学生的英语语言能力，还能够激发

他们的积极情绪体验，促进潜能的开发和全面发展。

二、如何在小学英语教学中有效应用儿歌教学

（一）明确儿歌与教学目标的关联性

教师应当将儿歌与教学目标相结合，利用儿歌来辅助达成语音、语法、词汇、听力等多方面的教学目标。例如，在教学数字时，可以使用与数字相关的儿歌来加深学生对数字的理解和记忆。

（二）选择合适的儿歌运用时间

教师需要在课堂中选择合适的时间点运用儿歌。可以利用儿歌来放松学生，刺激他们的注意力，并促进学习效果。儿歌可以作为课堂活动的一部分，穿插在不同教学环节之间。

（三）创设情境，激发想象力

通过儿歌创设情境，激发学生的想象力和创造力。教师可以利用儿歌中的具体情境和形象让学生产生联想，从而更好地理解和记忆学习内容。

（四）将儿歌与活动相结合

教师可以将儿歌与各种活动相结合，如动作、游戏等，促进学生的左右脑协调发展，增强记忆和理解。学唱儿歌并配合相关动作，可以提高学生的参与度和学习效果。

（五）将新媒体技术融入儿歌创编

教师可以利用新媒体技术，如录制视频、制作动画等，让学生参与儿歌创编和制作，增强他们的学习兴趣和主动性。这样的教学方式可以提高学生的口语表达能力和创造力，同时培养他们的团队合作精神。

总之，儿歌在小学英语教学中具有重要的作用，教师要善于运用儿歌，并结合具体的教学内容和教学目标，灵活地设计教学活动，以达到促进学生语言学习和发展的目的。

小学英语戏剧教学

一、小学英语戏剧教学的意义

戏剧（drama）教学，是指教师在小学英语教学过程中根据教学内容和学生的特点，引导学生将具有一定故事情节的内容通过改编并运用一定的道具和舞台效果进行演唱和说唱、吟诵等表演，以此来激发小学生学习英语的枳极性，完善发音，培养语感，提高语言综合能力，同时促进积极情感体验和合作意识的培养。

（一）激发学生学习兴趣和积极性

通过戏剧形式的英语教学，学生可以参与到具有趣味性和挑战性的角色扮演中，激发学习英语的兴趣和积极性。

（二）完善发音，培养语感

戏剧表演需要学生准确地表达角色的台词，因此可以帮助学生完善英语发音和语感，提高口语表达能力。

（三）促进语言综合能力的提升

在戏剧表演中，学生需要综合运用听、说、读、写等多种语言技能，促进语言综合能力的提升。

（四）培养合作意识和团队精神

戏剧表演通常需要学生在团队中合作完成任务，培养学生的合作意识和团队精神。

（五）促进积极情感体验和心理健康

通过角色扮演和情节表演，学生可以体验到不同情感状态，并在表演中感受到品德教育和社会情绪学习，如责任感、合作精神以及理解、宽容、同情心的培养等，进而增强心理健康。

（六）提高自信心和自我表现力

成功完成角色表演，可以增强学生的自信心和自我表现力，激发他们对英语学习的信心和热情。

（七）提供全浸式语言学习体验

戏剧表演可以为学生提供一个全浸式的语言学习环境，让他们在真实的语言情境中学习英语，加深理解和记忆。

小学英语戏剧教学不仅可以提高学生的语言能力，还可以培养学生的合作精神、自信心和品德素养，为其未来的英语学习和生活打下良好的基础。

王蕾等考察了北京市芳草地国际学校的戏剧英语教学特色，学校为一至六年级全体学生开设了每周一节的英语戏剧校本课程，形成了一支开展戏剧教学的英语教师队伍。经过三年的实践和探索，学校开发了适合小学生英语戏剧教学的素材，探索了戏剧教学的组织方式和实践模式。"戏剧教学给小学生带来了一般英语课堂教学无法比拟的自然、纯正的英语语音和语调，良好的语感和语用能力，以及超强的自信心和自我表现力。"[1]

二、小学英语教学中如何有效应用戏剧教学

小学英语教学中，戏剧教学是一种极具活力和趣味性的教学方法，能够激发学生的学习兴趣，提高他们的英语口语表达能力和综合素养。以下是对小学英语教学中如何有效应用戏剧教学的分析。

（一）角色扮演与情景剧结合

以教材中的简单对话为基础，以 How many kites do you see? 为例。教师可以先引导学生熟悉对话内容和单词发音，然后让学生进行角色扮演。学生在角色

---

[1] 王蕾，钱小芳，桂洲，张力青. 以戏剧教学促进小学生英语学科能力的发展——北京市芳草地国际学校英语戏剧课探索 [J]. 课程·教材·教法，2016，36（02）：93-99.

扮演中模仿不同角色的语音、语调，体验角色的情感、需求以及性格特征，从而加深对语言的理解和记忆。在角色扮演基础上再加上更多情境和细节，拓展故事情节变成一个短剧，诸如时间、地点、人物、场景、事件、冲突、情感升华、友谊与童趣体验、大自然的美好风景等。教师要具备将课文内容语境化和戏剧化的能力。

（二）绘本与戏剧表演相融合

教师可以选择适合小学生的英语绘本，让学生阅读和体验其中的情节和情感。学生根据绘本内容进行合理的角色分工，进行戏剧表演。这种学习方式有助于学生进行有意义、有深度的学习，增强他们的语言能力和情感体验。

（三）经典童话故事改编

选择适合小学生的经典童话故事如《白雪公主》《丑小鸭》等，改编成适合小学生表演的戏剧。学生可以在表演中不仅体验角色的情感，还可以学习到文化和道德方面的知识。教师可以让学生将戏剧表演结合歌曲演唱，增加表现形式的多样性，让学生全身心投入到戏剧中。

（四）与课程整体规划相协调

戏剧教学应与课程整体规划相协调，结合学生的语言输入做准备。例如，在课程模块或一册书结束时，组织学生进行戏剧表演，通过角色扮演深化对知识和技能的理解。利用新媒体技术进行线上演练，并在现实场地进行表演，分享学生的表现，激发他们的学习积极性和投入度。

通过以上分析，可以看出小学英语教学中有效应用戏剧教学能够促进学生语言能力的提高，增强其综合素养，激发学习兴趣，使学习过程更加生动有趣，产生更好的教学效果。

小学英语游戏教学

一、小学英语游戏教学的意义

"Learning is fun,learning is a pleasure." 德国著名心理学家福禄贝尔认为，游戏是儿童内部存在的自我活动的表现，是一种本能的活动。陈鹤琴认为，小孩子天性好动，视游戏为生命，游戏好像空气、阳光和水一样与儿童分不开。游戏是儿童获得知识的有效手段，也有利于增进健康，发展良好个性。

（一）提高学习积极性

游戏教学法能够激发学生学习的兴趣和积极性。通过游戏形式的教学，学生能够在愉快轻松的氛围中参与到学习活动中，从而更加主动地投入学习过程。

（二）增强学习动机

游戏教学法能够增强学生的学习动机。由于游戏具有趣味性和挑战性，学生会更加积极地参与到游戏中，希望通过游戏获得胜利或奖励，从而达到学习的目的。

（三）促进知识的巩固与应用

游戏教学法能够促进学生对知识的巩固与应用。在游戏过程中，学生需要运用所学的知识来解决问题或完成任务，从而加深对知识的理解和记忆，并将知识应用到实际情境中。

（四）培养合作与沟通能力

游戏教学法能够培养学生的合作与沟通能力。在游戏中，学生需要与他人合作、交流和协作，共同解决问题或完成任务，从而培养团队意识和合作精神。

（五）提升思维能力和创造力

游戏教学法能够提升学生的思维能力和创造力。在游戏过程中，学生需要运用逻辑推理、创造性思维等能力来解决问题或应对挑战，提升其思维能力和创造力。

（六）增强情感体验和社会交往

游戏教学法能够增强学生的情感体验，提高学生的社会交往能力。在游戏中，学生能够体验到成功、失败、挑战等情感，同时也能够与同学进行互动和交流，促进情感的发展和社会交往能力的提升。

综上所述，小学英语游戏教学具有重要的意义，能够通过愉快的游戏形式激发学生的学习兴趣和积极性，提高学生的学习动机和参与度，促进知识的巩固与应用，培养学生的合作与沟通能力，提升思维能力和创造力，增强情感体验和社会交往能力，有效地促进学生的全面发展。

二、小学英语游戏教学的分类

小学英语游戏教学可以根据其特点和目的进行分类，主要包括操练性游戏、拓展性游戏、竞赛性游戏和综合性游戏。

（一）操练性游戏

操练性游戏旨在通过反复练习巩固学生已学知识，并提供实践机会以确保学生对所学内容的掌握。这些游戏通常包括口语练习、语音练习或词汇操练。例如，通过猜谜语的口语游戏"Who am I?"学生可以练习听力和口语，也可以激活词汇和考察思维的灵活性。"走迷宫"单词游戏，可以锻炼学生的记忆力。

（二）拓展性游戏

拓展性游戏的目的是在已有知识的基础上拓展学生的语言能力，加深学生对学习内容的理解。这些游戏通常结合了联想、分类或延伸词汇的活动。例如，给出一个主题词汇如"zoo"，学生需要说出与之相关的单词以拓展词汇量。如，

panda,deer,bear,fox,lion,tiger,rabbit,wolf,frog,crocodile,penguin,shark,peacock,phoenix,dinosaur...

（三）竞赛性游戏

竞赛性游戏通过竞争来激发学生的学习兴趣和动力，鼓励他们积极参与并记住所学内容。这些游戏通常包括时间限制、成绩排名或团队竞争等元素。例如，"快去游戏（Go to...）"中的竞速比赛可以激发学生的竞争意识和学习积极性。单词接龙游戏，我说teacher, 你说read, 他说dentist……教师让学生击鼓传花看看哪一组说得最多就最后胜利。还有"抢椅子"，每组六个同学抢五把椅子，总有一位抢不到的，可能是对单词的反应慢，然后这位同学站出来说，例如"Those who wear white shoes take your seats"，抢不到的同学就站出来说下一句指令。

（四）综合性游戏

综合性游戏结合了操练、拓展和竞赛的特点，旨在全面提升学生的语言技能和综合素养。这些游戏通常具有多种任务和目标，包括口语、听力、阅读和写作等方面的综合训练。例如，设计一个小组竞赛，要求学生在规定时间内完成口语、写作和表演任务。

在实施小学英语游戏教学时，教师应根据教学目标和学生的特点选择合适的游戏类型，并灵活运用不同类型的游戏以达到更好的教学效果。通过游戏的方式，学生能够在愉快的氛围中主动参与，更好地掌握英语知识，提高语言能力。

三、小学英语游戏教学应注意的问题

（一）区分游戏与教学游戏

教师应明确区分游戏与教学游戏，确保游戏服务于教学活动。教学游戏应具有教学性质，能够帮助学生达到教学目标，而不仅仅是为了娱乐。

（二）考虑学生年龄和班级规模

教师在设计游戏时应考虑学生的年龄和班级规模，选择适合不同年龄段和班级规模的游戏。游戏应该能够让所有学生都参与其中，保证每个学生的参与度和效果。

（三）利用好形成性评价

教师需要对游戏教学进行及时的形成性评价，检查教学游戏是否达到了教学目标的要求，并根据评价结果改进游戏设计，优化教学过程，以提高教学效果。

（四）教师参与度

教师应该积极参与游戏，而不仅仅是旁观者。教师的参与可以激发学生的兴趣，带动课堂氛围，同时也能及时引导学生，确保游戏顺利进行。

（五）创新游戏设计

教师应不断创新游戏设计，避免使用相同的游戏套路，以免学生失去兴趣。可以对传统游戏规则进行改编，设计新的游戏，以激发学生的好奇心和参与度。下面是小学英语发音和游戏设计的模型举例，教师可以借助相关软件激发学生学习的兴趣，提高学习效率，优化教学设计（图 8-1，图 8-2）。教师可以在此模型基础上创新游戏内容，与教学紧密结合起来。

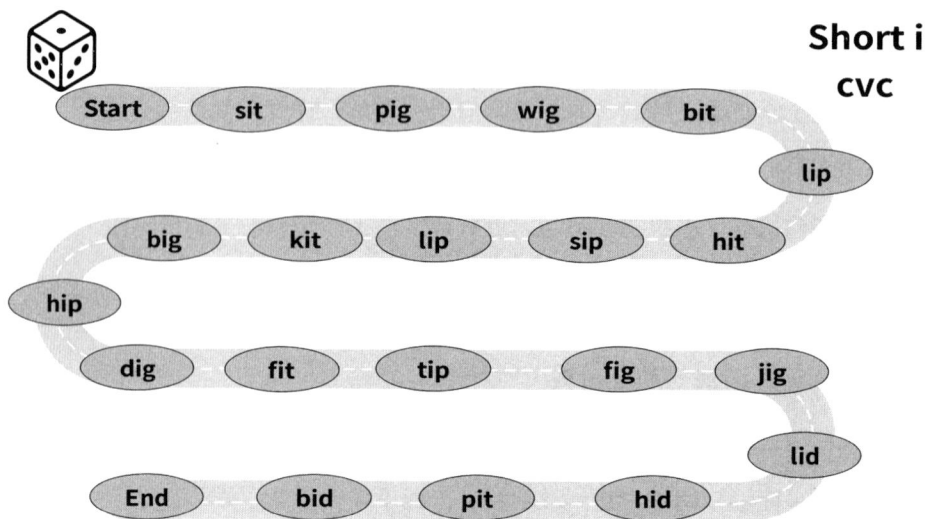

图 8-1　英语自然拼读棋盘游戏短元音 i CVC 单词发音拼读[1]

---

[1]　https://www.xiaohongshu.com/explore/631c84490000000011039213.

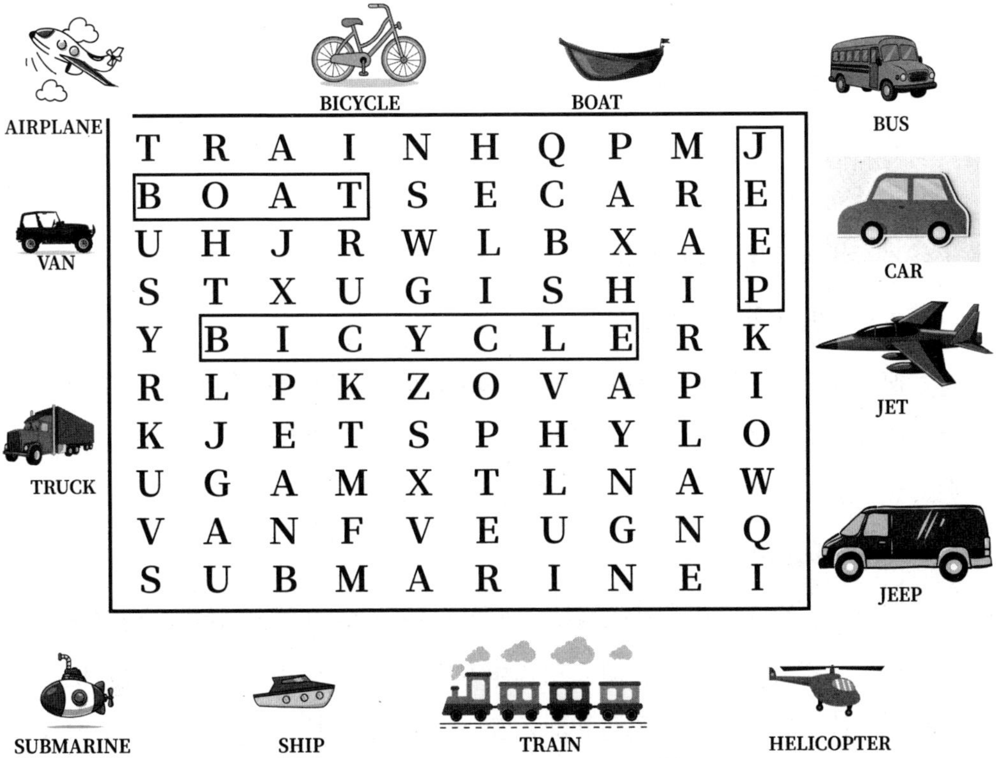

AIRPLANE BICYCLE BOAT BUS

VAN CAR

JET

TRUCK JEEP

T	R	A	I	N	H	Q	P	M	J
B	O	A	T	S	E	C	A	R	E
U	H	J	R	W	L	B	X	A	E
S	T	X	U	G	I	S	H	I	P
Y	B	I	C	Y	C	L	E	R	K
R	L	P	K	Z	O	V	A	P	I
K	J	E	T	S	P	H	Y	L	O
U	G	A	M	X	T	L	N	A	W
V	A	N	F	V	E	U	G	N	Q
S	U	B	M	A	R	I	N	E	I

SUBMARINE SHIP TRAIN HELICOPTER

图 8-2 纵横方向找隐藏的单词[1]

（六）紧密结合教学目标和时间控制

教师在设计游戏时应紧密结合教学目标，并合理安排时间。要考虑课堂时间、游戏数量和教学内容，确保游戏活动促进教学目标的达成。

四、电子游戏在小学英语教学中的合理应用

在小学英语教学中，可以合理应用电子游戏作为一种辅助教学工具，提高学生的学习兴趣和参与度。

（一）语言学习应用

使用英语学习应用程序或网站，如 Duolingo,ABCmouse 等，让学生通过游戏的方式学习英语基础知识，如语音、词汇、语法等。这些应用通常采用游戏化

[1] https://www.xiaohongshu.com/explore/5e85dcbd0000000001007aed.

的设计，结合了闯关、打卡、挑战等元素，激发学生的学习兴趣。

（二）拼写和语法练习

利用拼写和语法游戏应用，如 Spelling City,Grammar Ninja 等，让学生通过游戏的形式进行拼写和语法练习。这些游戏通常设计有趣的动画和音效，吸引学生参与，并在游戏过程中纠正他们的错误。

（三）听力和口语训练

使用英语听力和口语应用程序，如 Rosetta Stone,Fluent U 等，让学生通过模仿、对话或听力练习来提高听力和口语能力。这些应用通常提供真实的语音和视频资源，让学生在游戏中体验到英语的真实使用场景。

（四）阅读理解

利用电子阅读应用程序或网站，如 Epic,Reading IQ 等，让学生通过阅读英语故事、文章或绘本来提高阅读理解能力。这些应用程序或网站通常提供丰富的英文阅读材料，配有插图和互动元素，吸引学生的注意力，并通过测验或问题来检查理解能力。

（五）文化和地理知识

利用地理和文化知识类游戏，如 Stack the States,GeoBee Challenge 等，让学生通过解决地理、文化相关的谜题和问题来学习相关知识。这些游戏通过地图、地标、国旗等元素呈现地理和文化信息，激发学生对世界的好奇心和探索欲。

合理应用电子游戏，可以丰富小学英语教学的形式和内容，增加学生的学习乐趣和参与度，同时培养他们的英语语言能力。但需要教师合理选择适合教学目标和学生年龄的游戏，并进行有效引导和监督，确保学生在游戏中能够真正获得学习收获。

五、小学英语游戏活动设计

教师在讲解过程中可以利用适切的活动帮助学生巩固知识，熟练技能，提高教学的趣味性和学生的参与度，促进学生语言综合能力的发展。

下面是为人民教育出版社小学英语3~6年级教材配套设计的教学活动，教师可以根据实际情况将这些活动安排到教学过程的不同环节中。

三年级上册	
1. Unit 1　Hello! Game: "Hello,Friend!" Divide students into pairs. Each pair will take turns greeting each other using different greetings learned in the unit,such as "Hello," "Hi," "Good morning," etc. Encourage creativity and expression in their greetings. **2. Unit 2　Colors** Game: "Color Hunt" Hide various colored objects around the classroom or outdoors. Divide students into teams and give each team a list of colors to find. The team that finds all the colors first wins. **3. Unit 3　Look at Me** Game: "Mirror,Mirror" Have students pair up and face each other. One student makes a facial expression or poses,and the other student has to mimic it like a mirror. Switch roles after a set time. **4. Unit 4　We Love Animals** Game: "Animal Charades" Write the names of different animals on slips of paper and place them in a hat. One student picks a slip and acts out the animal without speaking,while the rest of the class guesses.	**5. Unit 5　Let's Eat!** Game: "Healthy Food Relay" Set up a relay race where students have to run to a basket of plastic fruits and vegetables,pick one,and run back to their team. The team that collects the most healthy foods wins. **6. Unit 6　Happy Birthday!** Game: "Musical Chairs Birthday Party" Arrange chairs in a circle,one fewer than the number of students. Play music and have students walk around the chairs. When the music stops,they have to find a seat. The student left standing is "out," and one chair is removed. Repeat until only one student remains. 三年级下册 **7. Unit 1　Welcome Back to School!** Game: "School Scavenger Hunt" Create a list of items commonly found in the school（e.g., whiteboard,library book,gym equipment）. Divide students into teams and give them the list. The first team to find all the items wins.

8. Unit 2　My Family

Game: "Family Bingo"

Create bingo cards with different family members (e.g., mother,father,sister,brother ,grandparents).

Call out family member names,and students mark them off on their bingo cards. The first to get bingo wins.

9. Unit 3　At the Zoo

Game: "Animal Relay"

Set up stations representing different animals (e.g., hop like a kangaroo,crawl like a turtle).

Divide students into teams and have them race to each station,completing the animal activity before moving on.

10. Unit 4　Where Is My Car?

Game: "Car Parking Challenge"

Create a miniature parking lot using tape on the floor and toy cars.

Blindfold one student and guide them to "park" a toy car in the correct spot based on verbal directions from their teammates.

11. Unit 5　Do You Like Pears?

Game: "Fruit Basket Upset"

Assign each student a fruit name.

The student in the middle calls out a fruit,and all students with that fruit name must quickly find a new seat while the student in the middle tries to take one of their spots.

12. Unit 6　How Many?

Game: "Math Race"

Write math problems on the board related to counting and basic addition/subtraction.

Divide students into teams and have them race to solve the problems. The first team to answer correctly gets a point.

四年级上册

13. Unit 1　My Classroom

Game: "Classroom Objects Memory"

Place various classroom objects (pen,book,ruler,etc.) on a table covered with a cloth.

Allow students to look at the objects for a short time,then cover them again.

Students have to write down or remember as many objects as they can recall.

14. Unit 2　My Schoolbag

Game: "Schoolbag Relay"

Prepare a set of schoolbag items (books,pencils,erasers) and place them at one end of the room.

Divide students into teams and have them race to fill their schoolbag with the items and then run back to their team.

15. Unit 3　My Friends

Game: "Friendship Circle"

Have students sit in a circle and pass around a ball or stuffed animal while music plays.

When the music stops,the student holding the object has to say something nice about a classmate before passing it on.

续　表

16. Unit 4　My Home

Game: "House Hunt"

Create a set of picture cards depicting different rooms and items found in a house （kitchen,bedroom,sofa,TV）.

Hide the cards around the classroom or outdoor area,and students have to find and collect them all.

17. Unit 5　Dinner Is Ready

Game: "Cooking Challenge"

Set up a pretend kitchen area with toy pots,pans,and utensils.

Divide students into teams and give them a recipe card with simple cooking instructions （e.g., make a sandwich,pour a glass of juice）. The first team to finish wins.

18. Unit 6　Meet My Family!

Game: "Family Storytime"

Have students bring in photos of their family members.

Each student takes turns showing their photos and telling a short story about their family to the class.

四年级下册

19. Unit 1　My School!

Game: "School Tour Guide"

Assign students roles as tour guides and visitors.

The tour guides lead the visitors（other students）around the classroom or school,explaining different areas and features.

20. Unit 2　What Time Is It?

Game: "Time Telling Relay"

Write down different times on cards and scatter them around the room.

Divide students into teams and have them race to find the cards and arrange them in chronological order.

21. Unit 3　Weather

Game: "Weather Charades"

Write down different weather conditions on slips of paper（sunny,rainy,windy,snowy）.

Students take turns drawing a slip and acting out the weather condition while the rest of the class guesses.

22. Unit 4　At the Farm

Game: "Farm Animal Freeze Dance"

Play music representing farm animal sounds （e.g., mooing,clucking）.

Students dance freely,but when the music stops,they have to freeze in the pose of a specific farm animal.

23. Unit 5　My Clothes

Game: "Dress Up Relay"

Set up a relay race where students have to put on different pieces of clothing （hat,shirt,pants）and then run back to tag the next teammate.

24. Unit 6　Shopping

Game: "Supermarket Scramble"

Create a pretend supermarket area with toy food items and shopping baskets.

Give each student a list of items to "buy," and they have to find them in the supermarket area.

五年级上册

25. Unit 1　What's He Like?

Game: "Guess Who?"

Create flashcards with descriptions of people's appearances and personalities (e.g., tall,short,funny,kind).

Students take turns drawing a card and describing the person without saying their name,while the others guess who it is.

26. Unit 2　My Week

Game: "Weekly Schedule Relay"

Prepare a set of cards with activities and days of the week written on them.

Divide students into teams and have them race to arrange the cards in the correct order to create a weekly schedule.

27. Unit 3　What Would You Like?

Game: "Ordering Café"

Set up a pretend café area with menus and play food items.

Students take turns being customers and servers,practicing ordering food and drinks using polite phrases.

28. Unit 4　What Can You Do?

Game: "Talent Show"

Have students showcase their talents (singing,dancing,drawing,etc.) in front of the class.

Encourage classmates to cheer and applaud for each performer.

29. Unit 5　There Is a Big Bed

Game: "Bedtime Story Dice"

Create dice with pictures or words representing different elements of a bedtime story(characters,settings,objects).

Students take turns rolling the dice and using the results to create and tell their own bedtime stories.

30. Unit 6　In a Nature Park

Game: "Nature Scavenger Hunt"

Take students on a nature walk in a nearby park or outdoor area.

Provide them with a list of natural objects to find and collect(leaves,rocks,flowers) while exploring.

五年级下册

31. Unit 1　My Day

Game: "Daily Routine Charades"（用动作表演出音节的字谜游戏）

Write down different activities from a typical day(e.g., wake up,brush teeth,eat breakfast)on slips of paper.

Students take turns drawing a slip and acting out the activity while the others guess.

32. Unit 2 My Favourite Season

Game: "Seasonal Sorting"

Prepare pictures or cards representing different aspects of each season（weather,activities,clothing）.

Students work together to sort the cards into the correct seasonal categories.

33. Unit 3 My School Calendar

Game: "Calendar Countdown"

Create a large calendar display showing the current month.

Each day,assign a student to update the calendar by adding important events or activities happening in school.

34. Unit 4 When Is the Art Show?

Game: "Artistic Relay Race"

Set up different art stations around the classroom with supplies for drawing, painting,and crafting.

Divide students into teams and have them race to complete different art tasks before moving on to the next station.

35. Unit 5 Whose Dog Is It?

Game: "Pet Owner Guessing Game"

Write down descriptions of different pets and their owners on cards.

Students take turns drawing a card and guessing which classmate it describes based on the pet's characteristics.

36. Unit 6 Work Quietly!

Game: "Silent Task Challenge"

Give students a task to complete individually or in small groups（e.g., drawing a picture,solving a puzzle）.

Challenge them to complete the task without speaking or making any noise.

六年级上册

37. Unit 1 How Can I Get There?

Game: "Transportation Race"

Set up a relay race where students must mimic different modes of transportation（walking,cycling,driving,flying）to reach a designated point.

38. Unit 2 Ways to Go to School

Game: "Map Navigation Challenge"

Create maps of fictional towns with various routes to school.

Students work in pairs or small groups to navigate from different starting points to the school using the maps.

39. Unit 3 My Weekend Plan

Game: "Weekend Plan Board Game"

Design a board game where players move around the board by rolling dice and encountering different weekend activities.

Players must discuss and plan their weekends based on the activities they land on.

40. Unit 4　I Have a Pen Pal Game: "Pen Pal Letter Exchange" Pair students with pen pals from another class or school. Encourage them to write letters to their pen pals,sharing information about themselves,their interests,and their daily lives.	44. Unit 2　Last Weekend Game: "Weekend Story Time" Have students take turns sharing their weekend experiences with the class. Encourage them to use past tense verbs and descriptive language to narrate their activities.
41. Unit 5　What Does He Do? Game: "Occupation Charades" Write down different occupations on slips of paper. Students take turns drawing a slip and acting out the occupation while the others guess.	45. Unit 3　Where Did You Go? Game: "Travel Destination Presentation" Assign each student a different travel destination（city,country,landmark）. Students prepare short presentations about their assigned destinations and share with the class,describing the scenery and culture as much as they know.
42. Unit 6　How Do You Feel? Game: "Emotion Charades" Write down different emotions（happy, sad,angry,excited）on slips of paper. Students take turns drawing a slip and acting out the emotion while the others guess.	46. Unit 4　Then and Now Game: "Past vs. Present Sorting" Prepare pictures or cards representing objects or activities from the past and present. Students work together to sort the cards into the correct categories and discuss the differences between then and now.
六年级下册 43. Unit 1　How Tall Are You? Game: "Height Measurement Relay" Set up a relay race where students must measure and record the height of different objects or classmates using measuring tapes.	

【作业与产出】

1. 根据小学四年级英语（人教版）绘本故事 *The Village Show* 进行教学设计，并分析此绘本的教育意义。

2. 根据《白雪公主》的故事进行戏剧表演，同学们可以自由组成表演团队，进行剧本创编、演练、会演，最终制作成视频分享到钉钉教学群。

3. 收集人教版、外研版、鲁科版、译林版等小学英语教材中的英语歌曲，根据主题（颜色歌、季节歌、天气歌、生日歌、节日歌、动物歌、职业歌、家庭成员、劳动歌，等等）以及语法（进行时、介词、条件句、There be 结构、名词复数、数字歌、字母及拼读、比较级，等等）进行分类，并举例说明某一歌曲在教学中的作用，最后设计如何有效应用儿歌进行教学。

附录：循证教学设计案例

【案例1】

"Unit 1 How tall are you？"循证教学设计

王玉秋[1]，亓呈君[2]

人教版小学英语六年级下册第一单元的主题是 How tall are you? 学习的知识点是使用比较级和最高级。本单元包括了 4 个语篇，其中语篇一和语篇二是对话，语篇三和语篇四是配图小短文（教学内容如图 1 所示）。

本单元以 Trip 为主线。语篇一是 A trip to the museum, 讲述了 Mike 和 Zhang Peng 去恐龙展厅里参观，比较了恐龙的高矮的故事。通过学习，学生能够对自己及周围的事物进行大小、高矮等比较，并且能以自身为参照对周围事物进行估算；通过博物馆恐龙视频演示激发学生热爱科学，保护动物的意识。语篇二是 A trip to the shopping mall, 讲述的是 Mike 和 Wu Binbin 一起去买鞋子，讨论了鞋子的尺码大小和体重，通过基于证据的比较，学生学会了初步的审辨思维，并了解国内外服饰尺码的不同。语篇三是 A trip to the nature park, 讲述了一个小鸭子看见自己一天中影子不一样长而产生了疑问并向树爷爷求教的故事，但树爷爷给出

---

[1] 王玉秋（1965— ）：博士，临沂大学教育学院教授，研究领域为小学英语课程与教学、教育生态。

[2] 亓呈君（1999— ）：山东省烟台市经济技术开发区第七小学英语教师，第九届山东省师范生从业技能大赛一等奖获得者，研究领域为小学英语课程与教学。

的错误答案，老师引导学生运用科学课中所学知识进行循证探究，培养了学生善于观察、勤于思考、主动探究的求真品质。语篇四是 A trip to the sports center, 讲述了 Zip 和 Zoom 为足球队选拔守门员的故事，小动物们各有所长，通过对比赛规则的了解和对选拔标准的把控，最终选出了最佳守门员。通过让学生做出最佳决策，培养了学生要用证据讲话的循证思维。教师在教学中善于基于教材和学情开展循证教学，提供典型问题模式进行问题链设计，根据时间、地点、人物创设情境进行建构性教学，不断推动教学走向深入，学生在潜移默化中掌握了知识，提高了语言能力，培养了良好的思维品质和文化意识。

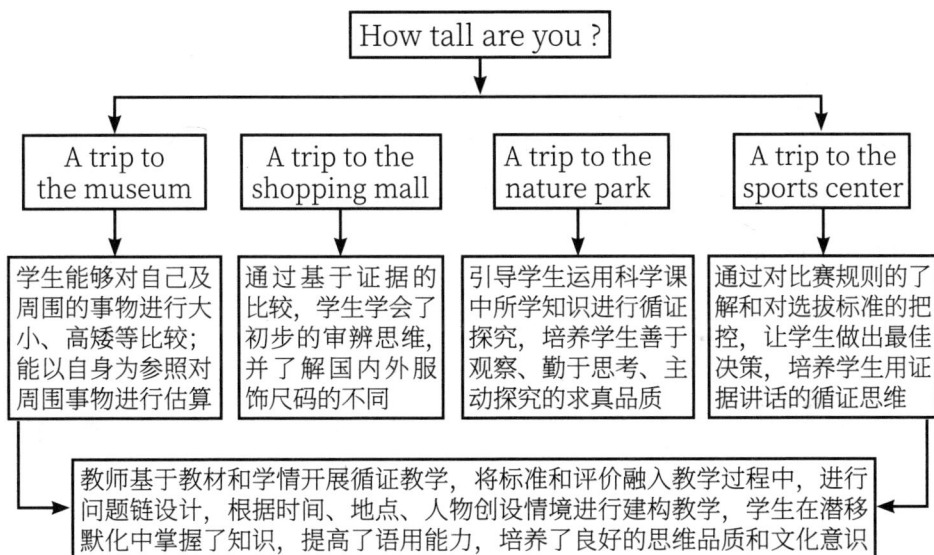

```
                        How tall are you ?

   A trip to        A trip to the      A trip to the      A trip to the
   the museum       shopping mall      nature park        sports center

 学生能够对自己及    通过基于证据的     引导学生运用科学课   通过对比赛规则的了
 周围的事物进行大    比较，学生学会了   中所学知识进行循证   解和对选拔标准的把
 小、高矮等比较；    初步的审辨思维，   探究，培养学生善于   控，让学生做出最佳
 能以自身为参照对    并了解国内外服     观察、勤于思考、主   决策，培养学生用证
 周围事物进行估算    饰尺码的不同       动探究的求真品质     据讲话的循证思维

 教师基于教材和学情开展循证教学，将标准和评价融入教学过程中，进行
 问题链设计，根据时间、地点、人物创设情境进行建构教学，学生在潜移
 默化中掌握了知识，提高了语用能力，培养了良好的思维品质和文化意识
```

图 1　Unit 1　How tall are you? 单元整体框架

一、A Trip to museum 基于数据进行比较和估算

Leading in

语篇一的导入采用了与恐龙相关的歌谣视频，复习大小和高矮、长短有关的单词，并出示视频中的恐龙图片，进一步复习相关单词并引入比较级的新词汇，引导学生对不同的恐龙进行比较：The __ dinosaur is __ than the __ dinosaur.

播放不同种类恐龙的科普视频，并询问学生是否喜欢恐龙，告知学生恐龙已经灭绝，现在只能在博物馆见到恐龙，引出 museum 和新词 hall，并介绍本文背景：The children are going to visit the museum.

Presentation

Buy the tickets

T: Look,you don't need to buy the tickets until you're 12. What do you want to ask?

S: Mike/Zhang Peng,How old are you？（老师出示儿童票最新规定提示：未满6周岁的儿童免票。6~14周岁的儿童可以购买儿童票，满14周岁的儿童需要购买全价票）

播放语音：I'm ＿＿ years old.You're ＿＿（younger/older）than me. We don't need buy ticket./Let's buy tickets. 接着引导学生根据自己的实际情况，进行同桌练习。学生对此有较多的生活体验，参与度高。

Listen and answer：

（1）The first dinosaur eats ＿＿. A. vegetables　 B. meat

（2）The ＿＿ dinosaur is taller. A. firs　 B.second

开启恐龙博物馆之旅，第一关播放听力，学生回答问题并继续参观博物馆，教师播放视频动画询问学生文本细节问题。

Watch and answer

T: How tall is the tallest dinosaur?

Zhang Peng: Maybe 4 metres.

Mike: Wow! It's taller than both of us together.

教师出示图片帮助学生理解 maybe,both of us together 的意思，并带学生进行朗读练习，培养学生初步的估算意识，知道用什么固定的东西作为参照去估算。

T: Zhang Peng says maybe the tallest dinosaur is 4 metres. Is he right?

S1: I think so. Because it's taller than both of us together.Zhang peng is 1.65 metres. Mike is as tall as Zhangpeng according to the picture. So both of them together is 3.4 metres. We can also say "It's about 4 metres".Maybe means about.We can estimate or guess,compare with something else.

Read and answer:

（1）How tall is Zhang Peng? （2） Who is taller,Zhang Peng or the small dinosaur?

画出关键词。

S1：Zhang Peng is 1.65 metres.

S2: Zhang Peng is taller than the small dinosaur.

Practice

Listen and imitate. 学生能够尝试去对文本进行连读，对于语调也能去模仿句子的升降调，针对典型发音问题给予反指导纠正。

Roles play. 两人一组，表演对话。教师利用 PPT 出示图片：a big tree,classroom door,Zhang peng,Mike,John, 然后让同学模仿课文对话进行表演。对话练习评价标准，如表 1 所示：

表 1　小学英语课堂教学学生对话练习评价标准

1. 发音清晰、准确，句子没有语法错误	☆ ☆
2. 能小组配合对话流畅，话轮合理	☆ ☆ ☆
3. 能够在 1 和 2 的基础上尝试对句子进行连略读，并模仿语音语调	☆ ☆ ☆ ☆
4. 能运用表情、肢体语言来表演对话	☆ ☆ ☆ ☆ ☆

针对同学的对话情况老师提示了需要注意的发音要点：注意 [ə][r] 的发音，增强语音意识和语感的培养，提示一下让学生直观感知个别字母的发音规律，不详细讲解。在启蒙阶段，学生能够准确掌握字母和单词的发音，口语表达时会更加自信流畅。

vegetables 蔬菜，发音：['vɛdʒtəbəlz]

taller,tall 的比较级，形容词，更高的，发音：['tɔlər]

nature 自然界，发音：['neɪtʃər]

Museum, 博物馆，发音：[mju'ziːəm].

dinosaur, 恐龙，发音：['daɪnəˌsɔr]。

Production

★ Retell the text. 给出图片和支架语言，帮助学生简单拓展对话并复述文本。

★ Make a video. 小组合作制作远古时代恐龙生活的视频，呼吁人们保护动物，保护大自然。

★根据所学完成以下练习单：

What a great dinosaurs hall! There are dinosaurs，big or small.

That's the tallest dinosaur.Maybe 3 metres，maybe__ .It's taller and bigger.

We are_ and_ . It's taller than both of us together!

二、A Trip to the Shopping Mall 基于尺码和体重选择适合自己的物品

Leading in

播放课文导入视频并且让学生选择：Mike and Wu Binbin are talking about the weekend. Listen and circle.

★ What do Wu Binbin and Mike want to do first? A. Go hiking. B. Go shopping.

★ What are they going to buy?

A. Hiking clothes and shoes. B. Magazines

接着，教师播放购物有关的视频，介绍不同国家鞋子尺码不同的问题，引起学生兴趣，导入本课。

Presentation

★ Listen and answer:（1）What do Wu Binbin and Mike want to do first? A. Go hiking B. Go shopping.

★ What are they going to buy? A. Hiking clothes and shoes B. Magazines.

播放听力，学生完成课本问题，并订正，出示 go hiking 和 go shopping 的图

片帮助学生理解。

Watch and answer

T: Now we know Mike and Wu Binbin are going to go shopping. Look! Wow,so many shoes,maybe they will buy shoes first. Now ,Let's watch and answer:（1）What size are Wu Binbin's shoes? （2）What size are Mike's shoes?

播放前半段视频，找学生回答问题，通过鞋码差异，引起学生关注两人的鞋码为什么差得如此多，引出不同国家的尺码标准的不同。

Read and answer

T: Now we know the size about Chinese shoes,so what size are Wu Binbin's shoes? and whose shoes are bigger? Please read and circle the key words on your book.

S1: Mike's shoes are bigger than Wu Binbin's shoes. Because Mike's shoes are size 40 and Wu Binbin's shoes are size 37.

T: Who is taller,Wu Binbin or Mike?

S2: Wu Binbin looks taller than Mike.

T: But why Mike's feet are bigger than Wu Binbin's feet?

S3: Because Mike is heavier than Wu Binbin.

T: How heavy are they?

S4: Mike is 48 kilograms and Wu Binbin is 46 kilograms.

T: Now,think it over: what are the reasons for the size of your shoes:

S1: How tall and how heavy.

T: Ok. Now,Let's play role.

Group work

学生进入小组配对练习环节：先两两讨论鞋子尺码和身高、体重的关系，练习对话，What size are your shoes?Whose feet are bigger? How tall are you? Who is taller? How heavy are you? Who is heavier? 最后汇总小组同学的鞋码、身高、体重数据。

Name	Age	Height（metre）	Heavy（kilogram）	Size of shoes
1	12	1.65	48	40
……	……	……	……	……

科学小贴士：脚长和身高的关系公式是身高（厘米）＝脚印长度（厘米）×6.876。对于大多数的人来说，身高一般是脚长的七倍长，这只是一个比较平均化概念。因为个体与个体之间的差异性较大，比如体重，所以不能一概而论。"脚印专家"根据脚印的大小，间接推测出罪犯的身高，这有一定的科学性，如果再能够结合脚印的深浅推断出罪犯的体重会更准确。

Practice

★ Listen and imitate. 播放音频，学生逐句模仿

★ Group work: 现在我们一起去购物。教师出示图片，先和一位学生进行对话示范，随后学生根据语言支架来进行小组对话。语言支架如下：

A: Look! Those shoes in the window are nice.

B: What size are your shoes?

A: I wear_____.

B: Your feet are_____than mine. My shoes are_____.

A: You look taller than me. I'm_____?

B: I'm_____, ang I'm_____ kilograms. How heavy are you?

A: I'm_____. Oh,you''re_____than me.

Writing Time: 根据提示，补充语言支架或完成转述。

Homework: Do a survey,制作表格来询问家人的身高体重和鞋码并进行比较。

三、A Trip to the Vature Park 基于科学原理和情境证据探究太阳与人影长短之间的关系

Pre-reading

教师播放关于皮影戏的小视频，引出本节课主题。

T: Boys and girls,what is the video about?

S: It is about shadow.

T: Yes,you're right. Today we'll learn a story about shadow. 接着老师利用多媒体展示出自己准备好的不同物体的影子。有的是夏天大树在阳光下的影子；有的是晚上在月光下老槐树的影子；有的是在灯光下斑驳陆离的城市剪影；有的是平湖秋月、湖光山色，美不胜收。正当学生沉浸在光与影构成的美景中时，老师播放了教材中的图景：The little duck is watching the sun going down. 然后问了一系列有关问题。

While-reading

1. 教师根据学生已有的阅读经验，询问学生想了解的有关文本的基本问题。

T: What do you want to know about shadow?

S: Shadow is not true.

T: Yes,shadow reflects the thing by light.What kind of light do you know?

S: Sunlight,moonlight,lamp light....

T: I'm very glad to hear that. And laser,flash,slide show...

T: Then,what's our story about? Do you want to know? Now,Let's go and have a look.Read page 8 and tell us: Who is in the story?

学生根据课文和图片的提示来回答故事的人物：The little duck,the old tree.

T: What else do you want to know?

S: Whose shadow is it?

教师请同学猜测，然后一起来阅读原文寻找答案，提醒学生阅读过程中注意画出关键词，找到支撑自己答案的依据，再核对答案。教师出示下一个问题的关键句：What time is it?In the morning or at noon,or in the afternoon,or in the evening?他们讨论的是什么时间的影子，从哪句话可以看出来？细读原文，画出关键句。然后学生回答之后，教师出示示意图如图 2 所示从早上到中午，太阳越来越高；中午到下午，太阳越来越低，所以 The sun goes down 发生在下午。

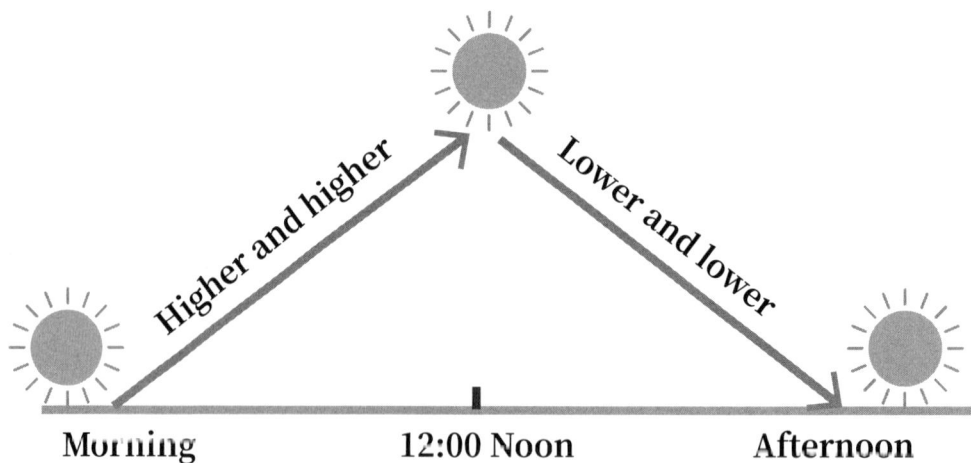

图 2

T: Watching the change of the shadow,what does the little duck ask?（同时板书 watch,ask）

S: Why is my shadow longer when the sun gets lower?

T: Can you imitate the little ducks?（让学生模仿表演小鸭子的疑问。）

So who does the little duck ask the answer? And why?（板书 answer）

S: The little ducks asks his friend Old Tree. Because Old Tree is older and smarter than Little Duck.

小鸭子有疑问时询问了他的朋友老树，那同学们有疑问时会问谁呢？比如，有数学问题时会问谁呢？有科学问题时会问谁呢？引导学生遇到问题要寻求专业帮助。

T: What's Old Tree's answer? Can you imitate Old Tree?

学生模仿老树的语气和声音来回答小鸭子的疑问，接着老师提出疑问：Do you agree with Old Tree?

大部分学生不同意老树的观点，并运用生活经验来反驳老树的说法：小鸭子不可能一下午的时间就长大。早上太阳升起的时候我们的影子会变短，下午会变长，是因为太阳落下了，光线不同导致了影子变长。此时教师出示太阳光线示意图，并邀请学生将相同身高不同影子长度的小鸭子和不同时间的太阳进行匹配，帮助学生理解本课的科学原理。

Post-reading

T: What do you think of Old Tree's answer? Why does he say that?

引导学生发现老树的善良和智慧：或许这是老树希望保护小鸭子的童心；或许这是老树对小鸭子的美好祝福。读完故事，按照 who-whose-when-what-why 来梳理文章脉络，和学生一起简单复述文本，提出问题：What do you think of Little Duck? 出示小鸭子发现问题、解决问题的过程，引导学生要善于观察，在寻找问题答案的过程中勤于思考，这样，我们才能变得更加智慧。（板书 thinking）

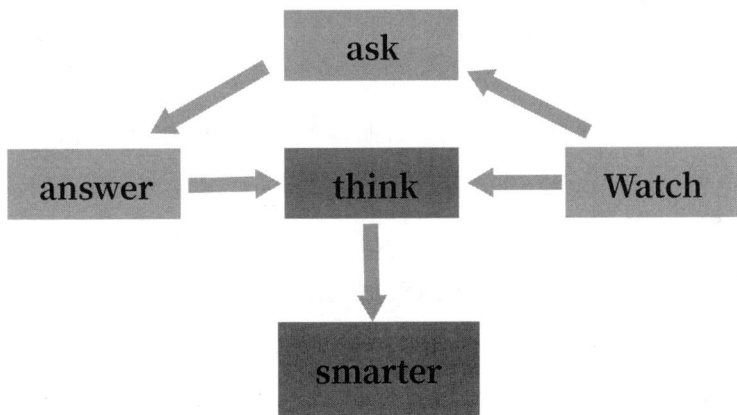

在拓展性教学环节老师用了 how about, what...if ... 句式进行循证教学。How about the shadow in the moonlight/light? Let's do an experiment. 教师让学生到前面操作鼠标看到月光下和灯光下物体的影响，并且引导同学发现月亮也是运动的，所以月光下的影响也是变化的，但灯是不动的，所以灯光下的影子大小是恒定的，并且与物体本身的大小成正比。

作业：

（1）Retell the story to your parents and ask your parents why the shadow is different at different time during a day.

（2）Read the picture book "My Shadow" and do the experiment in the lamp light in the evening.

My Shadow

I have a little shadow,that goes in and out with me,

And what can be the use of him is more than I can see.

He is very,very like me,from the heels up to the head,

And I see him jump before me when I jump into my bed.

四、 A Trip to the Sports Center 基于标准、规则和各自的条件数据做出最优决策

Leading in

播放学生们相互比身高的视频，帮助学生复习回顾比较级。出示不同身高的动物，引导学生对动物身高进行比较，并对本节课出现的部分小动物的名称有初步的了解，接着导入本课题。

T: In this class,we will learn a story about Zoom and Zip,you know they have a football team,and look,we want a goalkeeper.

Presentation

（1）出示守门员图片，介绍 goal 和 goalkeeper,并同桌讨论守门员的外形特点和职能：He is...; He can.... 观看关于守门员的视频，总结：The goalkeeper can catch the ball with his hand /foot /body /head ....

T: We know Zoom and Zip want a goalkeeper,so some animals comes. 噔噔噔噔，they are deer,zebra,giraffe and dog. Let's say hello to them.

（2）带领学生和动物们打招呼，出示图片 1 并带读。

T: They all want to be the goalkeeper,but can they be the goalkeeper? And who becomes the goalkeeper at last? Now let's watch a video and find out the answers.

学生观看视频寻找答案。

（3）T: Can they be the goalkeeper? Who becomes the goalkeeper at last?

S: The hippo is the goalkeeper.

T: Why can he be the goalkeeper? What does he like? What can he do? Please read p56 carefully this time and underline the key words.

引导学生阅读寻找答案并画出关键词。

S: The first one is a big guy.

T: He is tall,he is strong,He is heavy,he is a big guy. How big is he?

S: He is almost bigger than the goal.

（4）T: Look at the picture. he is so big. But class,hippo is tall,big,heavy,why he can be the goalkeeper? Can he catch the ball? let's see. 播放 hippo 接到球的视频，Oh,he can catch the ball with his body. So the dog says:

S/T: He is an excellent goalkeeper.

（5）T: What about others? What do they like? What can they do? First,Please read P24，underline the keywords.

引导学生阅读文本细节，关注其他动物的特点，并画出关键词。

T: Let's look at the deer. What does the deer like?

S: He is tall and strong,

T: How do you know that? Can you read the sentence?

S: He is 1.8metres. he is 86 kilograms.

学生根据文本总结动物的特点，老师根据学生的总结反问学生答案的文本证据支撑，在回答问题的过程中引导学生要有理有据地回答问题。

（6）T: What about zebra? He is taller and stronger than Mr deer.I have a question for you: How tall is Mr zebra ? How do you know that?

S: He is one point nine（1.9）meters.Mr deer is one point eight（1.8）meters,Mr zebra is ten centimeters taller than Mr deer.So,Mr zebra is one point nine meters.

关注文本细节，斑马比小鹿高 10 厘米，学生经过数学的计算，可以得出斑马的身高，从中也体现了数学学科和英语学科的融合。

（7）T: But why can't he be the goalkeeper? Look at the picture: The ball fly over his head,He can't catch the ball,So he can't be the goalkeeper. 观察图片细节找到斑马不能成为守门员的原因，进而推测出小鹿也不能成为守门员。

（8）T: The giraffe is the tallest. Why he can't be the goalkeeper?

S: His neck is too long. so the others can't reach him.

T: Yes,football needs teamwork. Teamwork means many people will work together in a team Now Let's watch a football match.

用球赛视频展示团队合作的重要性，让学生感受 Football needs teamwork.

（9）T: What does Mr dog look like？ The dog is small and short. Can he catch the ball？ No. So he can't be the goalkeeper.

Practice

Retell the text.

出示 Key questions 帮助学生复述文本：

（1）Who wants to be the goalkeeper?

（2）What do they look like?

（3）Why can or can't they be the goalkeeper?

Let's check: 用关键词和学生一起梳理文本思路。

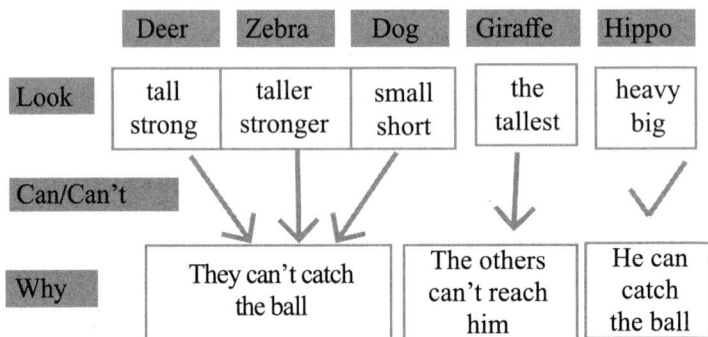

Production

（1）Group work

T: We know hippo is the goalkeeper,what about them? What can they do for the football team? Let's help them. Look,in a football team,we need backs,midfielders,forwards and referees. Backs should be smart. Midfielders should be tall and strong. Forwards should run fast. Referees should be fair and see clearly. Now let's discuss in your group,find what they can do in the team. And then stick the animals in the right place.

介绍足球队里除了守门员之外的其他位置，并小组讨论，根据小动物们的不同特点，帮助小动物们在球队里找到合适的位置。在小组讨论时，同学们对于这个问题都有自己的看法，所以对于这个问题的讨论很激烈，所以在展示时不会追求一个统一的答案，而是学生能够给出自己的看法并有合理的依据即可。

Back（后卫）

Midfielder（中锋）

Forward（前锋）

Referee（裁判）

Group work

·Step 1: discuss:
_____can be_____,
because_____.

·Step 2: stick

（2）Find your own positions: 在帮助小动物找自己合适的位置之后，引导学生分析自己的特点，找到自己在足球队中合适的位置。

T: We'll have a football game next week. Now think about: What can you do in the football team? and why ?

S1: I want to be the goalkeeper because I can catch the ball.

S2: I want to be the back because I'm smart.

教师给予学生一定的肯定和鼓励。

Summary: 教师板书本节重点并引导学生重视团队合作、悦纳自我。

T: The hippo is an excellent goalkeeper and the other animals also find their own positions. We are all unique,We have our strength and weakness,But everyone can do something for our team,So accept ourselves and appreciate others,teamwork makes more success .

Homework

（1）Retell the story to your parents and organize a family football team（grandparents-parents-sister-brother-I）using the structure below:

Team member	How tall	Weight	Slow or fast	Team role	Reasons
grandfather					
grandmother					
father					
mother					
brother					
sister					

（2）The twenty second World Cup is coming,Let's write a letter and give your best wishes to your favorite football team .

案例说明书

一、教学目标

（一）授课对象

本案例主要为小学教育专业教育硕士开发，也可用于小学教育专业本科生小学英语课程与教学论的教学。

（二）适用课程

小学英语课程与教材研究、小学英语教学设计与实施、小学英语教学技能训练等。

（三）教学目标

通过该案例教学，使教育硕士研究生具备以下专业素养。

通过对案例的深入分析，研究生能够掌握循证教学的主要特点，并且能够结合具体教材内容和学生特点巧妙地进行教学设计，培养学生的证据意识和证据思维，深入挖掘教材中的证据素材，并结合教学进行循证研究，总结提出循证教学模式，增强循证教学能力。

运用二语习得理论和有效教学理论（语言习得关键期、可理解的输入、情感过滤、认知监控理论以及认知学徒制、"脚手架"等）进行教学设计和教学实验，基于证据、探索证据，引领学生基于证据对话、阅读和写作，提高教学效能感。

对小学英语教材中循证教学的素材进行分类，提炼出规律和设计思路。例如，通过信号词 but,however,as if,maybe,what's the difference,because,on the other hand,and,then,oh dear! 等等寻找证据出现的契机，善于运用 5WH,What if,Why do you say so? Can you give any examples? 等句式，结合教学内容和教学目标，基于数据、事实、后果、学生所犯错误等证据进行问题设计、情境创设和小组活动，不断建构，推动教学走向深入。

通过对案例问题的分析与讨论，培养学生良好的思维品质，诸如逻辑推理和博弈性思维、批判性思维和创造性思维等。

二、启发思考题

（一）教学案例四个语篇中，Q 老师采用了哪些循证教学方法？基于证据提出了哪些问题？组织了哪些活动？有什么共同特点？

（二）小学英语教材中的语篇内容涉及人与自然、人与社会、人与自我的关系，请结合不同版本的小学英语教材（人教版、外研版、译林版、北师大版、清华版、美国版小学英语等）分析哪套教材中循证教学的特色更明显一些，请列举说明。

（三）案例中的 Q 老师在循证教学设计时是如何基于学生已有经验和知识进行背景材料和语言准备的？学生是否能够胜任？学生是否能够全员参与？请予以分析说明。你从案例中学到了什么？

（四）你认为培养小学生证据素养的关键是什么？如果你是案例中的教师，还会从哪些方面开展循证教学？为什么？

（五）Q 老师的循证教学比起常规的教学能否更加有效地促进学生语用能力、思维品质、文化理解能力的提升？请列举你印象最深的一个环节加以说明。

三、分析思路

（一）"教—学—评"一体化循证教学

本案例分析的核心是将循证教学理念和模式有效应用于小学英语教学实践中，体现"教—学—评"一体化，善于利用问题链和情境创设，基于教材中的具体数据、学生自身的特点、现实中的具体案例、学生的表现等引导学生寻找可靠证据，用证据支持或反对某一观点，得出合理的结论或者解决问题的方法，进而提高学生的学习动机和效能感，培养学生良好的思维品质。基本分析思路如下。

背景分析：包括教材分析（重点、难点）和学情分析（学生的知识、技能、能力、态度、动机、情感）。

确定教学目标：明确你希望学生在课程中学到的知识和技能，并确保这些目标与相关内容、活动相关。

展示教学内容：通过多媒体播放视频、演示文本，让学生整体感知内容。

设计问题链：根据教学内容逐级设计事实性问题和推断性问题、综合性问题。

查找相关证据：通过问题设计，引导学生寻找观点与证据，进行描述与分析、推断、检验和应用，指出局限性。

创设情境：根据学生知识、技能和理解情况创设情境，增加多种变量，培养学生运用知识应对日常复杂情境的语用能力（包括对话中的逻辑、话轮、倾听、应答，以及写作、阅读和听力中对论点、事实、隐含意义的判断能力）。

实施教学策略：在教学过程中实施你的教学策略，确保你的教学方法符合循证教学的原则和特色。

评估学生学习成果：使用有效的评估工具评估学生的学习效果（认知、情感、动机、努力程度、学业成绩、满意度），以确定教学方法是否有效，以及哪些方面可以改进。

调整教学策略：基于评估结果，调整你的教学策略，以使你的教学更加有效和符合循证教学的原则。

总之，循证教学实践需要基于科学研究证据，确保教学方法的有效性和可靠性，并在教学过程中不断调整和改进教学策略，提高学生的学习成果。

（二）指向学生循证素养的小学英语教学设计

指向学生循证素养的小学英语教学，旨在提升小学生发现证据、分析证据、利用证据的良好思维品质。第一，小学生要对自己进行评估，做到心中有数，然后自主制订学习目标和计划。教师可以基于学生表现帮助学生制定具体、可衡量和可实现的目标，并提供指导和反馈，以帮助学生实现自己的学习目标，这有助于培养学生的自我规划和目标制定能力。

第二，逻辑思维。选择有逻辑思维启发作用的材料，通过这些材料，学生能够逐渐理解如何组织思想，形成自己的逻辑思维方式。教师可以让学生学习逻辑连接词，如"因为、所以、但是、然而"等，这些词汇有助于学生组织自己的思想并表达清晰。教师可以提示学生区分观点和事实，并通过对话来帮助学生表达和分析自己的思想逻辑是否合理。这有助于学生锻炼自己的逻辑思维能力，同时也能促进学生的语言交际能力。

第三，培养解决问题的思维。通过引导学生解决一系列英语学习问题来培养他们解决问题的思维。例如，引导学生阅读和理解一篇英文文章，或让学生续写，然后通过讨论和思考来解决难点或问题。

第四，创造性思维。鼓励学生在英语学习中表现出创造性思维，例如，通过创造性写作、角色扮演等方式，让学生有机会表达自己的想法和观点，从而激发他们的想象力和创造力。

第五，批判性思维。鼓励学生提出自己的质疑和反思，并且根据证据和逻辑推理提出合理的解释和观点。在"How tall are you？"单元设计中，教师可采用PWP模式，课前提供一些指导性问题来帮助学生做好准备：你认为这个故事的主题是什么？你认为这个故事中的小动物有哪些缺点和优点？你认为这个故事是否与我们小学生生活中的情境有些相似？

第六，建构思维。通过互动，鼓励学生在英语学习中发挥群体智慧优势，形成基于证据的共进思维。

讲课中，教师可以将学生分成小组，让他们分享自己的答案和观点，并讨论他们之间的差异和共同点。教师可以鼓励学生提出更深入的问题，例如，你认为作者选择这些小动物和情节来传达什么信息？现实中你是否对某些人存在偏见？教师还可以鼓励学生在辩论中发表自己的观点，并向其他学生提出挑战。这可以促进学生的批判性思维和表达能力，并鼓励他们学会从不同的角度思考和分析信息。最后，教师可以在讨论或辩论结束后，向学生提供反馈和指导，鼓励他们改进自己的思考和表达技能。这可以帮助学生更好地理解和应用批判性思维，并提高他们的学习成绩和自信心（如图3所示）。

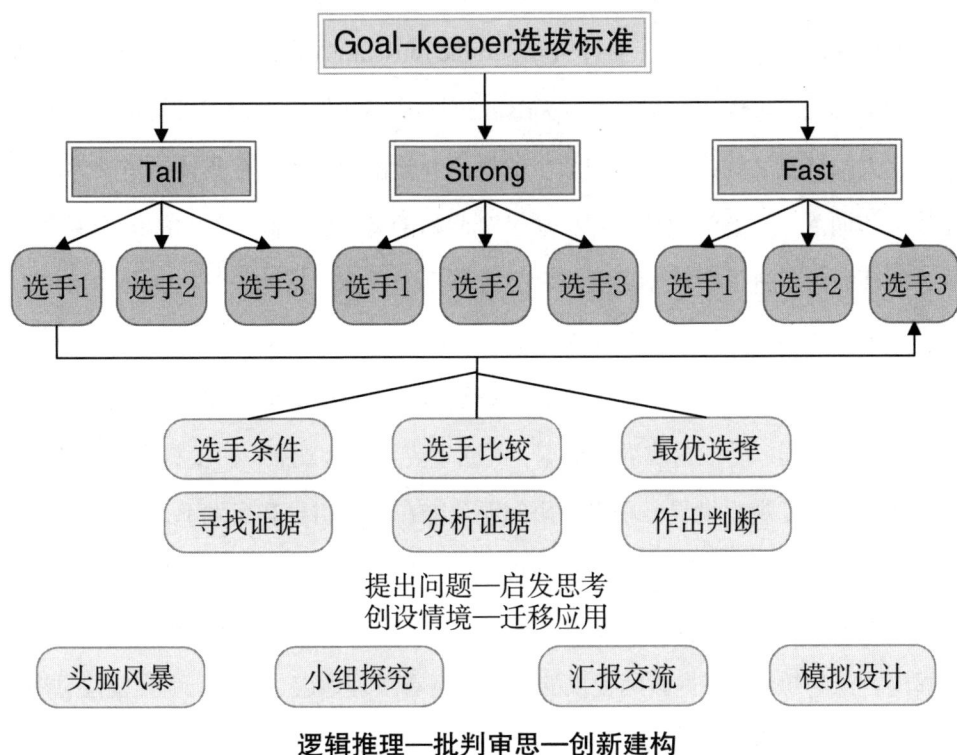

图3 指向学生循证素养的小学英语教学

四、案例分析

（一）案例回顾

本案例建立在作者前期已发表研究成果《循证教学在小学英语教学中的有效应用》《大学教师的学科能力探析》等研究基础上。已有成果探索了循证教学的本质和类型，并结合小学英语教材进行举例，分析了教师应具备的学科能力，诸如教材研究与建构能力、知识通观与还原能力，教学评估能力，教学创新与效能感等，为本案例奠定了理论基础和分析框架。本案例在已有研究基础上加强了实证研究和案例整体设计，并附有操作过程的说明，结合具体案例对循证教学进行了深度剖析，案例更具精细性和可操作性，为系统开展小学英语循证教学提供了理念、方法和思路。

本单元以 Trip 为主线，通过 A trip to the museum,A trip to the shopping mall,A trip to the nature park,A trip to the sports center, 从不同侧面反映了人与自然、人与社会、人与自我之间的关系，与学生的生活经验密切相关，在具体语境中渗透了比较级和词汇、发音知识的学习，通过对话和情境创设提高了学生的语用能力，通过循证教学促进了学生学习策略和思维品质的提升，培养了学生的合作意识、环保意识、科学探究意识和自主决策意识。

学生能在教师引导下，注意观察、识别所学语篇中的语言和文化现象，发现各种现象的异同；能根据获取的证据，判断重要信息和观点；初步具有问题意识，尝试从不同角度观察世界，积极提出问题。能在教师引导和启发下，主动观察所学语篇中语言和文化的各种现象；通过比较，识别各种信息的相似性和差异性，发现并推断因果关系；能根据获取的信息，归纳、概括共同特征；具有问题意识，能提出自己的想法，根据教师提供的结构模型有条理地表达观点；学会换位思考，尝试多角度认识世界，辩证地看待事物并对事物作出正确的价值判断；能初步进行独立思考，避免盲目接受或否定。初步感受英语的发音、语调等特点，并发现简单的拼读规则；能尝试通过模仿、说唱、表演等方式参与语言实践活动。能初步制订自己的学习计划并尝试努力完成；能发现同伴的学习优点并主动请教；积极参与合作学习，初步养成良好的学习习惯。教师善于将评价融入教学过程中，学生基于标准进行自主学习，教师基于标准进行评价和改进。

（二）理论基础

1. 循证教学理论

循证教学是指将教学建立在科学证据和学习评价基础上，教师基于科学理论和发现对学生的学习困难、存在的问题以及所表现出来的特长、创新性、思维风格等进行及时反馈评价，学生根据反馈不断调整和跟进，学生之间相互学习，师生交互建构生成，将教学不断推向深入，实现深度学习和增值学习。

循证教学的核心原则包括：教学决策应该基于最新的科学研究和成功的教学案例；教学应该持续评估和调整，以确保最佳的学习状态和学习效果；教师应该根据学生的需求和背景来制订个性化的教学计划；教师要善于利用情境进行教学决策，创造群体参与和互惠式学习氛围，体验深度学习和创造性学习所带来的心流状态，提高对知识技能演化规律和关键节点的掌控力、创生力。

2. 认知学徒制

认知学徒制是指通过新手学习者与专家从业者一起工作，学习专家的经验智慧和心智模式，使自己成为专家能手。在英语教学中，教师可以应用认知学徒制有效地改变学生的心智模式，学会学习，学会做事，学会体验，进行社会情绪学习。通过将认知学徒制原则融入英语教学，教师可以创建互动的学习环境，学生积极参与自己的语言习得过程，深入了解语言结构和功能，最终成为更加熟练的英语沟通者。师范生运用认知学徒制不仅要模仿优秀教师的教学行为，而且更重要的是要明确其背后的教育信念和教学观、学生观，进而从认知到情感和信念全面提升专业素养。

3. "二语习得"理论

克拉申（Krashen）将二语习得分为"习得"和"学习"两种类型。最好的语言学习方式是提供一个逼真的语言环境，让学习者自然地接触到大量的语言输入。此外，他还提出了"自然顺序说""可理解性输入""认知监控说""情感过滤说"。二语习得理论为教师循证教学提供了一个非常有用的分析框架，教师可以从学生的认知、情感、文化、环境几个维度设计英语循证教学模式。

4. 苏格拉底问题模式

苏格拉底的问题模式（Socratic questioning），也称为苏格拉底式提问法，是一种通过提问的方式引导思考、探究问题、分析观点的方法。它是以古希腊哲学家苏格拉底命名的，他使用这种方法来引导学生思考，发现自己的错误和不足，并最终达到真理。苏格拉底问题模式包括以下特征：

提问者不断提出问题，而不是提出自己的看法或答案。

问题要尽可能具有启发性，以便提问者用自己的思考来回答。

问题应该围绕主题展开，以便深入探究。

问题应该引导回答者思考问题的本质，而不仅仅是问题的表面。

提问者应该根据回答者的回答提出更深入的问题，以帮助回答者进一步思考。

苏格拉底问题模式可以帮助人们深入思考，发现自己的偏见、错误和不足，并且有助于理解复杂的问题。它也可以用于指导学生，帮助他们发展批判性思维和解决问题的能力。

Some examples of Socratic questions include（以下是一苏格拉底式提问的例子）：

What do you mean by that?（你这话是什么意思？）

How do you know that is true?（你怎么知道那是真的？）

What evidence do you have to support your claim?（你有什么证据支持你的说法？）

Can you think of any other explanations?（你能想到其他的解释吗？）

What are the potential consequences of that action?（那种行为会有什么潜在的后果？）

通过使用苏格拉底式的问题模式，个人可以学会更批判性地思考，识别自己的假设和偏见，并得出更微妙和合理的观点。这种技术经常用于教学中以促进学习，帮助学习者澄清自己的信念和价值观。运用苏格拉底问答法搭建辅助脚手架开展有效的循证教学，给小学生提供一个发现问题、分析问题和解决问题的程序和思维模式；学生有了框架可以模仿会产生胜任感，进而激发进一步探索的动机，"问题链"的设计有利于激发并维持学习者的学习动机和专注力，排除非本质因素的干扰，抓住要点，直达本质。另外，"问题链"还有利于学生解决复杂情境中的问题，而不是单一的问题。学生从事既能够胜任又富有挑战性的任务，学习不断走向深入，心智不断走向成熟。

循证教学在小学英语教学应用中存在 4 个主要问题：一是低年级小学生的思维发展水平参差不齐，教师教学比较难以切入学生的"最近发展区"；二是教师对学生课堂生成的临时性问题难以驾驭，反应的灵活性不足；三是根据单元整体目标和内容进行循证设计的能力不足；四是小学生口语表达能力不足以及大班额授课会妨碍课堂活动和循证教学的顺利开展。小学英语循证教学要将知识点的清晰讲解、辨析与语言的应用结合起来，进而促进知识、技能的掌握和语言能力、思维能力、文化意识的发展。

5. 情境教学理论

情境教学理论（Situated Learning Theory）是由美国学者拉夫和温格（Lave & Wenger）于 1991 年提出的。该理论认为学习不是一种孤立的、抽象的活动，而是与具体生活场景和实践密切相关的。人们的学习都是在具体的社会情境中进行的，因此，情境教学理论主张将学习与实际应用场景联系起来，让学生通过参与实际社会实践活动或者虚拟的真实场景，来获取知识技能，培养能力。

情境教学理论认为，学习的过程是一种参与式的、建构式的活动，学生需要通过参与实际活动来建构自己的知识结构。在实际活动中，学生可以通过观察、发现问题，寻找解决问题的契机和路径，运用一定的策略解决问题。这种方式既有利于英语学习的生活化和语用能力的提高，也有利于应对真实复杂情境中的问题。小学英语循证教学需要结合情境教学有效开展，教师可以提供丰富资源，利用图片、视频、现场等途径创设情境（Situation），引导学生结合主题内容认真观察（Observation），提出问题（Asking questions）和解决问题（Problem solving）的方案，小组互动，不断建构，获取最优解决方案（Optimization），推动语言学习和能力提高，即 SOAPO 情境教学模式。

教师要提供真实、完整、多样的英语学习资源，如与教材单元主题情境相匹配的英语绘本、短剧等学习材料，必要时可以提供导学案学习提示材料。情境创设要注重开发和利用学生资源，包括每个学生的生活经历、学习体验，以及他们丰富的思想和情感。教师应充分认识、利用和开发学生资源，通过创设开放性的师生、生生互动的交流与分享平台，有效激活并利用学生已有的知识、经验、想象力和创造力。引导学生在班级和学校进行英语环境设计，开发和利用数字学习资源。资源的开发与利用要注重各种资源的有机整合，建立种类齐全、层次清晰、功能多样的课程资源完整体系，要避免课程资源的碎片化倾向以更好地配合情境教学的顺利开展。

（三）分析方法和工具

1. 分析方法

案例研究法是一种通过深入研究个别案例来获取对特定问题的深刻理解的方法。在本案例研究中，主要是对小学英语循证教学活动设计的个案进行描述与分析，目的是进一步揭示小学英语循证教学的本质和基本思路、模式。基本程序如下。

选取恰当的案例：研究者需要选取具有代表性、典型性、重要性和挑战性的教学案例，以便研究结果具有可推广性和实际应用性。

收集全面的数据：研究者需要收集全面的数据，包括教师、学生、教材、教学环境等多个方面的信息，以便进行深入的分析和研究。

基于理论框架：研究者需要基于相应的教学理论框架，如循证教学理论、提问模式、情境教学理论等，来说明循证教学并对个案进行分析和解释。

多元分析：研究者需要运用多种分析方法，如文字分析、图像分析、统计分析等，对教学案例进行多元化的研究和评价。

坦诚客观：研究者需要坦诚客观地对待教学案例，避免个人主观偏见的影响，以确保研究结果的客观性和科学性。

提出改进建议：研究者需要结合研究结果，提出相应的教学改进建议，以帮助提高教学质量和效果。

2. 分析工具

探究情境教学和问题链设计对小学英语循证教学效果的影响。

收集情境资源：教学情境图片、情境视频、小故事、现场情境等。

循证分析：分析循证教学的设计理念、形式、结构、模式（PCEPEP,SOAPO,SQ）、效果和方法等方面，找出优缺点和应用场景。

教学实践：在小学英语循证教学实践中使用 PCEPEP,SOAPO,SQ 模式，观察学生的专注力、参与度、学习效果和学习迁移情况等。

教学反思：对教学实践进行反思和总结，发现问题并找出解决途径，以便更好地应用游戏教学方法。

研究结果：小学英语循证教学 PCEPEP,SOAPO,SQ 模式可以有效提高小学生的专注力和理解力，提高学业成绩和语言能力。

总结：通过个案研究法可以深入探究小学英语循证教学的本质、设计模式和实践应用，发现问题并找出解决途径，以便更好地推广应用。

五、课堂设计

（一）时间安排

本案例包括了 4 个语篇，案例教学需要 3 个学时。其中，1 个学时用来熟悉教材，观看讲课视频，熟悉案例设计过程；1 个学时与学生一起结合案例分析循证教学的本质特点及其应用策略，讨论案例中还存在哪些不足，如何完善；1 个学时小组成员分工合作完成案例教学心得体会，深化对循证教学以及案例教学的理解，并且能够在今后的教学中创造性地加以应用。

（二）教学形式与环节设计

1. 课前推送视频和相关学习资源，学生自主学习。布置思考题目：小学英语循证教学的证据包括哪些？小学英语循证教学有哪些典型模式？案例教学包括哪些步骤？如何将认知学徒制应用到循证教学和案例教学中？

2. 小组合作，分工协同。将学生分为5~6个小组，每组5~6人。小组成员内部分工协作，承担相应的案例学习任务。上课前教师布置了阅读案例任务。各小组在上课之前准备1000字左右的答题思路发送到学习群。

3. 教师指导下的小组讨论，每组选择一个重点内容深入讨论。在小组内部讨论的基础上，推举小组成员代表小组展示、汇报学习结果，其他成员补充。

4. 教师针对同学的发言再次发起小组讨论，小组再指定1位代表评判其他小组的汇报展示情况。

5. 总结提升。教师主导，重申循证教学及案例教学的要点，结合How tall are you? 的教学目标和教学过程，分析目标达成情况，是否出现增值性教学，是否引发学生深度学习，核心素养提升都体现在哪些方面，小学英语循证教学的难点、重点和突破点在哪里。

6. 创新应用。布置课后作业，让学生继续应用循证教学思路，就小学英语五年级的第二单元的进行循证教学设计，鼓励创新。

（三）活动建议

1. 深度学习。学生必须深度学习循证教学和案例教学的理论，并且观看相关的优质课视频，找到可靠证据和行之有效的教学设计思路。

2. 实际操作。学生实际设计一个循证教学案例，对比已有案例，除基本框架思路和要点都包括之外，突出自己的创新点和依据，预测教学效果。

3. 总结提炼。学生自己总结提炼出循证教学及案例教学的基本模式和设计流程，对继续学习应用起到固化和支架作用，包括问题链、情境创设、建构策略以及案例教学中的认知学徒制的应用，透析案例背后深层次的观念和思维方式等原因。

4. 拓展创新。将循证教学和案例教学的本质应用到更广泛的领域，全面分析小学英语课程与教材设计初衷，结合循证教学案例进行小学英语全学段教材创新设计，不断提炼总结，形成教案和研究论文。

六、要点汇总

（一）案例涉及的主要教学知识点

1. 证据素养是小学英语新课标中强调的核心素养重要组成部分。综合表现为学生在阅读、写作、听力和口语学习过程中能够区分观点和证据，并且能够对证据进行反思、质疑、检查和补充，进而使得英语表达更加合乎逻辑，更加有说服力，也更加容易被理解接受，促进语用能力、思维能力和文化理解力的发展。

2. 小学英语教学中应用循证教学是新课标的要求。新课标规定小学生能够在教师引导下，观察、识别语言和文化中的异同；初步具有问题意识，尝试从不同角度观察世界，积极提出问题。能在教师引导和启发下，主动观察所学语篇中语言和文化的各种现象；通过比较，识别各种信息的相似性和差异性，发现并推断因果关系；能根据获取的信息，归纳、概括共同特征；具有问题意识，能提出自己的想法；学会换位思考，尝试多角度认识世界，辩证地看待事物并对事物作出正确的价值判断；能初步进行独立思考，避免盲目接受或否定。

3. 循证教学在小学英语教学中的应用需要整体设计，克服小学生语言内存的不足，基于主题从单元整体进行设计有利于意义的建构和表达。《新课标》主张小学英语要以主题为主线，整体设计教学活动。教学活动是英语课堂教学的基本组织形式，是培养学生核心素养的重要途径。教材各单元应围绕主题，选择适切的语篇材料，设计有利于学生接触、体验、学习和运用语言的教学活动。

4. 循证教学活动的设计要围绕单元主题意义展开，要注意在语境中呈现和讲解语言知识，给学生提供丰富的语言素材和实例，引导学生理解语言表达的意义，观察语言形式，发现和总结语言的规则和用法。小学英语教学要引导学生开展自主学习、合作学习和探究式学习。活动和练习应尽可能引导学生用英语做事情，并在此过程中体验、感知、学习和运用语言，自主归纳、总结语言规律。注重为学生提供学习方法的指导，促使学生优化学习方式，形成良好的学习习惯和有效的学习策略。

（二）隐含的案例启示

1.小学英语教师要充分研读教材，整合性和创造性地用好教材。Q老师的案例设计反映了她对教材的通透把握，这样才能遵循教材和学生心理发展的规律，对教材内容进行科学、合理的重组或取舍，实施精准教学，才能将循证教学落到实处。

2.小学英语教师要基于评价进行循证教学。Q老师在让学生练习时及时给出了口语评价的标准，学生对照标准深度练习，教师依据标准进行评价反馈，学生及时改进。另外，教师还要注意教学过程的生成性和增值性评价，及时捕捉到新的生长点和创新点。

3.小学英语教师能够基于问题链进行循证教学。在小学英语课堂教学中，教师设计的问题既包括低认知水平问题，也包括高认知水平问题。Q老师的教学既有 Yes/ No 问题以及 What,when,where,how many 等低水平认知问题，它们对理解课文能够起到支撑和框架作用，又有 Why 和 If....what will happen；Can you give any examples? Is it the case in reality? 之类的高认知问题，引导学生积极寻找证据，进行推理和批判性思维。

4.循证教学需要整体设计，避免碎片化。Q老师将第一单元的四个语篇进行了整体设计，做到了"瞻前顾后""温故知新"，并通过问题链设计形成一套完整的课程学习方案，同时关注学生知识、技能、思维、能力、方法、态度、情感、价值观等多维目标的相互促进。

5.小学英语教师能够基于情境进行循证教学。Q老师在讲 Museum 部分时将估算思维渗透其中，并且教学生找到参照物。讲 Shopping 时教学生更加全面地分析身高与鞋子尺码之间的相关性，又增加了一个体重的变量，初步学会复杂决策思维；在讲 Nature park 时教学生学会运用科学原理解释日常现象；在讲"Who will be the goalkeeper"时基于标准和几只小动物的身高、体重等具体证据让他们都在足球队中找到了自己的合适位置。

6. 小学英语教师能够根据教学内容进行模拟实验或者现场实验，增强学生的证据感；也可以通过模拟决策，让学生在动态场景中做出最优选择。Q 老师布置学生模拟组建一个家庭足球队并分配好角色，以及在晚上进行自己影子的实验以增强体验和现实感都是活学活用。

7. 小学英语教师能够基于生活经验进行循证教学。教师应从学生原有的知识经验出发，基于学生思维的"最近发展区"引导其主动建构新的知识经验，并且将观点与事实等证据相联系。教师在词汇教学时，可以将单词的学习置于特定的文化语境中，通过超级链接将单词与人类生存的故事结合起来，将语用学知识渗透到语义和语法教学中去。

8. 小学英语教师能够基于学生产出进行循证教学，如角色扮演、书面表达、故事创编、调研采访、海报制作、戏剧表演、自我评价等。Q 教师在布置作业时明确了作业要求，还给出了模板；另外在练习时给出了评价标准。教师可设计单元自我评价表，涉及词汇、句型、阅读、口语交际、写作等内容，将自我评价量化，将学习结果数据化、可视化，使学生有针对性地进行反思改进。

总之，循证教学是师生在证据的支撑下使教学走向可视、可控和生成、高效的过程。它摆脱了教学的随意性，能让学生根据证据判断自己的学习中存在的问题，目标是否达成，学习变得更加科学、规范和有据可依，学生学会权衡相关证据和批判性地评估学习。它也是一种"滚雪球"式的学习。通过循证教学，学生不仅可以精准学习、思辨学习，更好地理解关系，寻找证据，利用证据，将学习与应用、发现和建构、学习与发展结合起来。

七、小学英语教师循证教学调查问卷（教师版）

基本信息：性别，所教年级，学历，职称，教龄

第 1 题：您所学专业是（   ）[单选题]

英语类(师范)　英语类(非师范)　其他类师范教育　其他(非师范)

第 2 题：您任职学校所在区域（   ）[单选题]

城区；乡镇

第3题：请您选择五种常用的小学英语教学方法（限选题）[多选题]

　　　　语法翻译法，自然法（直接法），听说法，情境教学法，沉默法，项目教学法，交际法，自然拼读法，任务型教学法，暗示法，社团学习法，逆向教学设计模式，3P 教学法，游戏教学法，戏剧教学法，全身反应法，联想教学法，故事教学法；其他

第4题：作为教师，你选用某种教学方法上课的主要依据？（多选）

　　　　根据教材内容，根据学生水平，根据惯例，根据多媒体资源，其他

第5题：您了解什么是循证教学吗？[多选题]

　　　　基于证据进行教学，基于二语习得理论进行教学实验，基于学生学习的困难进行针对性教学，基于学习评价数据进行教学，其他

第6题：您在教学中是否应用循证教学？[单选题]

　　　　经常用，有时用，从来没有用过

第7题：您在小学英语教学中如何提问？[多选题]

　　　　运用 5WH 问题进行提问，运用 What...if... 句式进行提问，运用 Can you give any examples or evidence 进行提问，运用 Why do you think so 进行提问，运用 Do you agree with him（her）and why? 进行提问，上课很少提问，上课主要让学生做练习题，经常用 yes or no 提问，其他

第8题：您对当今小学英语课堂有哪些困惑与问题？[填空题]

第9题：我为学生建立了学习档案 [多选题]

　　　　为部分同学建立学习档案袋，全部，从来没有，根据学生典型错误建立档案袋，根据学生优秀表现建立档案袋，其他

第10题：我了解情境教学法并有效应用 [多选题]

运用图片展示情境，运用多媒体播放视频，运用现场创设情境，没有用过，运用建构教学法创设情境推动教学深入，其他

【案例 2】

检索式学习在小学英语中的应用
——以"How can I get there？"为例

杜若菲[1]

　　人教版小学英语六年级上册第一单元的主题是"How can I get there?"学习的词汇知识包括使用地点场所单词和表述路线方向的单词及词组；语法知识包括在表达场所地点时，正确运用相关句型并理解其所表达的意义；语音知识包括能在图片的帮助下正确理解并按照正确的意群及语音、语调朗读故事；语用知识包括询问场所地点、介绍到达地点路线。本单元包括了 4 个语篇，其中语篇一、语篇二和语篇三是对话，语篇四是一篇配图短文。

　　本单元以 Ask for Directions 为主线（教学框架如图 1 所示）。

---

　　[1] 杜若菲(1992—)，临沂大学讲师，教育学（英语方向）博士，主要研究方向为二语习得、英语国家社会文化。

Ask for Directions

| 生活中在迷路时主动问路、寻求帮助 | → | 乐于助人,指路和描述路线,解他人困难 | → | 寻求帮助和给予他人帮助,实现自身价值 |

1. 对话。Visit the Science Museum 询问场所并描述路线;

2. 对话。Talk about the Places near the Museum 询问地点并作答

3. 对话。Talk about the Italian Restaurant 指路并描述路线 Go to the Italian Restaurant 做向导指引路线

4. 配图短文。Robin has BDS! (Find the Italian Restaurant) 发挥导航新功能

培养好习惯和好品质

运用所学语言寻求帮助和给予他人帮助,培养主动用英语交际的习惯和乐于助人的品质。同时,教师可以结合本课内容引导学生在生活中帮助人的时候,要有自护意识,不要随意为陌生人带路,或者去非公共场合

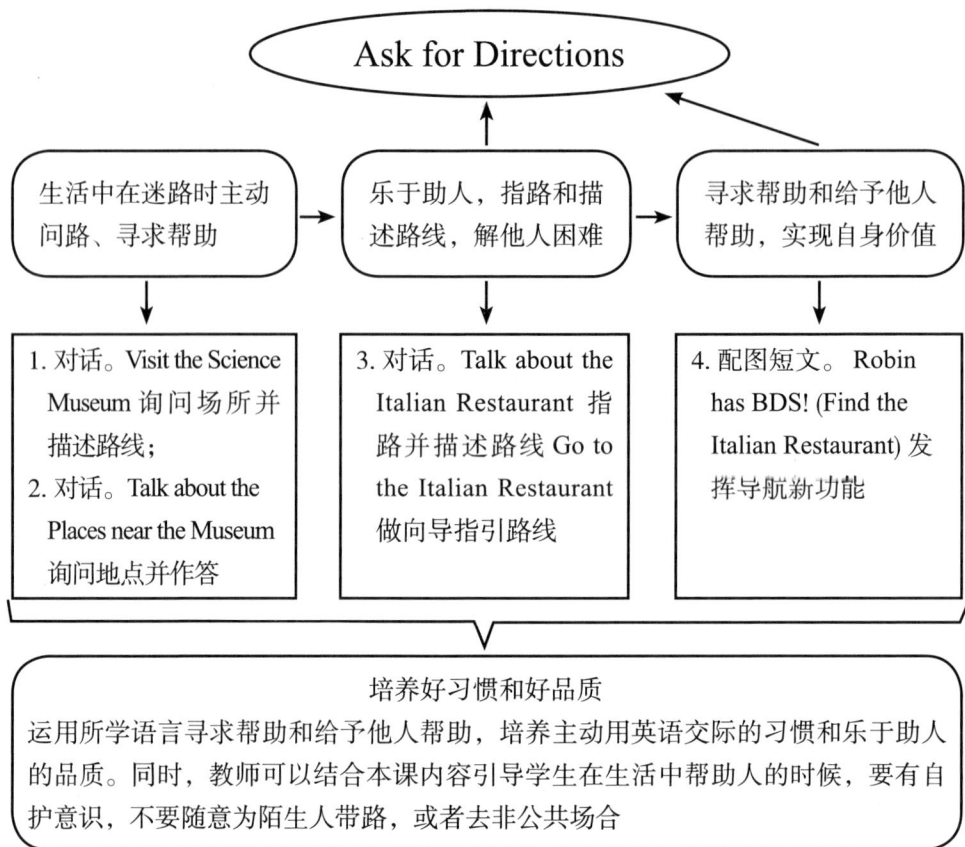

图 1 Unit 1 How can I get there? 单元主题内容框架图

语篇一是 Grandpa's Gifts, 讲述了 Wu Binbin 和 Robin 在科技博物馆里参观机器人并且为爷爷购买和邮寄明信片的故事。通过学习,学生能够基于相应的情景,恰当地运用询问地点的句型和词汇描述平面地图中和真实生活场所的确切位置。教师通过提问做文化知识渗透,引导学生学习礼貌用语的表达句式,培养学生在英语口语交际中尊重、友好、谦虚的情感品质。语篇二是 Talk about the Places near the Museum, 呈现的是 Wu Binbin 向 Robin 询问地点的故事,包含一些生活场所的英语词汇和问路交流的核心句型,学生通过小组合作制作平面地图,能够与同伴初步交谈地图上的具体位置。通过学唱歌曲和操练,培养学生问路与指路的能力。语篇三是 Go to the Italian Restaurant, 讲述了 Mike,Wubinbin 和 Robin 一

起看完电影后去意大利餐厅就餐的故事。教师引导学生在社会生活中做一个乐于助人的小公民，但同时要有自护意识，不要随意为陌生人带路或与陌生人一起到非公共场合。语篇四是配图短文和故事，其中短文 Find the Italian Restaurant 讲述了 Wu Binbin,Mike 和 Robin 寻找意大利餐厅的详细过程。通过了解北斗卫星导航系统，培养了学生的科学素养。如果教学时间充足，教师还可以通过配图故事 Go and eat Fish and Chips 介绍英国的人文景点和国民美食，培养学生的文化意识和跨文化交际能力。教师在教学中善于基于教材和学情开展个性化教学，提供语音发音规律，渗透字母组合和固定搭配的发音练习，降低学习的时间成本和难度，根据情境设计多形式的操练，不断加深学生的印象，力求让学生在做中学，玩中学，培养学生良好的行为习惯、合作意识和沟通能力。

一、Grandpa's Gifts——根据需要主动问路、寻求帮助

Leading in

语篇一的导入采用的是直观式导入和提问导入。通过播放歌曲 Grandpa's Gift 复习了三下第五单元的句型 "Where is…?" 随后呈现思维导图复习学过的介词，然后通过提问引导学生关注听力语篇内容，即 Wu Binbin 在博物馆的商店里买了什么东西作为礼物送给爷爷。

Presentation

Asking the Way

T: Oh,look! There is a robot! Where is it? 引导学生回答：It's in the science museum. 教师播放语音之后讲读句型，学生操练。

Listen and circle

T: Let's listen to the tape and choose the answers: Where are they? Is Grandpa there?（教师播放语音，讲读单词 museum）

Watch and answer

T: Do you want to know what they are doing there? Let's watch the video,and find out: What does Wu Binbin want to buy? You can discuss in groups.

S1: A birthday card.

S2: A postcard.

学生带着问题观看配套视频，小组讨论之后，作出回答：A postcard.（教师讲读生词）

T: Where can we send（教师讲读生词）a postcard? Yes,a post office.

T: Robin is a robot. And it can talk. So it is a talking robot. The man is surprised.So he says: "What a great museum!" （教师讲读句子）

Listen again and answer

教师提问，检查学生听力检索能力：

T: Where is the museum shop?

S1: It's near the door.

S2: It's next to the door.

T: Where is the post office? 引导学生回答： It's next to the museum.

Listen and follow

学生跟读视频，教师在播放前提出跟读要求，要注意模仿语音语调。

Practice

Listen and imitate: 教师放录音，并指导学生同伴以合作的方式去认读、检查，在听音模仿中训练学生发出正确的语音。

Role play: 两人一组表演对话（小组合作做听音正音训练，认读和检查单词发音情况）。

Production

★ Let's talk: Making Requests 学生在学习之后能够自由造句，进行自由配对，一对一对话训练。

T 描述做出请求的具体场景，并教授如何做出请求。

T 在黑板上张贴 "Could you please...?Would you please...?Would you mind...?" 这三个句式，之后向学生讲解我们为什么要学习如何向他人表达请求，并区分 can 和 could 在不同场合的使用。

T: This is a very common situation that we encounter in our personal and professional lives. We need people to support us and do things for us,and sometimes they have nothing to gain from it. So,it is very important that when we make requests,we sound as polite as we can. Imagine a friend telling you "Turn the fan on,it's hot!" and another one saying "It's hot. Could you please turn the fan on?"

T: Which one sounds more polite?

S: The second one sounds more polite.

T: So,use expressions before requests to make them sound polite. Here is also a little tip: You can use can or could to make polite requests. However,could is more formal and polite than can.

★ Make a new dialogue use what you have learned.

Summary

师生一起学习课本第 80 页的谚语 Better to ask the way than go astray.

T: Kids,guess what does "go astray" mean. It means to become lost. Why? Maybe some people are too proud to admit that they don't know,and,by refusing to ask,go astray. That is to say,they do the wrong thing or become lost. The proverb advises us to hide our pride and ask for advise in order to avoid such unnecessary consequences.

二、Talk about the Places near the Museum——询问地点并作答

Leading in

首先，教师播放"兔子舞"的录音带。师生一起温习一下"兔子舞"，跳的时候要注意强调单词 left 和 right，师生一起跳一跳、乐一乐，接着复习了五上第五单元 B 部分教学方位时的重点知识——"Turn left/right at the cinema,then go straight. It's next to the..."引入新课。

（本课导入采用了耳熟能详的歌曲来做热身导入，同时采用旧知激活新知的方法，为教授新知做好铺垫。）

Presentation

通过课件呈现图片，让学生 watch and think: who? 了解人物及语境，在图片和语篇的帮助下，做整体的感知，理解对话大意，获取科技馆周边场所名称。根据课本给出的地点，老师出示本单元主情景图进行描述，使学生明确图片中各个场所的功能，让 Wu Binbin 与 Robin 的对话更有抓手。

T: Talk about the places in your city: ask and answer: Is there a ...? Where is the ...? It's near/next to the ...（教师提供脚手架引导学生作答）

Read and say

T: Look,there is Robin and Wu Binbin. Where are they? What are they talking? 然后让学生结对子,借助图片创编对话,使他们能够在句子中掌握单词、词组的意思。

Where is the cinema?

It's next to the bookstore.

Where is the bookstore?

It's behind the cinema.

Where is the hospital?

It's next to the park.

Where is the library?

It's beside the post office.

Practice

1. 教师带领学生做课堂达标及拓展练习，并及时改正答案，使学生能够学以致用，提高语用能力。教师设置了一定的听力训练，培养学生们听力能力。

2. 填空题

T: You did a good job. Now,Let's fill those places'name on your sheet.

在确定学生能够初步运用场所名词后，教师分发练习纸，进一步检验学生对场所名词的掌握水平，检验学习成效。

NAME_____ DATE_____
Directions
Read the directions below and follow the directions on the map（see PPT）.
Then write the correct place name in the blank space below.
1.Where is the_____?
Go straight two blocks and turn left. It's on your left.

2.Where is the_____?
Go straight one block and turn left. It's an your right.

3.Where is the_____?
Go straight two blocks and turn right. It's on your left.

4.Where is the_____?
Go straight three blocks and turn right. It's on your right.

5.Where is the_____?
Go straight one block and turn right. It's on your left.

6.Where is the_____?
Go straight two blocks and turn left. It's on your right.

Production

★ Make a simple map and describe to your partner 自己画一个简单地图，并向同伴描述。

★ Have a dialogue in your group and describe how to go to some place.

e.g. A: Where is the shop? I want to buy some pencils.

B: Go straight three blocks and turn right. It's on your right.

并运用所学句型在小组内练习问答。

（设计意图：通过本节课对话语篇的学习，让学生根据自己的了解设计一个街区的地图，并对地图中的场所位置进行描述。）

三、Go to the Italian Restaurant——指路并描述路线

Warming up

1.Free talk

T: Good morning/afternoon? How are you?

使用英语自由交流，课前导入采用 Free talk 的形式更有利于学生从母语环境迅速进入英语学习状态。

2.Let's chant

T: OK. Let's begin our class. Boys and girls,I have a chant for you. Listen to the tape and follow the tape. （教师播放儿歌）

Where is the post office? Next to the hospital.

Where is the hospital? Next to the cinema.

Where is the cinema? Next to the bookstore.

Where is the bookstore? Go straight ahead.

随后，教师呈现十字路口、左转、右转、笔直的等单词、短语的图片，并指名说。

3.Play a game

教师依次说出单词 left,right,straight, 学生说短语做动作。例如，教师说 left,学生说 turn left, 然后做出相应的动作。反复循环，可以加快语速和节奏进行操练。

（设计意图：热身环节主要采用了歌曲和游戏的形式，既巩固了上节课所学语言知识，又为本课对话的学习做好准备。同时本课的短语 go straight 也出现在了儿歌中，为本课的学习做好了铺垫。课堂教学效果好，调动了学生学习的兴趣。）

Leading in

T: Boys and girls,do you remember the rabbit dance? Let's do it again,ok?

Ss: Okay.

T: You all can dance so well. Good job. Now please tell me,what words do you hear the most in this song?（教师播放歌曲，学生跟读，学习并操练）

S1: Left.

S2: Right. S3:...

T: Oh,children,you are good listeners. Very well.（课件呈现图片）Wu Binbin and Mike want to go to the Italian restaurant. Look,our old friend Robin is there too. But where is the Italian restaurant? How can they get to the restaurant?

Ss: Turn left.

T: Let's listen and choose.（学生观看视频，跟读学习，并操练问答）

（导入环节采用直观式导入法,借助图片使学生整体感知本课情境学习新知,其中有已经学过的单词，可以复习，有没学过的单词，重点操练。为下面描述自己的学校埋下伏笔。）

Presentation

Learn the dialogue

（1）听前预测

T: Wu Binbin and Mike saw an interesting film. Where do they want to go now?

S1: The park?

T: Why?

S1: They want to...

S2: The...? They want to……

（2）播放对话，整体感知对话内容。

（3）初读课文，理解大意。

①带着问题自读课文。

1. Where do they want to go?

Zoo clothes shop Italian restaurant museum

2. How can they get there?

_____ at the _____. Then（然后）_____ at the _____.

②核对答案，了解课文。

（设计意图：问题的设计使学生初步了解文本信息，实现检索式学习。）

（4）Teaching "Where is the restaurant? It's next to the park on Dongfang Street."

① Teaching "pizza,street"

T: Wu Binbin is hungry. So they want to go to the ...

Ss: Restaurant.（带读单词，拼读单词，齐读单词。）

T: Why do they want to go to Italian restaurant? Because Mike likes to eat pizza.（课件呈现 pizza 图片，指名读单词，齐读单词。）

T: But where is the restaurant?

Ss: It's next to the park on Dongfang Street.（引导学生回答，板书 on Dongfang Street, 教学 street, 联系单词 feet,meet,bee, 思考字母组合 ee 的发音规律，拼读出单词。带读单词，指名读单词。讲解 on Dongfang Street, 强调专属名称首字母要大写。）

②学生练读短语，观察异同，归纳介词词组的特点。

A 组	B 组
on Shuguang Street	at the bookstore
on Guangming Street	at the hospital
on Zhongshan Street	at the cinema

（课件先呈现 A 组，学生认读。然后再呈现 B 组，学生认读，最后学生讨论，归纳两组介词短语的特点。）

③呈现句型 Where is the restaurant? It's next to the park on Dongfang Street.

师生问答同桌两人问答。

④操练句型

同桌两人练习，指组练习。

hospital	cinema, Lihua Street
bookstore	library Zhongshan Street

句型： Where is the _____?

It's next to/near the_____ on _____.

（5）Teaching "How can we get there? Turn left at the..."

① T: Italian restaurant is next to the park on Dongfang Sreet. How can they get there?（板书 get there,get to, 讲解 get there,get to 的用法）

Ss: Turn left at he bookstore. Then turn right at the hospital.（学生齐说）

Listen and choose

How can they get to the restaurant? A. Turn right. B. Turn left.

T: A or B?

T: Yes. Turn left. 教读 left,turn left. 提示字母 e, 字母组合 ur 发音。老师边读边做动作，然后拍手升降调领读读，并加动作。检查学生读。

T:（呈现一左转的标志图）Look,this is the sign. It means "Turn left". What about this one? 呈现右转图。

T: 引导生回答：Turn right.（提示 "igh" 发音，并联系 "light"，"fight" 认读。同样拍手齐读，做动作。）

教师呈现 go straight 图标：If you see this sign,can you turn left? Can you turn right? What should we do? Yes,we should go straight. 讲解 aigh/tr 发音，边做动作边领读。（学生认真听，仔细模仿。）

T:（出示本课图片）We can see the three signs under the traffic lights. Look at the boys,where are they now? 提示 They are at the crossing. 教读 crossing.（学生读单词，同伴之间相互检查。）

T: Ss,please observe the traffic rules and pay attention to safety.

（图片和现实相结合使学生分清新单词，通过对比便于理解记忆。用学生熟悉的句子来理解新词，也使学生更容易接受，而且记忆准确，以旧带新，降低知识点的难度。在听音模仿中训练学生发出正确的语音。培养学生的合作意识，团队精神。）

②教师组织课堂活动，检验学生学习成果。

自主小组检查，学生自由说。

S1: Where is the ...?

S2: Turn ……/ Go ……

Look and say

教师引导学生做线上测验。首先教师告知学生测验的规则，即学生需要在 10 秒内根据图标用英语说出他们的答案。

T: Quiz helps us learn better and practice make perfect,right? Now,Let's do a little quiz.（Give Ss an example of online quiz Giving Direction）

Role play 教师指挥学生分角色朗读课文，表演课文。

Let's chant 教师呈现儿歌，小组记忆儿歌。

> turn left,turn left, 向左转
>
> turn right,turn right, 向右转
>
> go straight, 直着走
>
> at the crossing 在十字路口

（设计意图：通过儿歌记忆和有趣的测验和游戏，让学生在轻松的环境中掌握知识。）

Practice

1. Make a new dialogue

（1）小组合作创编对话。

Talk about a cinema or restaurant you like.

参考句型：

A: I like_____. Where is the _____?

B: It's _____ the _____ on _____ Street.

A: How can we get there?

B: _____

A: Ok. Let's go.

（2）小组练习

2. Talk and draw

两人一组，各自手上拿着一张不同的 worksheet。上面写有自己想去的场所，自己想去的街区图，但没标路线。学生互相交流，根据对方的信息在图里画出自己要去的地方的路线。

参考句型：How can I get there? Go straight. Turn left/Turn right.

3.Be a tour guide

在班级中举办"最佳导游"选拔赛。比赛程序是先在小组内参加，再选出代表参加全班评比。

参考句型：Now we are in front of/near/next to...Go straight /go along/..Turn left/ right at ... You can see....

（设计意图：创编对话，培养学生之间的合作意识，达到巩固语言、运用语言的目的。通过角色扮演，运用所学词汇和句型指路并简单介绍，达到活学活用的目的。）

Production

1.Listen and repeat. 听读 Part B 的 Let's talk 和 Let's learn.

2.Level A: 试着描述自己家附近的景点。

Level B: Be a tour guide. 假如你是一名导游，制作一张家乡的简易旅游地图并介绍。（孩子们喜欢绘画，为他们提供一个空间表现自己，而且还可以锻炼他们的听力，以及思维、思考能力，为下面奠定基础。最终由知识到技能和能力。小组合作，培养孩子们的群体意识。）

（设计意图：教师分层设计作业，有利于不同层次的学生学习兴趣得到发展，提高英语能力。）

四、Find the Italian Restaurant & Go and Eat Fish and Chips——给予他人帮助，实现自身价值

Leading in

教师通过 Free talk 环节与学生的交流，加深师生间的感情。

T: Good morning,everyone.

Ss: Good morning,teacher.

T: How are you today?

Ss: Fine,thank you. And you?

T: I'm fine,too. Are you happy today?

Ss: Yes. We're happy.

T: What's the weather like today?

S1: It's ...

2. 歌曲导入：Let's sing.

T: Do you like music? Now Let's enjoy a song together.（教师播放歌曲 Where is the hospital? 学生欣赏并跟唱。伴随着好听的歌曲，使学生尽快投入课堂。）

3.TPR（全身反应）游戏

教师准备 turn left,turn right,go straight 的卡片，请几名学生到讲台前。教师向这几名学生举卡片，学生根据卡片的内容做动作，其余学生说出词组。（通过游戏，活跃课堂气氛，让学生在玩中复习和巩固所学词汇，避免只读词汇的枯燥。）

Presentation

1.Pre-reading

（1）T: Now look at these pictures.（课件呈现语篇的 4 幅插图。）Do you know theses things? Look at Picture 1. What's this?

S1: It's a map.

T: What's this?

Ss: It's a compass.（引导学生说出，带读单词，齐读单词。）

T: What's this?

Ss: BDS.（板书单词，齐读单词，理解单词。）

T: What are they?

Ss: They are stars.（教师引导学生说出。领读单词，齐读单词。）

（2）学生讨论：What are they for?

（3）带读四个单词：map,compass,BDS,stars.

（4）T: You are in a car. Which of these can help you find a place?

Ss: BDS.

T: Yes. You are right.

2.While-reading

T: Look at the picture. This is ...（Ss: Robin）Wu Binbin's grandpa gave Robin a new feature.(板书单词gave,feature,理解单词。)What does he have?(呈现短文题目)

Ss: He has BDS.

T: Wu Binbin and his friends wanted to go to the Italian restaurant. How did they get there? What did they pass by?

（1）第一次阅读

①快速阅读，用横线画出经过的地方。

②核对答案。

（2）第二次阅读

①自读课文，画出不懂的词汇 follow,follow me,far,work,鼓励学生联系上下文猜测词义。

②理解词汇。（利用简笔画、动作、联系上下文等方法理解单词。）

③完成课文后的读写活动。

④核对答案。

（3）第三次阅读

①展示课文，听录音跟读课文，模仿正确的语音、语调。

②分角色朗读对话。

（设计意图：让学生在细读课文语篇的过程中寻找文本证据，理清思路。借助于一定的语境，学习新的词汇和重点句子。）

Practice

3.Post-reading

完成 Tips for pronunciation 版块的练习

①呈现 Tips for pronunciation 版块的句子。

②播放录音，学生跟读。

③小组讨论句子中的不同声调。

④教师小结。一般情况下，肯定句、特殊疑问句用降调，一般疑问句用升调。

Follow me,please.

英语句子的升降调读法规律：陈述句读降调；特殊疑问句读降调；一般疑问句读升调；祈使句为表示委婉语气，用升调。

⑤语音练习。

⑥学生读以下句子，判断语调。

> 1. Where is the cinema?
>
> 2. Is there a park near here?
>
> 3. Can I have some chicken,please?
>
> 4. This is a cat.
>
> 5. Are you a boy?
>
> 6. What's the weather like today?

⑦小组讨论，根据语调给句子归类，并说出理由。

Production

1.Retell the story 两位同学一组根据提纲复述故事。

> Wu Binbin and his friends want to eat some pizza in an Italian restaurant. They _____ and _____. They _____ and _____ again.

2.Let's draw

四位同学一组，根据本语篇的信息，制作吴斌斌去餐馆的线路图。

Summary

T: What did you learn about this class?

学生自由发言，教师引导学生归纳知识点。（教师让学生自己总结规律，培养了学生的思维能力。）

1. 学习了词汇：follow,follow me,far,work.

2. 了解辨别方位的几种方法：maps,GPS,stars,compass.

3. 知道了英语句子有升降调。

Homework

1.Listen and imitate the dialogue

让学生听录音，模仿对话，并在实际生活情景中运用所学内容。

2.Let's write

Level A: 写一写，从我们学校去书店怎么走。

Level B: 外教 Ms. Molley 应邀将在本周五下午来你们学校作报告。假如你是学生会主席王杰，请你根据以下提示用英语给 Ms. Molley 写一封电子邮件，告诉她如何到你们学校。

提示：1.乘坐 8 路公共汽车到北京路下车，沿着北京路直走；2.在第二个十字路口向左拐，会看到一个电影院；3.你们学校就在电影院后面。

要求：1.根据提示内容进行写作，可适当发挥；2.写 80 词左右。电子邮件的格式不计入总词数。(教师要提供脚手架,教学生信的开头、结尾和落款怎么写。)

【案例 3】

小学英语循证教学
——以"Unit 3　Where did you go ？"为例

郑玲玲 [1]

引　言

人教版小学英语六年级下册第三单元的主题是 Where did you go? 学习的知识点是使用过去时态，本单元包括了 4 个语篇，其中语篇一和语篇二是对话，语篇三和语篇四是配图小短文（教学内容如图 1 所示）。

本单元以假期生活中的 Trip 为主线。语篇一是 A trip to Xinjiang, 讲述了 John 一家去新疆的天山、吐鲁番度过劳动节假期的故事，了解了新疆的地域特点的故事。通过学习，学生能够用动词的过去式对自己旅游过程中具体的行为加以表述；通过天山、吐鲁番等地点的游览激发学生热爱祖国大好河山，保护大自然的意识。语篇二是 A trip to Sanya, 讲述的是 Amy 一家在寒假期间去三亚旅游的经历，讨论了乘坐哪种交通工具去的三亚、三亚的气候特点以及在三亚的游玩活动等通过基于现实地理知识举例等证据的呈现，学生学会了初步的审辨思维，并了解国内南北地域的不同。语篇三是 A trip to the countryside, 讲述了 Wu Binbin 一家去乡村欢度周六，中途母亲突发身体不适、家人细心陪伴的亲情故事。老师引导学生运用科学课中所学知识进行循证探究，培养学生善于观察、勤于思考、主动探究的求真品质。语篇四是 A trip to the moon, 讲述了 Zoom 梦中去月球旅游的故事。Zoom 乘坐宇宙飞船登月，遇见了嫦娥和玉兔，看见了月桂树。通过让学生运用过去式创造故事，培养了学生头脑风暴的创新思维。教师在教学中注重基于教材和学情开展循证教学，提供典型问题模式进行问题链设计，根据时间、

---

[1]　郑玲玲（1990— ），临沂大学讲师，英语教育专业硕士，主要从事英语课程与教学论、英语文化等领域的教学和研究。

地点、人物创设情境进行建构性教学，不断推动教学走向深入。学生在潜移默化中掌握了知识，提高了语言能力，培养了良好的思维品质和文化意识。

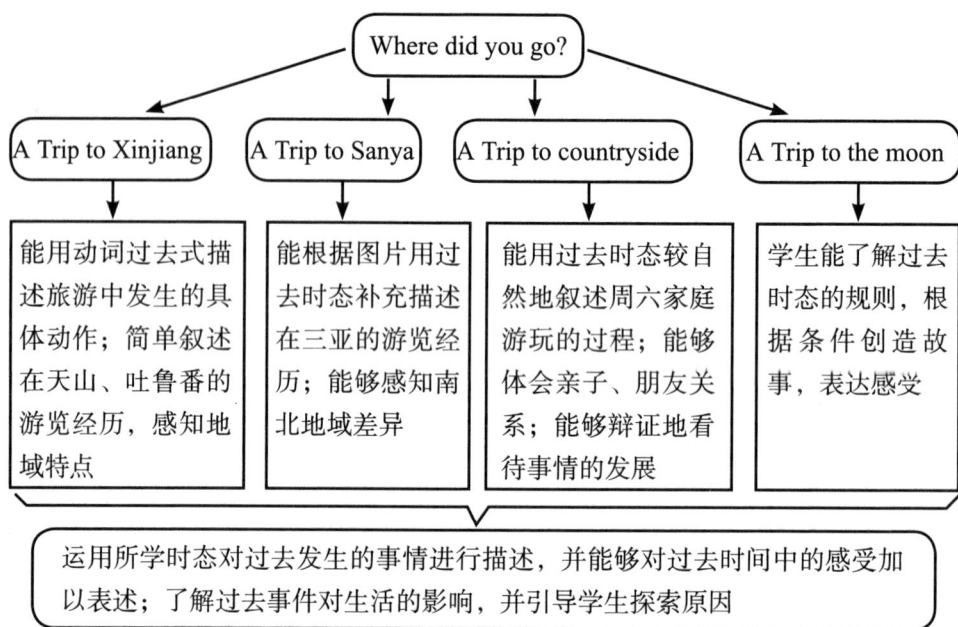

图 1　Unit 3　Where did you go? 单元整体设计框架

一、A Trip to Xinjiang——基于证据进行探索和估计

Leading in

语篇一的导入采用了与 "Where did you go?" 相关的 free talk，复习常见动词的过去式，并出示国内旅游景点的图片，进一步引导学生回忆各自旅游的经历，鼓励学生用过去时态表述旅游经历。如，We __ to __ and__ horses during the Labour Day holiday. 播放不同自然和人文景点的视频，并询问学生是否喜欢旅游，向学生讲述祖国大好河山的壮美多姿，有机会要多领略风景名胜。引出新词 went 和 rode，并介绍本文背景：John went to Xinjing during the Labour Day holiday.

Presentation

Where is John?

John answered a phone call from Amy. Listen and tick or cross.

（1）The second class is beginning.

（2）John is at home.

（3）John hurt his foot.

John rode a bike in a forest park,then fell off the bike and hurt his foot.（提醒学生们平时锻炼或者游玩时一定要注意安全，最好在监护人的陪同下进行。一旦受伤，需要及时就医。）

Talk about Xinjiang

T: Look,there are many grapes in Turpan. There are many animals in Mt. Tian shan,such as,horses,sheep and cows. What do you want to ask?

S: John,did you have some special food in Xinjing?（老师出示新疆特色美食，如烤羊肉串、烤馕、葡萄干等，分析特色美食的特色，借鉴中国美食系列节目《舌尖上的中国》中介绍新疆饮食的视频。）

接下来，老师可以邀请去过新疆旅游的同学分享一下游览经过和感受。

listen and answer

（1）You can eat grapes in Turpan in ＿＿. A. May B. August

（2）Mutton kebabs is available in Xinjiang. A. T B. F

开启新疆之旅，第一关播放听力，学生回答问题并继续参观新疆，教师播放视频动画询问学生文本细节问题。

Watch and answer

T: What is Mt. Tianshan like?

Zhang Peng: It's very high. There are many kinds of animals living there.

Mike: Wow! You can ride a horse. There is a pond called Tianchi.

教师出示图片帮助学生理解 rode 的意思，区分 mule 与 horse,并带学生进行朗读练习，培养学生初步的探究意识。

Read and guess

Amy: What happened?

John: I _____ my bike last Saturday and hurt my foot.

Amy: That's too bad!

John: I'm OK now. Come and look at my photos from the Labour Day holiday.

Amy: Where_____?

John: Mt. Tianshan,Xinjiang. I rode a horse. Look,it's very small!

Amy: Oh,yes. It looks like a mule! Did you go to _____?

John: Yes,we did. We saw lots of grapes there,but we couldn't eat them. They won't be ready till August.

隐藏关键词汇和句子，让学生根据上下文和图片大胆猜测所隐文本，启发学生根据证据找寻答案的探索思维。（教师也可以提供若干句子，让学生选择。）

S1: "Fall off", maybe "fell off" is better.

S2: Are you ok?

S3: Where did you go?

S4: ……

Practice

Listen and imitate. 学生能够尝试对文本进行连读，对于语调也能模仿句子的升降调，针对典型发音问题给予指导纠正。

Roles play. 两人一组，表演对话。然后让同学模仿课文对话进行表演。对话练习评价标准，如表 1 所示：

表 1　小学英语课堂教学学生对话练习评价标准

1. 发音清晰、准确，句子没有语法错误	☆
2. 小组配合好，对话流畅，话轮合理	☆ ☆
3. 能够在 1 和 2 的基础上尝试对句子进行连读和略读，并模仿语音语调	☆ ☆ ☆
4. 能运用表情、肢体语言来配合对话表演	☆ ☆ ☆ ☆

针对同学的对话情况，老师提示了需要注意的发音要点：注意 [əʊ][e][ɜː] 的发音，增强语音意识和语感的培养，提示一下让学生直观感知个别字母的发音规律，不详细讲解。启蒙阶段，学生能够准确掌握字母和单词的发音，口语表达时会更加自信流畅。提醒学生注意动词过去式的不规则变化的写法和读音变化。

rode 骑，发音：英 /rəʊd/，美 /roʊd/，ride 的过去式

hurt（使）受伤，发音：英 /hɜːt/，美 /hɜːrt/，hurt 现在式和过去式写法和读音相同

fell 摔倒，发音：英 /fel/，美 /fel/，fall 的过去式

went 去，发音：英 /went/，美 /went/，go 的过去式

Production

Retell the text. 给出图片和支架语言，帮助学生简单拓展对话并复述文本。

Make a video, 小组合作制作新疆生活的视频，呼吁人们保护大自然。

二、A Trip to Sanya——基于假期规划实现美好假期生活

Leading in

语篇二的导入采用教师播放歌曲视频 Where did you go? 让学生了解歌曲中主人公旅游的地点，引起学生兴趣。接着让各小组学生分享课前搜索的关于海南的人文地理等背景知识，引导学生进入本课的主题学习。

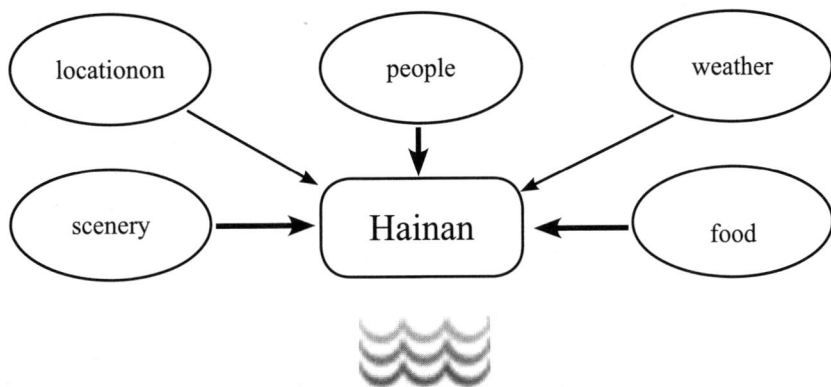

Presentation

播放课文 Let's try 音频，并且让学生选择：Wu Binbin and Amy meet Sarah at school. Listen and circle.

（1）What are they talking about? A. School.   B. Holidays.

（2）Who did Sarah buy gifts for? A. Amy and John.   B. WuBinbin and Amy

播放听力，学生完成课本问题，并订正答案。

Listen and do

T: 现在大家知道了 Wu Binbin,Amy and Sarah 正在谈论他们的假期生活。接下来，大家再听一遍录音，将 Sarah 的寒假生活经历以思维导图的形式梳理清楚。同学们可以从时间（when）、地点（where）、方式（how）、人物（who）、事件（what）等方面归纳，最后交代 Sarah 的所感所想。

接下来，学生根据录音内容以小组为单位绘制思维导图，完成后由小组代表将思维导图的绘制过程详细表述出来。

最后，教师选取2~3组的思维导图，以投影的方式呈现在课堂上，并进行点评。

Look and say

T: According to pictures of "Let's talk" and Sarah's trip mindmap,you can try guessing Amy's winter holiday trip.

（学生可以根据现有图片证据和上一环节 Sarah 假期生活的思维导图进行预测分析，进而展开语篇文本内容。）

Let's talk 图片

Day 1 图片

Day 2 图片

Day 3 图片

Day 4 图片

feeling

How   What

Amy

Where   Who

Think and say

将语篇核心内容挖空，让学生根据上一环节的结果先独立思考，再用自己的语句将空白部分的内容补充完整。接着，通过小组讨论，听音检测，修改句子，观看视频，最后核对答案。以此帮助学生理解语义，分析文本。在一系列的文本探究中，发展学生的分析能力和批判性思维。

T: Here is the dialogue about Amy's winter holiday trip. But there are some sentences missing. Can you tell me what these sentences are?

S1: Where did you go in the winter holiday?

T: Why? Any reasons?

Ss: Sanya. There is Sanya in the next line.

...

T: Ok. What about the others? Please discuss the missing sentences with your partners,and then tell me the answer and reasons.

Ss: ...

架构如下：根据上下文，补充完整横线处的句子。

Sarah:_____①_____?

Amy: My family and I went to Sanya.

Wu Binbin: Really? _____②_____?

Amy: Yes,it was so warm.

Sarah: Hainan is far from here._____③_____?

Amy: We went there by plane.

Wu Binbin: How was the beach?_____④_____?

Amy: It was beautiful. I took lots of pictures,and I also went swimming.

Sarah: Sounds great! Can I see your pictures sometime?

Amy: Sure.

Group work

学生进入小组讨论环节。每组经过讨论，给出一套完整的答案，并说明原因。每组派两位学生作为代表，上讲台填写答案，并讲述分析过程。

教师逐一点评，最后公布正确答案。

Practice

（1）Try to read. 让学生根据用语音规则提示尝试自主朗读，培养学生自主学习能力。

（2）Listen and imitate. 播放音频，学生逐句模仿，优化语音语调。

（3）Group work. 通过角色扮演练习，内化语言，规范语用，正确输出。

Production

根据课前小组的海南人文地理调查结果以及教材中其他文字和图片提示，进行思考探究"What else did Amy do in Sanya? "利用本部分 Let's talk 中的语言架构，进行文本输出。

Writing Time：根据提示，补充语言支架或完成转述。（对 Let's learn 中 Wu Binbin 的暑假生活进行文本输出。）

Homework: Do a survey. 制作表格来询问家人的旅游经历并进行比较。

三、A trip to the countryside 基于辩证思维探究事物的利弊关系

Pre-reading

教师展示关于国庆节出游的照片和小视频，激发学生的兴趣。从教师假期出游的画面中引发学生思考好事和坏事的相关主题，进而引出本节课内容。

T: Boys and girls,what are the video and pictures about?

Ss: It is about your National Day trip.

T: Yes,you're right. I went to the countryside with my family. We rode a bike for 4 people. And we took some pictures.

Ss: What happened next?

T: In the afternoon,I had a cold. But my family gave me some medicine. Then I felt better. We played again. It was a bad day but also a good day!

接着，老师利用多媒体导入本课情景。

Look,Wu Binbin also uploaded some pictures and videos. Let's have a look.

Wu Binbin 在街上骑自行车，通过 Read and write 的图文提示，学生可以判断他丢了帽子，引发学生思考三个问题。

1. What happened?

2. Was it good or bad?

3. How did he feel?

根据图片中主人公的表情，学生也许会有这样的回答：Wu Binbin lost his cap. He looked worried. It was bad.（锻炼学生善于观察，细致寻找证据的思维）

T: But...

（再次引发学生思考，这件事情是好还是坏？充分理解 But 的转折意味。）

Then a dog helped him find his cap.

Wu Binbin took Max to meet his parents.

狗狗是人类的朋友,小狗帮助 Wu Binbin 找到了帽子,成了他家庭的一名成员,并得到了 Max 这个名字,从此一家人幸福地生活在一起。然后,在一个明媚的周六,Wu Binbin 一家去乡下游玩,发生了后续的故事,我们一起来看一下吧。（引起学生兴趣，启发学生主动关注事态发展。）

While-reading

（老师播放了教材中的图景：Wu Binbin's family took a trip with Max. 然后问了一系列有关问题。）

教师根据学生已有的阅读经验,询问一些学生想了解的有关文本的基本问题。

1. 语篇体裁

T: What is the style of the passage?

S1: E-mail.

S2: Letter.

S3: Diary.

T: Which one is the correct answer?

Ss: A diary.

T: Yes,we can see it from Wu Binbin's diary.

2. 排序

阅读语篇，根据语篇叙述内容，给下列图画（课本第 29 页）排序，并尝试用所学句型描述图画。

3. 判断对错

阅读全文，找出相关信息，判断下列句子是否正确，并说明判断依据。

（　）Wu Binbin's family made a funny play in the park.

（　）Max sat in front of the bike.

（　）Mother didn't feel well because she had a cold.

（　）It was not so bad today.

带着问题仔细阅读语篇内容，可以尝试制作思维导图，并通过讨论引发学生思考。

语篇第一段问题：

1. What did they do in the morning?

（让学生从细节处把握语篇内容，整理 Wu Binbin 一家上午的活动列表。）

2. How was the morning?

（以此问题引发学生思考，评价 Wu Binbin 一家上午所有活动的感受。）

语篇第二段问题：

1. What happened to mother?

2. What did they do for mother?

（通过上述两个问题，把握语篇中一家人为妈妈做了哪些具体的事情，以及引发学生思考这些事情背后隐藏着怎样的感情？）

3. If you were Wu Binbin, what would you do for your mother?

（以此问题，让学生代入角色，发散思维，如果真实生活中遇到和 Wu Binbin 一样的情况，你会怎样做？）

听音跟读，自主朗读。（教师播放录音，让学生跟读模仿，并提示阅读规则，及时纠正部分重难点内容，例如，连读。）

Post-reading

拓展思维：从学习 Wu Binbin 一家游玩的一天，到思考他们一家家庭关系展开思维拓展。提出了以下问题：

How was Wu Binbin's family day?

What do you think of Wu Binbin's family day?

接着，教师让学生将语篇中发生的好事和坏事进行分类。

Bad:	Good:
_____	_____
_____	_____

学生以此为参照，将日常生活中发生的事情也进行简单的分类，锻炼了学生的逻辑思维能力，思考好和坏的深意。

分类练习过后，学生对生活中好与坏的深意有了自己的理解，懂得了辩证地看待发生的事情。同时结合本节课 Wu Binbin 一家周六游玩的例子，进行作文仿写。

Homework

（1）Retell the story to your parents.

（2）Write a passage about your family day.

四、A Trip to the moon

Leading in

Play the game of whack-a-mole: 帮助学生复习回顾动词的过去式。

rode a bike,went fishing

went camping,took pictures

...

Pair work: 帮助学生复习本单元句型。

T: Class,please work in pairs. Ask your deskmates some questions about their holidays. Then,I will invite one pair of students to show your dialogue.

S1: Where did you go?

S2: I went to Mt. Taishan.

S1: How did you get there?

S2: I got there by train.

S1: When did you go there?

S2: ...

S1: What did you do there?

S2: I climbed the mountain. And...

T: Good. Maybe all of you had a good time on your holidays. How about Zoom? Can you guess what Zoom's travel over his holiday?

Presentation

教师引导学生用所学句型对 Zoom 的假期旅行进行提问。

接下来，教师出示部分图片（从课本第 31 页 Story time 中的图片选取），让学生根据图片猜测以上问题的答案，鼓励学生发散思维，头脑风暴，敢想敢猜。

T: Look at the first picture,can you guess how did Zoom go there?

Ss: Took the plane. Maybe the spaceship,there is fire behind the machine.

...

T: Nice try.

Ss: Zoom went far away.

T: Look at the second picture,Zoom was floating. WHY?

Ss: Wow! Maybe he was in the space...

T: You get close to the answer. Go on,the third picture.

Ss: There was an ancient Chinese fairy.And,a rabbit.

...

Ss: I see. Chang'e.

T: Wow,you are terrific,class. So Zoom went to the...

Ss: Moon.

T: Are you sure?

接下来，教师让学生阅读语篇内容，检验大家的猜测是否正确。Scan the story and find the answers.

教师播放语篇第一幅图画的视频，锁定 Zoom 到达的地点。

图 1　Story time

注意单词 believe 的发音。

为验证其他问题的答案，教师播放 Zoom 和 Zip 的对话。强调特别注意问句部分，可以帮助学生快速锁定答案。

> 教师带领学生模仿动画中 Zoom 的语音语调和动作。随后，让学生表演出来（此举利于学生深刻了解主人公的惊讶心情，便于故事情节的推动。）

T: Now Let's watch the video and check the answers.

学生观看视频寻找答案。

视频播放完毕。

T: You can discuss the answers with your partners.

待学生讨论完毕，邀请若干组学生以一问一答的形式分享他们的答案。

S1: What did he do?

S2: He took pictures.

T: He also saw Chang'e,a rabbit and a tree.

S3: How did he get there?

S4: He went there by spaceship.

T: Pay attention to the word "spaceship." （教师带领着多读几遍，并告知确切含义）

S5: How was the trip?

S6: It was fun.

...

T: Right. He went there on his holiday by himself.

通过学生作答，将 Zoom's trip 的关键词板书出来。带领学生回顾整个旅途行程。

根据板书，让学生重述整个旅行过程。

T: Who can retell the story?

S: ...

学生复述完毕，教师点评。

小组活动

教师抛出问题：如果你去了月亮岛上遇见了嫦娥，你会做什么？（小组讨论，形成观点，分享观点。）

讨论期间，教师装扮成嫦娥，回到课堂，以嫦娥的身份与学生展开交流。借此让学生输出之前的小组讨论结果。

T: Hi,everyone I am Chang'e. I heard that you had some questions to ask me. Go ahead.

S1: How old are you?

T: I've existed for thousands of years.

S2: Where do you live? Who do you live with?

T: I live in the Moon Palace with my rabbit.

Ss: ...

学生问了嫦娥很多问题，一直意犹未尽。因此，嫦娥开始讲述她升天的故事。（教师播放嫦娥和后羿，以及嫦娥升月的视频）

鼓励学生多阅读中国经典故事，丰富文学内涵，增强民族自豪感。

回顾语篇

播放 Zoom 旅行的视频，找到他去月亮上旅游的原因。（因为这是 Zoom 做的一个梦。）

T: Why did Zoom had such kind of dream?（提示：认真观察最后一幅图画的内容）

Ss: He read a story about Chang'e（嫦娥）.

情感及历史拓展

教师展示自古以来中国人对太空对月球的研究，从古代的张衡到如今的探月工程（嫦娥系列）和行星探测工程（天问系列）的推进。

更有众多诗歌表现中国人民对月亮的美好向往，教师鼓励大家多积累关于月亮的古诗。教师可以选择成熟的中国咏月诗词的英文译本进行课堂展示，让学生体味古诗英文译本的独特美。

Practice

角色扮演（分成两大组，分别扮演 Zoom 和 Zip, 完成对话。）

Retell the text

出示 Key questions 帮助学生复述文本。

（1）Who did he go with?

（2）What did he do on the moon?

（3）Why did he go there?

（4）...

Let's check: 用关键词和学生一起梳理文本思路。

Production

Group work

Dream about your space travel and write it down.（让学生根据 Zoom 之旅的思维导图，书写各组的星际之旅，并且提供了文本架构。）

Our Trip to_____.

We went to the_____ by_____.

And there were_____. They looked _____.

Our Trip was_____.

走到学生中间，与学生交流，观察学生讨论情况，必要时给予帮助。

讨论完毕后，邀请几组上台展示小组成果。

教师给予学生一定的肯定和鼓励。

Summary

教师板书本节重点并引导学生重视团队合作、积极实现梦想。

T: I hope you can realize your dream one day, just like our China's space dream.（播放中国航天发展史视频，让学生提升自豪感。）

Homework

（1）Retell the story to your parents.

（2）Read more books about space.

【案例4】

小学英语循证教学
——以"I have a pen pal"为例

马鲁佳[1]

引　言

人教版小学英语六年级上册 Unit 4 单元主题是 I have a pen pal, 学习的知识点是使用动词的第三人称单数形式表述爱好与日常活动。本单元包括了 5 个语篇, 其中语篇一、语篇二和语篇三是对话, 语篇四是广告, 语篇五是配图故事（教学内容如图 1 所示）。

本单元以 Making pals 为主线。语篇一是 Zhang Peng's pen pal, 讲述了 Zhang Peng 向 Oliver 介绍自己笔友 Peter 个人信息和兴趣爱好的故事。通过学习, 学生能够运用核心句型 He/She likes... 谈论他人的爱好, 培养学生通过了解对方的兴趣爱好结交朋友的意识。语篇二是 Wu Binbin's pen pal, 讲述的是 John 和 Wu Binbin 谈论 Binbin 笔友的故事。John 通过与 Binbin 的对话, 了解到 Binbin 笔友的相关信息, 包括姓名、国籍、居住地、爱好等。通过基于证据进行分析, John 发现自己和 Binbin 的笔友拥有相同的名字和爱好, 于是萌发了也想要与之成为笔友的想法, 培养了学生基于证据的决策思维。语篇三是 John's pen pal, 讲述了 John 向弟弟介绍自己笔友日常活动的故事。老师引导学生通过对 John 笔友的邮件进行循证探究, 培养学生自主思考、主动探究的意识。语篇四是 Join clubs,make pals, 讲述了 Amy,John,Mike,Robin 4 人发布俱乐部纳新广告寻找俱乐部新成员的故事, 通过对俱乐部内容、时间、地点、联系方式及成员爱好等的

---

[1] 马鲁佳（1989— ）, 临沂市明坡小学英语教师, 主要从事小学英语教学和研究工作。本文指导教师为临沂大学王玉秋教授。

介绍，培养学生要基于证据进行合理决策和合理设计的意识。学生学会根据证据选择适合自己的俱乐部，并能够对自己已有的证据进行分析，并在此基础上仿写科学合理的俱乐部纳新广告。语篇五 Getting along with the pals，讲述了小松鼠 Zac 在与猴子国王相处中尾巴变蓬松的故事。教师在故事教学中通过对人物 who、事件 what、地点 where、原因 why 等关键要素的提示，对故事情节发展的预判，以及对故事结局的因果分析，学生学会了质疑、探索证据、解决问题，培养了学生的证据意识。教师在教学中善于基于教材和学情开展循证教学，提供典型问题模式进行问题链设计，通过情境创设，增强学生的真实体验，使被动学习变为主动学习，在发现、建构和生产性的学习过程中，提高教学的精准性和建构性。

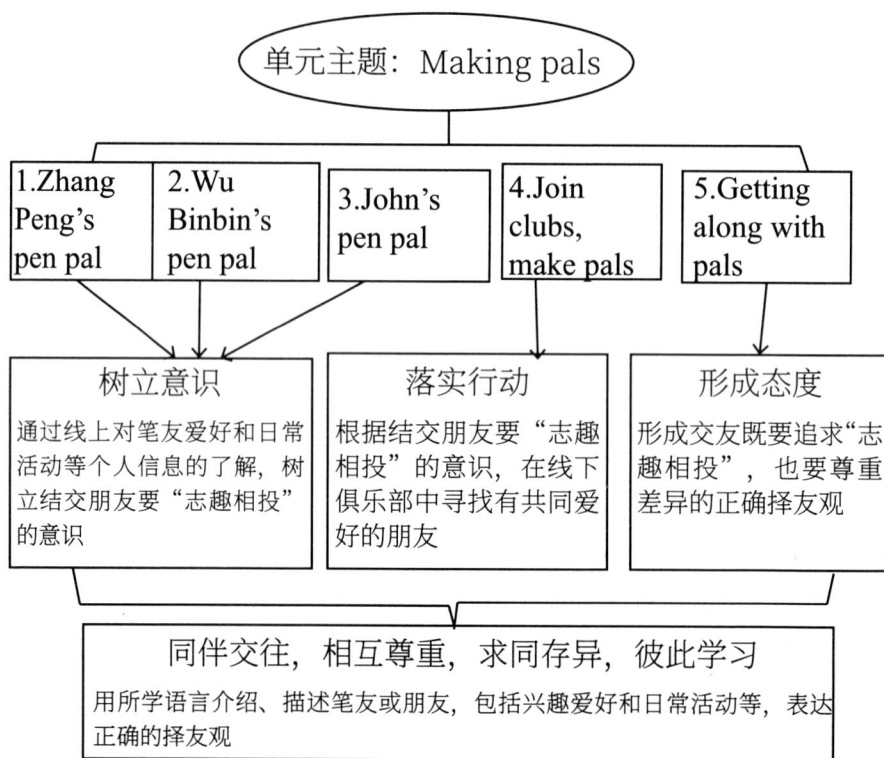

图 1　Unit 4　I have a pen pal 单元整体设计框架

一、Zhang Peng's Pen Pal 基于爱好进行朋友选择

（一）学习理解

1.Free talk: 教师通过以下问题与三名学生进行交流。

T: What's your name?

What's your favorite subject?

What do you often do on the weekend?

Do you like dancing?

Who is your friend? What's he/she like? What can he/she do?

Ss answer the questions.

2.Leading in

Teacher explains the definition of pen pal.

T: What is pen pal? A pen pal is a boy or girl you write letters to.But now people make pen pals by email or phone call. They also make pen pals on Wechat or QQ.

Look and say

老师呈现 Peter 的头像，介绍 This is Zhang Peng's pen pal. What do you want to know about him? 让学生发散思维进行提问。

Ss: What's his name? /What's he like?/ Where is he from?/How old is he?/What does he like?...

Listen and answer

让学生带着自己刚才提出的问题，进行 Let's try 部分的听力练习，获取并梳理 Peter 有关姓名、特征、国籍、爱好等的个人信息。

From
New Zealand

Name
Peter

Zhang Peng's
pen pal

What's he like?
He is very tall.

Hobby
playing basketball

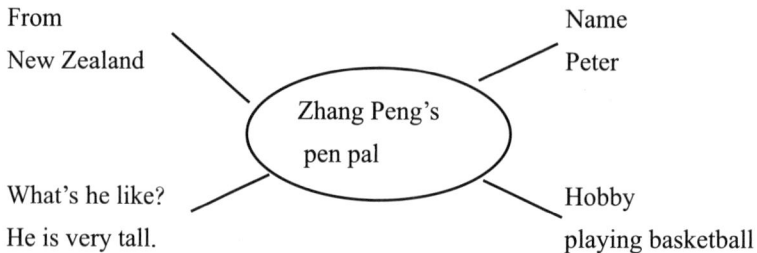

在讲解国籍的过程中通过视频分享 New Zealand 的相关信息。

Do you want to know more about Peter? 出示课本插图，Where is Peter? What is Peter doing? 学生观察插图并回答问题——He lives on a farm. He is reading.

He likes reading. He has many hobbies. What other hobbies does he have? Please guess. 复习学生学过的动词词组，并以动词 -ing 形式出现。

Watch and answer

学生带着 "What are Peter's hobbies?" 这个问题观看 Zhang Peng 和 Oliver 的对话，理解对话细节，从视频中提取关键信息——He likes reading stories,doing kungfu,swimming and singing.

Watch and answer

What about Zhang Peng and Oliver? 让学生带着两个问题 "What are Zhang Peng's hobbies? What are Oliver's hobbies?" 观看 Zhang Peng 和 Oliver 的对话，理解对话细节，从视频中提取关键信息——Oliver likes doing kung fu and swimming. Zhang Peng likes singing. 引出句子 I'm going to teach him the Chinese song "Jasmine Flower". PPT 呈现 Zhang Peng 教 Peter 唱汉语版茉莉花视频并介绍歌曲《茉莉花》在西方的影响力。

What other hobbies does Zhang Peng have? 让学生带着这个问题观看 Let's learn 中的 Peter 和 Zhang Peng 对话的视频，找出 Zhang Peng 的其他爱好：reading stories and doing kungfu.

Listen and imitate、Read in groups 学生听录音模仿跟读以及分角色朗读对话，关注语音、语调、节奏、连读、重读等。

（二）应用实践

Role-play 基于对话内容，学生进行角色扮演。

学生在教师的指导下，梳理和归纳 Peter 和 Zhang Peng 的爱好。

（三）迁移创新

Think and share

学生在教师指导下，对比 Zhang Peng 和 Peter 的爱好，就他们为什么会成为朋友进行分析和讨论，体会对话语篇背后深层的意义，培养学生基于爱好进行择友的意识。

Try to introduce Peter. 教师总结板书复述 Peter。

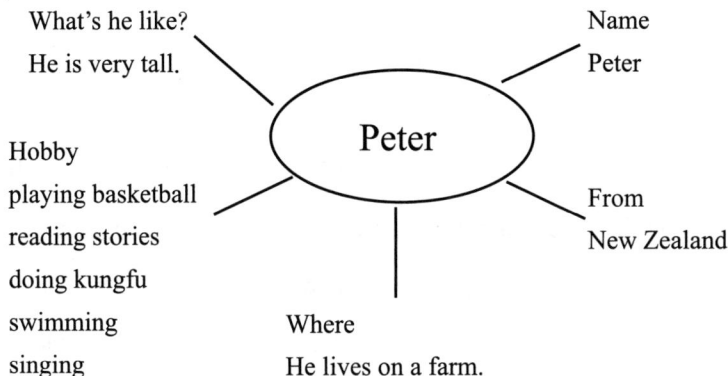

用 PPT 梳理介绍笔友的框架

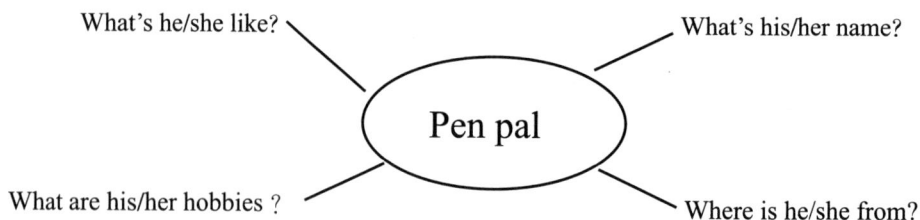

```
What's he/she like?                              What's his/her name?

                          Pen pal

What are his/her hobbies？                       Where is he/she from?
```

Group work（试着运用支架介绍 Zhang Peng 或一位你的朋友）

S: I have a new pen pal/friend. His/Her name is... 学生上台展示，实物投影。

Self-assessment

Homework:（1）Read the dialogue and introduce Peter.（2）Try to find a pen pal and introduce him or her.

二、Wu Binbin's Pen Pal 基于邮件信息选择适合自己的笔友

（一）学习理解

1. Enjoy a rap

Zhang Peng likes his pen pal very much.He has a rap about him. Ss enjoy and try to rap together.

Rap: Peter is my pen pal,my pen pal. Sometimes he reads to the cows. In New Zealand,he lives on the farm. It gets busy but the animals are calm. He holds pigs with both of his arms. I know he likes to sing,like la la la la la .I know he likes to swim. Like la la la la la.Look at the things that Peter can do. He likes to read and he knows kung fu. Peter is my pen pal,my pen pal. Sometimes he reads to the cows. Peter is my pen pal,my pen pal. Sometimes he reads to the cows.Yeah,yeah,yeah...

2. Listen to WuBinbin's questions

Listen

Wu Binbin has many questions about Zhang Peng's pen pal. Ss listen to the questions.

Role play

Teacher acts Wu Binbin. Students act Zhang Peng. Teacher asks, students answer the questions.

Wu Binbin: Zhang Peng, you look so happy.

Zhang Peng: I have a pen pal. He is amazing. I like him so much.

Wu Binbin: ????...

Wu Binbin: Is he a boy?

What's his name?

Where is he from?

Does he live in the city?

Does he like singing/swimming...?

3. Guess and ask

Three days later, Wu Binbin and Zhang Peng meet again. Wu Binbin says he has an amazing pen pal, too. Zhang Peng feels so surprised. Students ask questions about Wu Binbin's amazing pen pal. Teacher writes the questions on the blackboard.

Questions like these: Is he a boy?

What's his name?

Where is he from?

Does he live in the city?

Does he like singing/swimming...?

4. Read and choose

How does Wu Binbin find his pen pal? Miss White helps him. She knows a website. Students read and choose: Which one can be Wu Binbin's pen pal?

A. Hi, I'm very interested in （对……感兴趣）China. And I'm learning Chinese. Write to me or chat with me. Let's be friends.

B. Hi,I'm very interested in the UK. And I'm learning English. Write to me or chat（聊天） with me. Let's be friends.

5. Listen and choose

School is over,Miss White is talking to Wu Binbin .

Listen and choose.

① Where is he from?A . New Zealand   B . Australia.

② How old is he?A . He is 11 years old.   B . He is 12 years old.

Check the answers. 出示听力文本核对答案。

Read the dialogue and answer: Does he study in a primary school? 读听力文本并回答问题。

6. Listen and answer

Point out the location of Australia. 教师利用 PPT 出示世界地图并指出澳大利亚的位置。

Read the names of the two important cities in Australia. 出示澳大利亚两个重要城市的位置和图片，引导学生了解这两个城市的基本情况并学会城市名称的读法。

Wu Binbin writes an email to his new pen pal. John comes. Listen to their dialogue and answer: Does he live in Sydney? Or does he live in Canberra?

Check: Students ask together,one student answers.

7. Watch and tick

Predict and ask: Does he like reading/going hiking/doing word puzzles/ playing football? 让学生用 Does he like... ? 猜测 Binbin 笔友的爱好。

Watch and tick. 学生观看视频，勾画出答案。

Check: Students ask together,one student answers.

8.Read and underline

Think and choose: Can I also be his pen pal?A: I want to be his pen pal.   B: I don't want to be his pen pal.

Read and underline: Why does John want to be his pen pal?

Check

Role play.

（二）应用实践

Think and fill in the blanks

Think and complete the email for John.

Think: What else can he write on the email?

Enjoy a video.

John	Hi! My name is _____. I'm very interested in _____. Write to me or chat with me. Let's be friends.

MY HOBBIES _____	**?**
I CAN SPEAK _____ , _____	

John	Hi! My name is _____. I'm very interested in _____. Write to me or chat with me. Let's be friends.

MY HOBBIES _____	MY FAVOURITES animal: _____
I CAN SPEAK _____ , _____	food: _____

【设计意图】基于 Let's talk 部分的信息，帮助 John 补全写给 Australia John 的 email；通过追问 What else can he write on the email? 启发学生思维；通过欣赏短片，既提升了对笔友的理解，同时将情境自然延伸到语用环节：帮助三位还没有笔友的伙伴找笔友。

（三）迁移创新

1.Read and choose

Help Chen Jie to search the suitable pen pals. 通过笔友网站输入交友需求，搜寻心仪笔友。

Read and choose the suitable pen pal for Chen Jie. 阅读搜索后获得的笔友信息。

Teacher and a student discuss: Who can be Chen Jie's pen pal and why?

What's her name?

Where is she from?...

Does she like...?

Does she speak...?

Does she like...?

【设计意图】以 Chen Jie 为例，分步骤示范如何帮别人找笔友：上网站搜索适合的笔友；阅读详细信息，选出适合的笔友；两人讨论，阐明缘由。讨论环节由教师和一位学生完成，为后面的讨论活动做示范。

2. 帮助 Sarah 和 Mike 寻找笔友

Read and choose.

Discuss.

【设计意图】本活动旨在提升学生的语用能力，锻炼学生的高阶思维。活动分为两个部分，两位学生为一组，根据 Sarah 和 Mike 的思维导图和交友意愿，一人打开 A 信封帮助 Mike 找笔友，一位打开 B 信封帮助 Sarah 找笔友，对比信息，选出适合 Sarah 和 Mike 的笔友，随后开展讨论，阐述自己选择的原因。本环节不仅提供了笔友信息，也呈现了 Mike 和 Sarah 的基本信息和交友需求，在阅读和讨论时，学生必须积极思考、分析，才能顺利完成任务，讨论前的阅读使学生获取了必要的信息，也使讨论更加真实、流利。

3.Homework

Listen and repeat.

Make a dialogue: Wu Binbin is talking to Robin about his new pen pal,John.

三、John's Pen Pal 基于日常生活习惯进行朋友选择

（一）学习理解

1.Sing a song: *My new pen pal*.

What's the song about? —It's about Zhang Peng's pen pal. 引出笔友话题。

2. 利用思维导图进一步回顾 Wu Binbin's pen pal 的个人信息，在询问住址和爱好时引出核心句型：Does he ...? Yes,he does./ No,he doesn't.

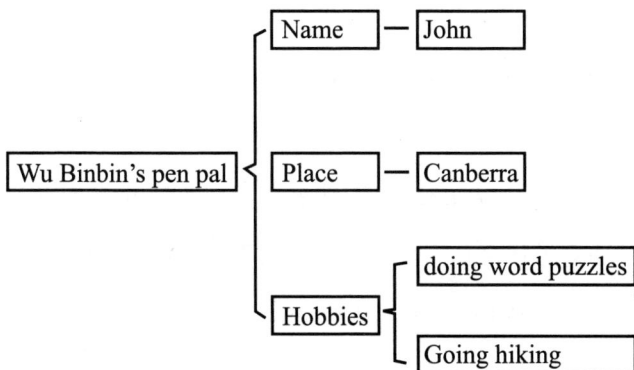

```
                            ┌── Name ── John
                            │
Wu Binbin's pen pal ────────┤── Place ── Canberra
                            │              ┌── doing word puzzles
                            └── Hobbies ───┤
                                           └── Going hiking
```

3. 老师通过与学生的问答过渡到 John 想要交的笔友。

T: Do you want to know more about Wu Binbin's pen pal? John also wants to know more about Bin bin's pen pal.why?

出示 Period 2 的关键句，找出原因：same names,same hobbies. So,John wants to make pen pals with John in Australia.

4. 通过播放 Let's learn 的文本音频回答老师的提问。

T: Do they become pen pals now?

Ss: Yes,they do.

5.Guess & say

出示 brother 图片，让学生自由发问，猜测 brother 想了解 John 笔友的哪些信息，预测对话内容。

Ss: What's he like?/ Where is he from?/How old is he?/What are his hobbies?/ What does he often do? /Does he like reading stories? ...

6.Listen and answer

学生通过听音频找到 John 弟弟想问的问题 Does he live in China,too? 并通过 John 的对话引出澳大利亚 John 的部分个人信息（name,lives in Australia,studies Chinese）。

7. 通过孔子学院的视频展示澳大利亚 John 学汉语的场景，并就场景练习 He/She studies Chinese.

8.Guess and say

T: Except studying Chinese,what else does he often do in his daily life? Can you guess? You can use the sentence "Does he often...?"

让学生用句型 "Does he often...?" 猜测澳大利亚的 John 除了 studies Chinese 这项活动，日常还会做什么？充分激活学生关于活动词汇的旧知进行表达。

Ss: Does he often play football/draw picture/do kungfu/... ?

9.Watch & tick.

播放笔友日常活动的视频，观看视频并勾画出 John 笔友日常活动的内容。

10. 核对答案时，进行单词讲授 studies Chinese,cooks Chinese food,does word puzzles,goes hiking。

11.Read & fill in

阅读 John 介绍笔友的文本，找出表示日常活动的频率词。

How often does he do these activities?

John is interested in China. He studies Chinese <u>every Tuesday and Friday</u>. He loves Chinese food,too! He learns how to cook from the Internet and he cooks Chinese food for his family <u>every week</u>. John has some other hobbies.He likes doing word puzzles and going hiking. He does English and Chinese word puzzles <u>every night.</u> <u>Every weekend,</u>he goes hiking with his father.

12.Think and say

通过 brother 对 John 笔友日常活动的感受，让生尝试描述对 John 笔友日常活动的感受。

Brother: Wow,his daily life is so cool!

T: This is brother's thinking. What do you think of John's daily life? You can use the sentence "I think John's daily life is _____."

13.Retell and read

学生借助板书复述 John 笔友的日常活并朗读对话，关注语音、语调、节奏等。

（二）应用实践

1.Retell John's pen pal

学生尝试复述介绍 John 的笔友。

2.Show time（借用四上第三单元 My friends: A talk 的情景图）

John: Mum,I have a new pen pal.His name is John,too.

Mum: Really? Does he...?

John: No,he doesn't.He...But he....

Mum: Does he...?

John: Yes,he does.He.../No,he doesn't. He...

Mum: Does he...?

John:...

Mum: Wow,his daily life is so...

通过 John 和妈妈的对话转述笔友的个人信息和日常活动，并进行角色朗读或扮演，班级汇报展示。

3.Gram summary

John is interested in China. He <u>studies</u> Chinese every Tuesday and Friday. He <u>loves</u> Chinese food,too! He <u>learns</u> how to cook from the Internet and he <u>cooks</u> Chinese food for his family every week. John <u>has</u> some other hobbies.He <u>likes</u> doing word puzzles and going hiking. He <u>does</u> English and Chinese word puzzles every night. Every weekend,he <u>goes</u> hiking with his father.

A.like-likes B. do-does love-loves go-goes learn-learns cook-cooks C.study-studies D. have-has

总结梳理文本中所包含的动词第三人称单数的变化规则。

（三）迁移创新

1.Read and choose

阅读笔友信息卡，选择心仪的笔友

2.Write and say

借助教师提供的语言支架和 word bank,学生在学习单上先完成填写后，在小组内介绍，最后全班分享自己心仪的笔友（姓名、年龄、国籍、爱好、日常活动等）。

3.Summary

结合单元所学，归纳、总结：Why do you choose him or her as your pen pals? What are pen pals?

Pen pals share the same hobbies .

Pen pals share interesting things .

Pen pals learn new languages .

Pen pals teach new songs.

Pen pals can share together,teach and learn from each other.

4.Homework

Listen,match and say 完成课本第 41 页听力连线练习。

Read,write and think 写出所列动词的第三人称单数，总结规律并形成思维导图。

Enjoy the proverbs 欣赏与本课话题（朋友）相关的谚语并读一读。

附改编文本：

John: Come and see my new pen pal. His name is John,too.

Brother: Really? Does he live in China,too?

John: No,he doesn't. He lives in Australia,but he studies Chinese.

（John shows the pictures to his brother. ）

John: Look! John is interested in China. He studies Chinese every Tuesday and Friday. He loves Chinese food,too! He learns how to cook from the Internet and he cooks Chinese food for his family every week. John has some other hobbies. He likes doing word puzzles and going hiking. He does English and Chinese word puzzles every night. Every weekend,he goes hiking with his father.

Brother: Wow,his daily life is so cool!

四、Join Clubs，Make Pals 基于时间、地点、联系方式和成员爱好等条件数据做出合理设计

（一）学习理解

Enjoy a song

What's the song about?—It's about hobbies.

教师呈现 Finish the table with your partner. 活动内容，提问：What are your hobbies? What are your partner's hobbies? 组织学生两人互相提问并写下答案。

创设情境，呈现一些学校兴趣小组的图片。In our school,we have many clubs. Which club do you like? 引出核心词汇：club。

出示公告栏：What's this?—A notice board. 引出课题：NOTICE BOARD.

Look,here are the four notices.Our friends Amy and her friends set up their clubs and they want more partners. So they write some notices for their clubs. Please read these titles and guess: What clubs are they？解释 title.

Read the notices quickly and match the title to the body. 通过关键词将题目与主体对应。提示：When you read,underline the key sentences.

Read Amy's notice carefully and answer

What are Amy's hobbies？（板书：What,dancing）

When can we meet Amy？（板书：When,on Sunday at 1p. m.）

T: How to contact with Amy？（板书：How,Call Amy:...）

复述并总结：Retell Amy's notice.

Read John's notice carefully and find the answers.

T: What do you want to know about John's notice? Who can ask ? What are John's hobbies ? When ? where ? How to contact ?

根据自己提出的问题，进行小组合作阅读，然后根据表格总结 John's notice。

阅读有关 Mike 和 Robin 的文段。How about Robin ? Read and fill in the table.

Robin likes making robots （处理 make,making,making robots）. We can meet Robin in the science room. We can send an email to Robin.

总结：These are the four notices. Look at this table. Let's think: When we write a notice,we must write ＿＿ ? Think it over.

Listen and imitate,Read in groups

学生听录音模仿跟读，关注语音、语调、节奏、连读、重读等。给予学生句子重读的方法指导，引导学生学习并使用重读的方法。

（二）应用实践

教师出示自己的俱乐部广告，学生读并完成练习，引导学生注意第三人称句子中动词的变化。I like cooking and I join a cooking club. Look,there are some information about my cooking club.Some words are not sure,Let's read quickly and choose.

（三）迁移创新

借助思维导图梳理：How to write a notice ?First,we should choose a clear,short and attractive title.The body mainly includes the hobbies,time and places.At last,don't forget the contact way.

NOTICE BOARD				
	Amy	John	Mike	Robin
Title	Shall we dance?	Goal!Goal!Goal!	Let's read together!	Science club, YOUR club!
What	dancing	playing football	reading	making robots
When	Sunday 1p.m.	Sundays		
Where	dance room	playground	reading room	science room
How	Call Amy:134...	john@pep.com.cn	Call Mike:136...	robin@pep.com.cn

学生分小组讨论，谈论想建立的俱乐部，谈论后并为自己的小组想建立的俱乐部写一篇广告。

在班级内汇报展示。

Homework

	作业内容	时间	要求	评价
必做	1.Listen and follow	5 mins	跟读课本第 42 页公告	★
			能使用正确的语音语调	★★
	2.Write a notice for your own club	5 mins	为自己的俱乐部写一则广告	★★★
选作	3.Share your notice to your friends	5 mins	和同伴分享你的俱乐部广告	★★★

五、Getting along with the Pals 基于情境证据探究朋友间合理的相处方式

（一）学习理解

Game: Whose tails?

出示三组文字，猜测是谁的尾巴？引出小松鼠的尾巴以及 bushy 这个词。

观察 Zac 和 Zip 的尾巴，回答 What does it look like? 以及 Why? 两个问题。

Guess and act

借助图片猜测 Where does Zac live? What are Zac's hobbies? He likes singing and dancing very much. 并鼓励学生尝试模仿表演。

Guess and say

What gifts do the squirrels have to give to the Monkey King?

Listen and read

Every day the squirrels have to give the Monkey. The Monkey King lets them get food from his forest.

Think and guess

What can Zac do for Monkey King?

Look and answer: Does Monkey King like Zac's music? Why? The Monkey King likes reading books,so he doesn't like Zac's music.

Imagine and act: 想象猴子国王和 Zac 的相处场景，并尝试表演。

Group work

Work in groups of 6, act out the story（6 人一组表演故事，3 分钟准备。角色：旁白、猴王、ZAC、送礼物的三只小松鼠）

The Monkey King doesn't like Zac's music. Will Zac stop singing?

Guess and say

出示 Zac sang for the king 的故事图片，猜测 What would Monkey King do? 观看视频找到结果，The tail becomes...

Discuss: 同桌讨论，为什么 Zac 被扔下来后尾巴会变得 bushy?

Thinking: What about the other squirrels?

Name the title.

Monkey King threw Zac out of the tree,will Zac stop singing? What do you learn from the story? 点明主旨 respect。

利用句型 What a/an_____story! 尝试评价故事。

观察爷爷的表情，从爷爷的笑引出故事类型，并介绍 fairy tale。

Listen and imitate,Read in groups

学生听录音模仿跟读以及分角色朗读故事，关注语音、语调、节奏、连读、重读等。

（二）应用实践

Act the story. 学生尝试表演故事。

Retell the story. 尝试借助图片和核心语言简述复述故事。

（三）迁移创新

Make a new story. 为什么兔子的尾巴那么短呢？发挥想象力，创编一个新的童话故事吧！

Homework

	作业内容	时间	要求	评价
必做	1.Listen and follow	5 mins	跟读课本第 45 页故事	★
			能使用正确的语音语调	★★
	2.Create a new fairy tale about rabbits' short tail	5 mins	创编一个关于兔子尾巴短的新故事	★★★
选做	3.Cooperate and act out the whole story	5 mins	和同伴合作表演故事	★★★

参考文献

[1] 中华人民共和国教育部 . 义务教育英语课程标准：2022 年版 [M]. 北京：北京师范大学出版社，2022.

[2] 约翰 · 哈蒂 . 可见的学习：对 800 多项关于学业成就的元分析的综合报告 [M]. 彭正梅，等，译 . 北京：教育科学出版社，2015.

[3] 鲁子问，陈则航 . 小学英语课程标准与教材研究 [M]. 上海：华东师范大学出版社，2020.

[4] 阎佩衡 . 英语教学场论 [M]. 北京：商务印书馆，2020.

[5] Muriel Saville-Troike. *Introducing Second Language Acquisition* [M]. 北京：外语教学与研究出版社，2020.

[6] 王蔷 . 小学英语教学法教程：第 3 版 [M]. 北京：高等教育出版社，2023.

[7] 阿卡西娅 · 沃伦 . 跨学科项目式教学：通过 "+1" 教学法进行计划、管理和评估 [M]. 孙明玉，刘白玉，译 . 北京：中国青年出版社，2020.

[8] 张庆宗 . 外语学与教的心理学原理：第 2 版 [M]. 北京：外语教学与研究出版社，2023.

[9] 戴曼纯 . 数字时代的语言生活及其研究 [J]. 外国语(上海外国语大学学报)，2024，47（ 01).

[10] 王蔷 . 促进英语教学方式转变的三个关键词："情境""问题"与"活动" [J]. 基础教育课程，2016（ 05).

[11] 崔友兴 . 教师教育者循证教学素养的结构体系与培育路径 [J]. 教师教育学报，2022，9（ 05).

[12] 邓鹏 . 面向高阶认知发展的成长式问题化学习（ GPBL ）研究：概念、设计与案例 [J]. 远程教育杂志，2020（ 3).

[13] 姚倩，许芳杰 . 高校英语教师教育者循证教学：内涵、特征与实现路径 [J]. 外语界，2022（05）.

[14] 王玉秋，郑娟 . 循证教学在小学英语教学中的有效应用 [J]. 教学与管理，2023（09）.

[15] 刘静和，陈泽川，余碧筠，等 . 小学英语程序教学的研究 [J]. 心理科学通讯，1965（03）.

[16] 孙燕青，董奇 . 多媒体语境条件下的第二语言词汇学习 [J]. 心理科学进展，2003（02）.

[17] 杨连瑞 . ChatGPT 大语言模型背景下的二语习得 [J]. 现代外语，2024，47（04）.

[18] 邓祯钰，易凯谕，钟志贤 . 卓越教师特征画像研究：质性分析的视角 [J]. 中国远程教育，2022（5）.

[19] 焦建利，黄星云 . ChatGPT 与 Sora 如何革新学习、课程与教学 [J]. 国家教育行政学院学报，2024（04）.

[20] 潘克菊，杨连瑞，赵艳琳 . 二语词汇及语言技能损耗研究 [J]. 外语与翻译，2024，31（02）.

[21] 丁言仁，戚焱 . 词块运用与英语口语和写作水平的相关性研究 [J]. 解放军外国语学院学报，2005（03）.

[22] 姚宝梁 . 预制语块与外语口语流利性 [J]. 课程·教材·教法，2004（04）.

[23] 丁言仁，戚焱 . 背诵课文在英语学习中的作用 [J] . 外语界，2001（05）.

[24] 王立非，张大凤 . 国外二语预制语块习得研究的方法进展与启示 [J]. 外语与外语教学，2006（05）.

[25] 陈虹 . 英语语音学习困难分析与教学实践 [J]. 开封大学学报，2004（01）.

[26] 方岚 . 建立外语听力困难的诊断指标体系：一项基于中国英语学习的实证研究 [J]. 外语电化教学，2008（05）.

[27] 段士平 . 国内二语语块教学研究述评 [J]. 中国外语，2008（04）.

[28] 刘绍龙.论二语词汇深度习得及发展特征：关于词义与词缀习得的实证调查 [J].外语教学与研究，2001（06）.

[29] 吕良环.我国学生学习英语语音的困难及教学对策 [J].全球教育展望，2012（11）.

[30] 刘世生，曹金梅.思维风格与语言认知 [J].清华大学学报（哲学社会科学版）.2006（02）.

[31] 陈明瑶.语料库与词汇学研究 [J].宁波大学学报（人文科学版）2000（01）.

[32] 杨世生.词源学与图式理论对英语词汇记忆的启示 [J].长江大学学报（社会科学版）.2010，33（04）.

[33] 李光衿.英语词汇教学中的文化解读尝试 [J].教学与管理，2017（33）.

[34] 戴卫平，高丽佳.英语词汇与英国文化特色 [J].湖南大学学报（社会科学版）.2005（02）.

[35] 张敏.英语学习与批判性思维的相互关系与结合策略 [J].英语学习，2024（03）.

[36] 蒋国辉.语言相对论与认知语言学：语言—思维关系的两种立场 [J].外语学刊，2024（02）.

[37] 王文斌.对比语言学：语言研究之要 [J].外语与外语教学，2017（05）.

[38] 肖燕，文旭.语言认知与民族身份构建 [J].外语研究，2016，33（04）.

[39] 石琳.从修辞到思维、从语言到多模态：隐喻研究的多维视角 [J].外语教学，2017，38（05）.

[40] 王宗炎.英语词汇教学初探 [J].解放军外国语学院学报，2001（05）.

[41] 程晓堂.英语学习对发展学生思维能力的作用 [J].课程.教材.教法，2015，35（06）.

[42] 李锡江，刘永兵.语言类型学视野下语言、思维与文化关系新探 [J].东北师大学报（哲学社会科学版）.2014（04）.

[43] 韩彩英，武娟娟.从语法—逻辑构造差别看中西思维差异：以英汉语言

比较为例 [J]. 理论月刊，2014（06）.

[44] 罗明礼. 从中西思维模式差异谈英语议论文写作构思 [J]. 外国语文，2011，27（06）.

[45] 张涛，杨连瑞，蒋长刚. 国外二语语用能力研究方法述评与展望 [J]. 外语界，2019（06）.

[46] 贾莉，杨连瑞，张文忠. 动态评价对中国英语学习者自我效能感的影响 [J]. 外语教学，2022，43（01）.

[47] 韦晓保，彭剑娥，秦丽莉，等. 课堂环境、二语习得与英语学业成绩的关系——学业情绪的中介作用 [J]. 现代外语，2024，47（01）.

[48] 杨连瑞，陈雨杉，陈士法. 二语习得理论构建的认识论思考 [J]. 外语学刊，2020（03）.

[49]R C Gardner,P F Tremblay,A Masgoret. Towards a Full Model of Second Language Learning: An Empirical Investigation[J].*Modern Language Journal*,1997，81（3）.

[50]Kennedy R. In class Debates: Fertile Ground for Active Learning and the Cultivation of Critical Thinking and Oral Communication Skills [J]. *International Journal of Teaching and Learning in Higher Education*. 2007（2）.

[51]Ennis,R H. A Taxonomy of Critical Thinking Dispositions and Abilities[A]//*Teaching Thinking Skills*: *Theory and Practice*[C]. New York: W. H. Freeman,1987.

[52]Housner,L D,& Griffey,D C （1985）.Teacher Cognition: Differences in Planning and interactive Decision Making between Experienced and Inexperienced Teachers[J]. *Research Quarterly for Exercise & Sport*,56（1）.

[53]Yang,T C & Jeffery Gamble. Effective and Practical Critical Thinking enhanced EFL Instruction[J]. *EFL Journal*,2013（10）.

[54]Howarth,P. Phraseology and Second Language Proficiency [J].*Applied Linguistics*,1998（19）.

[55]Hunston,S. *Corpora in Applied Linguistics* [M].Cambridge: Cambridge University Press,2002.

[56]Zoltán Drnyei,Kata Csizér.Ten Commandments for Motivating Language Learners: Results of an Empirical Study[J].*Language Teaching Research*,1998，2（3）.

[57] Wray,A. Formulaic Sequences in Second Language Teaching: Principles and Practice [J]. *Applied Linguistics* 2000（21）.

[58]Shahin,Gholamhossein and A Mehdi Riazi. A PBLT Approach to Teaching ESL,Speaking,Writing,and Thinking Skills [J]. *ELT Journal*,2011（13）.

[59]Lisa Tsui. Fostering Critical Thinking Through Effective Pedagogy: Evidence from Four Institutional Case Studies[J]. *The Journal of Higher Education*,2002（6）.

[60]Musselman E. Using Structured Debate to Achieve Autonomous Student Discussion [J]. *The History Teacher*. 2004（3）.

[61] Allen I E ,Seaman J ,Garrett R .Blending In: The Extent and Promise of Blended Education in the United States[J].Sloan Consortium,2007.

[62]Spek B ,Wieringa-De Waard M ,Lucas C ,et al.Teaching evidence-based practice（EBP）.to speech-language therapy students: are students competent and confident EBP uers?[J].International Journal of Language & Communication Disorders,2013，48（4）.

[63]Mallia J G .An Evidence-Based Paradigm For English Language Training In Non-Western Learning Institutions[J]. 2015.

[64]Tobing M B ,Sna F I ,Hayrunnisa N R ,et al.An Exploration of Artificial Intelligence in English Language Teaching As a Foreign Language[J].International Journal of Social Science and Human Research,2023.

后 记

经过两年多的实践探索和反思研究，《小学英语教学技能训练——循证教学的视角》一书终于完稿。从完稿到出版又经过了多次的修改和完善，其间有编辑的认真审阅和细心校对；有专家高屋建瓴的建议；有团队成员的积极配合；我自己也是全力以赴，用一颗对职业的崇敬之心和对多方支持的感恩之心专心致志地完成书稿的写作和修订工作。

在写作过程中，我深感这是对自我理论素养和实践能力的一次全面检验。对二语习得理论、循证教学以及有效教学设计的理解和应用贯穿了整本教材，从最初的写作架构到每一个案例的细节设计，都离不开理论的指导。

对英语教学和教师职业的热爱是我坚持不懈的动力源泉。每一次教学实验，每一节课的设计，每一次反思研究，都让我深刻体会到教学工作的创新性和挑战性。我希望通过这本书能够帮助更多的教师提升教学技能，增强创新性，为学生创造更丰富、更有效的英语学习体验。

师范生的培养也是我一直以来的热情所在，看到他们从青涩的学子成长为自信的专业教师，是一件极有成就感的事情。循证教学是本书的鲜明特色，强调教师将教学建立在科学证据、教学实验以及学习分析、情境博弈等证据基础上，提升教学的科学性和严谨性，增强教学的建构性和效能感。希望今后继续加强跨学科知识融入力度，基于内容进行英语教学，引导小学生用英语讲好中国故事，同时，利用英语助推科学、数学等学科的学习，从小学启蒙教育着手，为推动国家创新体系建设奠定良好人才基础。我希望这本书能为师范生提供有价值的参考，帮助他们在职业生涯初期打下坚实的理论和方法基础，同时能够激发他们的教学热情和探索精神，培养他们持续的学习力和创新力。

感谢在整个过程中给予我支持和帮助的领导、同行、编辑以及学生和家人。愿这本书能为更多的教师、学生、家长带来帮助和启示，也愿我们共同在教育的田野上辛勤耕耘，桃李满天下。

最后要感谢临沂大学为本书提供的出版资助和多方面的支持。

王玉秋

2024 年 6 月